SUPER WORDSEARCH

SUPER WORDSEARCH

OVER 300 PUZZLES

This edition published in 2021 by Arcturus Publishing Limited
26/27 Bickels Yard, 151–153 Bermondsey Street,
London SE1 3HA

AD010150NT

Printed in the UK

1 MAGIC

- ◊ CHAINS
- ◊ CHARMS
- ◊ CURSE
- ◊ DECEPTION
- ◊ FAKERY
- ◊ GLAMOROUS
- ◊ GLASS
- ◊ HOUDINI
- ◊ LOCKS
- ◊ MAGICIAN
- ◊ MIRRORS
- ◊ OCCULT
- ◊ POWER
- ◊ SPELLS
- ◊ STOOGE
- ◊ VOODOO
- ◊ WATER TANK
- ◊ WONDER

I	O	V	K	N	A	T	R	E	T	A	W	E
B	S	A	Y	C	F	H	C	S	E	R	R	A
A	R	K	U	S	O	F	R	E	A	N	S	Y
R	E	R	C	U	A	O	C	C	U	L	T	M
A	S	S	D	K	R	X	S	A	L	R	N	E
E	U	I	E	R	L	R	S	E	Z	E	A	R
O	N	R	I	E	E	O	P	E	U	U	I	G
I	Y	M	H	D	V	S	G	C	E	R	C	I
V	F	D	N	M	O	O	M	K	M	H	I	C
R	B	O	A	S	O	X	A	R	L	N	G	S
R	W	I	W	T	D	E	S	G	A	W	A	K
L	E	U	S	Y	O	P	W	S	V	H	M	C
K	R	W	C	R	O	S	N	I	A	H	C	O
Y	S	U	O	R	O	M	A	L	G	L	C	L
N	O	I	T	P	E	C	E	D	S	E	G	A

---

2 BIRDS OF PREY

- ◊ BARN OWL
- ◊ CARACARA
- ◊ CHICKEN HAWK
- ◊ CONDOR
- ◊ EAGLE
- ◊ FALCON
- ◊ GRIFFON
- ◊ HARRIER
- ◊ HOBBY
- ◊ JAEGER
- ◊ KESTREL
- ◊ LAMMERGEIER
- ◊ MERLIN
- ◊ OSPREY
- ◊ PEREGRINE
- ◊ ROADRUNNER
- ◊ TAWNY OWL
- ◊ VULTURE

E	A	G	E	L	W	O	Y	N	W	A	T	L
G	A	Z	E	E	F	R	L	Y	U	D	A	E
E	N	I	R	G	E	R	E	P	A	B	I	N
N	Y	S	G	C	Z	R	R	G	K	R	U	A
O	A	O	D	O	P	A	T	Z	E	O	R	G
C	E	V	P	S	G	R	S	I	T	A	S	U
L	E	A	O	P	E	Z	E	Y	C	D	J	E
A	E	A	G	I	C	G	K	A	B	R	R	N
F	D	C	R	L	R	K	R	A	J	U	O	O
C	S	R	E	E	E	A	R	X	T	N	D	F
U	A	S	M	P	C	N	Y	L	O	N	N	F
H	X	M	Y	B	O	B	U	J	Y	E	O	I
J	A	S	E	W	B	V	V	X	T	R	C	R
L	J	S	L	O	N	I	L	R	E	M	O	G
K	W	A	H	N	E	K	C	I	H	C	O	O

3 TENNIS

S S E N I L G N O L A G F
I W D D B A C K H A N D U
D I E E V M I R T E N B V
A N T R U O C H E C E Z H
W G J O V W S I N N E T M
Y T L A N E P I R N T U A
K N E I O A P F G J F J L
C R O H P S L A J T I S S
O E S D R W W E T J F T D
L H T E E D I C R A L R N
B H D S J L A V U E H A A
S N T W P W B L I I N T R
U E N N A S T M Y M I E G
S C I Y L L A R I A R G E
W E R E Y A L P G W J Y R

◊ BACKHAND
◊ BLOCK
◊ COURT
◊ FAULT
◊ FIFTEEN
◊ GRAND SLAM
◊ LONGLINE
◊ PENALTY
◊ PLAYER
◊ RALLY
◊ SETS
◊ SHOES
◊ STRATEGY
◊ SWERVE
◊ SWING
◊ TENNIS
◊ UNDERSPIN
◊ WIMBLEDON

4 ITALY

E P C C O M M R U E A Q I
F M O C I Q E F M P N M H
G Y O L J B P O A Y O C Z
D R A N I O R N E F C Y J
Q N N T T M L O X J N D T
N P N N E E U X M I A U U
A A E O W U C A M B I A S
I R V F R B I E L T Y I C
T H A C L R A E R D D H A
N A R A B B I E R V A D N
A M H A Z V S A E L I G Y
I R L U M I B V F V V N H
H A N H L M S E L P A N O
C P Q O O J Z M P G O I Q
E T M L A I R U G I L R P

◊ ANCONA
◊ ARNO
◊ CALABRIA
◊ CHIANTI
◊ ELBA
◊ LIGURIA
◊ LOMBARDY
◊ MILAN
◊ MOLISE
◊ MONTE CERVINO
◊ NAPLES
◊ PARMA
◊ PIAVE
◊ RAVENNA
◊ ROME
◊ TIBER
◊ TRENTO
◊ TUSCANY

5 ARTWORK

◊ ASPECT ◊ PAINTING
◊ CARVING ◊ PAPER
◊ CRAYON ◊ PENCIL
◊ EASEL ◊ PICTURE
◊ FOREGROUND ◊ ROCOCO
◊ FRESCO ◊ STILL LIFE
◊ GLAZE ◊ SURREALIST
◊ ILLUSTRATION ◊ TEMPERA
◊ MEDIUM ◊ WASH

```
H A T S I L A E R R U S F
H S T T P U Y G V E U B F
P M A L A A Y L R M P B H
S E Y W I R R U E M A N O
T D N C N F T E O S D C N
I I D C T C Z F P A A J R
L U P C I R A E T M U E M
L M O P N L C R J T E N W
L G L C G T K A V L R T P
I L L U S T R A T I O N N
F A S G V E B O M M N E O
E Z P A P E R N C S X G Y
J E Q A X B K F C O U Q A
P A I K G S W L N J C L R
R D N U O R G E R O F O C
```

6 WORDS STARTING CON

◊ CONCEIT ◊ CONSECUTIVE
◊ CONCH ◊ CONSIGN
◊ CONDOR ◊ CONSOLE
◊ CONGER ◊ CONTACT
◊ CONGO ◊ CONTENT
◊ CONJURE ◊ CONTEXT
◊ CONNECTICUT ◊ CONVEX
◊ CONQUEST ◊ CONVEYOR
◊ CONSCRIPT ◊ CONVOY

```
C T U C I T C E N N O C T
R O Y E V N O C O N E X U
E I N E A C O N Q U E S T
R I X D C P O M U T N E C
U C E R O O U N N G R S O
J O E V H R N O I E R E N
N N T P I R C S N O C M A
O A M Z B T N C O N V E X
C O N C H O U M D L N O C
L G Y F C C T C J B E R T
C C N O H E T I E C N O C
G O O J V N O C H S V G G
H T N N H N T N E T N O C
C O N G E R O C O N V O B
C O N R O D T C A T N O C
```

7 MISSION

```
H E R I T A F O E L E A S
D I D I M H F E R R A N D
N T F N N F D E O E N E A
O R G F I W M H E R E A S
I O N C N B E U I O L C W
T S E G A H Q U O H S A S
A R E S O P R U P C Z L S
T E S I C R E X E B W L E
U Y S D M R L M N S O I N
P O N L P Y U O R A T N I
E R T E D N O S I A R G S
D C L T C A M P A I G N U
G O R T E G R A T D M A B
E K H O I U T R E S E K E
T A M L F Y R T S I N I M
```

◊ BUSINESS
◊ CALLING
◊ CAMPAIGN
◊ CHORE
◊ CRUSADE
◊ DEPUTATION
◊ EMBASSY
◊ ERRAND
◊ EXERCISE
◊ FORCE
◊ MINISTRY
◊ OFFICE
◊ PURPOSE
◊ QUEST
◊ RAISON D'ETRE
◊ SORTIE
◊ TARGET

8 CAPITAL CITIES OF THE AMERICAS

```
S A P E C A F G U O F N T
E O S N A H S E N T T A Q
R G S A N A V A H T S U C
I A M A N A G U A A A J A
A I Y L S S F L E W C N Y
S T H T D U A R Q A A A E
O N D K I Q N L M M R S N
N A A O U C O C V L A T N
E S U I W T A J I A C F E
U K T Y Z L R M T O D Y Y
B O G O T A A A A Y N O E
P O R T A U P R I N C E R
V W A I L I S A R B A I C
A E I K M N P W L L R P W
C L O B I R A M A R A P O
```

◊ ASUNCION
◊ BOGOTA
◊ BRASILIA
◊ BUENOS AIRES
◊ CARACAS
◊ CAYENNE
◊ HAVANA
◊ LA PAZ
◊ LIMA
◊ MANAGUA
◊ OTTAWA
◊ PANAMA CITY
◊ PARAMARIBO
◊ PORT-AU-PRINCE
◊ QUITO
◊ SAN JUAN
◊ SAN SALVADOR
◊ SANTIAGO

9 RESULTS

◊ ANSWER	◊ MARK
◊ CULMINATION	◊ OUTCOME
◊ EFFECT	◊ PAY-OFF
◊ EVENTUALITY	◊ PRODUCT
◊ FINISH	◊ REPERCUSSION
◊ FRUIT	◊ SCORE
◊ GRADE	◊ SEQUEL
◊ ISSUE	◊ VERDICT
◊ JUDGMENT	◊ WIND-UP

```
R P H S I N I F E V B Z T
Y E M I E E K E E A E C J
T T P L S C O R E R E G N
I C L E T S D A A F L P O
L U E C R I U F F M E A I
A D M B C C R E O R U Y T
U O N T D U U U A A Q O A
T R D E I L T S N V E F N
N P E T U C W F S O S F I
E G R I O O S I W I P D M
V L R M W E N U E L O C L
E K E A F U A N R A Z N U
P P A O D P U D N I W O C
T U E Z Z E H U Q V L L F
A M T N E M G D U J T E S
```

10 TROUBLES

◊ BLIGHT	◊ HARDSHIP
◊ BLIND ALLEY	◊ HASSLE
◊ CHORE	◊ HITCH
◊ CRUNCH	◊ MUDDLE
◊ CURSE	◊ PLAGUE
◊ DILEMMA	◊ REBUFF
◊ DISASTER	◊ STRUGGLE
◊ DISORDER	◊ TRIAL
◊ FAILURE	◊ WORRY

```
K U R Z E L S S A H P R S
G T E S L A R R B T E L E
D R F R E U E P X F K E R
O I D Y O T Z S Q Z L E Y
H A R D S H I P M G B T A
V L M A E O C A G U H M M
W Y S P D S E U F W I U Y
H I P V Y H R F A O T D T
D S A A I T F U N R C D I
R S M P S H I A C R H L L
H H M V L M C A I Y K E T
Z Y E L L A D N I L B H A
L R L P D C G E U D U T R
B L I G H T R U W R V R L
R E D R O S I D E A C E E
```

11 CAPITAL CITIES OF EUROPE

D R E C F L I B N N E L A
R E U T L N F H M R I C K
H C G V B R E Y E S I S Y
S C A E L L B Y B R N S N
P N R S S O K O O I S J E
M N P I L J N G M W R J G
E Z N A A E D D Z B M R A
A K B V N O S U O F P G H
I I I E P N D S B N E I N
D K F A L A E A U L R Z E
Y J R O V G T I E R I U P
P I R W S H R J V J B N O
S C O P E N H A G A N S C
Q T G N V D I R D A M G J
F C S S P B S U M E S O E

◊ ATHENS
◊ BELGRADE
◊ BERNE
◊ BRUSSELS
◊ COPENHAGEN
◊ DUBLIN
◊ HELSINKI
◊ LISBON
◊ LONDON
◊ MADRID
◊ MINSK
◊ PARIS
◊ PODGORICA
◊ PRAGUE
◊ REYKJAVIK
◊ SOFIA
◊ VADUZ
◊ VIENNA

12 SELF WORDS

D E T A N O I N I P O E U
T I X S J K I A B M V V B
I O S H T M D E D I U G J
T E H F P A X E D E N U O
L W E O E D F E F I S H Y
E D S M R E N K D T V J W
D E D Z P T M A I R K J I
D N E F E S O F Q F R S R
B Y C R T L I H W T E E H
D T U D U C Z F T E T M N
O I D R A K T E K R Y L N
U P N T T K Q E A U O P S
B F I T I A R T R O P W U
T O K Y N A S H S E L N Q
N G P P G N I N R E V O G

◊ DOUBT
◊ EVIDENT
◊ GOVERNING
◊ GUIDED
◊ IMPOSED
◊ INDUCED
◊ JUSTIFICATION
◊ LESS
◊ LOADING
◊ MADE
◊ OPINIONATED
◊ PERPETUATING
◊ PITY
◊ PORTRAIT
◊ SEEKER
◊ STARTER
◊ TITLED
◊ WORTH

13 DOUBLE TROUBLE

- ◊ BADEN-BADEN
- ◊ BERBER
- ◊ BERIBERI
- ◊ BORA BORA
- ◊ CANCAN
- ◊ CHI-CHI
- ◊ CHOW-CHOW
- ◊ DUMDUM
- ◊ FIFTY-FIFTY
- ◊ FROU-FROU
- ◊ LAVA-LAVA
- ◊ LULU
- ◊ MATAMATA
- ◊ MURMUR
- ◊ PAPA
- ◊ POMPOM
- ◊ TARTAR
- ◊ TOM-TOM

```
B I R E B I R T M A M E W
P W L I Y I X I U R J D W
F R O U F R O U R I C A Q
D I P H A A T A M A T A M
L M F O C E R M U D M U D
A O B T M W N O R C L K R
V T V A Y P O V B U P E Z
A M N C D F O H L A B J Z
L O U A H E I M C R R W S
A T T A C I N F E L R O E
V V P A E N C B T E U K B
A A Q A R G A H A Y U O P
P D Y G P T F C I D H J H
L P U Z Z R A Y N C E M S
F Y I R E B I R E B T N J
```

14 WORDS ENDING FUL

- ◊ AWFUL
- ◊ BEAUTIFUL
- ◊ BOUNTIFUL
- ◊ DISTRESSFUL
- ◊ EARFUL
- ◊ EVENTFUL
- ◊ EYEFUL
- ◊ FAITHFUL
- ◊ FRIGHTFUL
- ◊ GUILEFUL
- ◊ HARMFUL
- ◊ JOYFUL
- ◊ KETTLEFUL
- ◊ NEEDFUL
- ◊ NEEDLEFUL
- ◊ SHAMEFUL
- ◊ SINFUL
- ◊ TACTFUL

```
L U F L U F D E E N T K G
P L U F E L T T E K R Y U
L L U F S S E R T S I D I
L U D G B O U N T I F U L
U A F L U F U L G R S K E
F L E N U G U E I K D N F
U U U L I F S G Y L E B U
L F F F H S H X U E G E L
A T L T R T A F D V F A S
A C I Z F A M L L E U U A
W A C U E R E U W N L T L
F T L V A F F U L T J I U
U U K H U Y U W U F C F F
L L Y L O M L U O U F U U
L U F J O U F F U L B L L
```

15 **ZOOLOGY**

```
G D F E R E L T N A M A B
D Y N A J D I S J U N C T
Q E A U N I V A L V E L S
P V T C O N L N Y D E H A
A A U N A P E B E L L P P
R G L P I U M L A L A R D
A I Y L D O D O I Y I C W
C L R A I E J A C D N Y S
H E E N U O A L A O H X
N C D A R U M T L M L G K
O A I S L W R U N O O O N
I N P A A L L A E E C Z Q
D I S Y V A J R N A V B H
I N V E R T E B R A T E C
T E O R T E T S E J E B L
```

- ◊ ACAUDAL
- ◊ ALULAR
- ◊ ANNELID
- ◊ ANURAN
- ◊ ARACHNOID
- ◊ CANINE
- ◊ COLONIAL
- ◊ COMPOUND
- ◊ DISJUNCT
- ◊ EVEN-TOED
- ◊ INVERTEBRATE
- ◊ JOINTED
- ◊ MANTLE
- ◊ PALLIUM
- ◊ SCALY
- ◊ SPIDERY
- ◊ UNIVALVE
- ◊ VAGILE

16 **FAST FOOD**

```
F E Z I S R E P U S C W G
P M N N V V I R T M Z G M
I O G J O C H O I K T K N
E Q T K K T K H F Y L E F
L B T L E C R S Q J X T S
B C E V P X E A S O V C E
U S I C L C X E C T O H L
O R H A U A O O A M Y U B
D K L A G T U T B E C P A
W F S S A N T O S Y I Y T
S O K M T Z M E V J T T F
A L O E X E E L L X S R U
L T R A A H W H O M A A A
A O I L C Q X R C R L P G
D F S H E A T L A M P I V
```

- ◊ CARTON
- ◊ CHEESE
- ◊ COMBO
- ◊ COUNTER
- ◊ DOUBLE
- ◊ DRIVE-THRU
- ◊ HEAT LAMP
- ◊ KETCHUP
- ◊ LETTUCE
- ◊ MEALS
- ◊ PARTY
- ◊ PICKLES
- ◊ PLASTIC
- ◊ SALAD
- ◊ SAUCES
- ◊ SUPERSIZE
- ◊ TABLES
- ◊ TOMATOES

17 ISLANDS

◊ ALDERNEY ◊ GUAM
◊ AZORES ◊ KOMODO
◊ CAPRI ◊ LONG
◊ CORFU ◊ LUZON
◊ EIGG ◊ MALTA
◊ ELBA ◊ NAXOS
◊ EUBOEA ◊ NEW GUINEA
◊ GOZO ◊ REUNION
◊ GRENADA ◊ SHAPINSAY

```
W G U O A A B Y S F L V J
A N Z T N M T R Q N U I N
Q O Z O J V I L E X F R L
G L A S D W M W A Q R J X
X M E O Q O G Q L M O G N
L A O X Y U M Q A V C O C
E U B A I J C O L T I J Y
D G U N O T P J K N F K A
N B E E D T G D U H N Z S
B A L D E R N E Y I O M N
V B R M E Z R Z G R Z M I
A L X N Q W T G E P U K P
X J A W T R I S V A L S A
R D O B N E A D T C O X H
A Y K A K D W F N E N N S
```

---

18 NARROW THINGS

◊ ALLEYWAY ◊ RIBBON
◊ ARTERY ◊ SILL
◊ BOTTLENECK ◊ SLAT
◊ FRACTURE ◊ STAVE
◊ GLEN ◊ STREAK
◊ LINE ◊ TAPER
◊ NEEDLE ◊ TIGHTROPE
◊ PIN STRIPE ◊ TRAIL
◊ RAPIER ◊ WIRE

```
G G D F E P I R T S N I P
A L L E Y W A Y T R R D Q
B L Y E S Q H R M A A H F
E P P N N I E Y N F P I G
A E K P G A L L O Y I E L
K B J C K G L L B B E B R
T X H Y E K L N B N R U X
A I X B B N W Y I E M D C
L B G M S A E L R W P D L
S J D H W G I L J E M U M
F R A C T U R E T Y T M E
R L E M E R P E O T J R V
D T E C F I O R R X O Q A
B A T E P T K P U I L B T
E L D E E N A S E T W B S
```

19 DOGS' NAMES

S	U	E	Z	E	J	G	R	J	A	K	S	E
Y	T	N	A	R	I	P	R	E	D	S	U	L
E	A	C	A	R	A	H	M	S	P	A	Z	R
L	P	E	U	A	L	A	P	U	H	O	X	M
I	N	A	N	H	Y	P	J	O	L	G	O	Y
A	F	I	G	E	D	C	N	I	S	O	T	C
B	A	P	K	D	R	E	V	C	S	S	L	U
E	R	C	Y	A	Y	E	H	E	U	B	A	R
G	I	N	R	O	R	E	J	R	O	S	I	E
M	P	L	W	N	S	I	A	P	N	D	T	A
L	X	V	R	T	Z	T	S	L	P	E	R	H
O	B	C	E	A	S	A	M	A	N	T	H	A
T	R	R	C	V	H	K	I	E	K	U	D	R
E	T	E	T	J	E	C	N	O	R	E	E	S
Z	V	L	N	E	R	E	E	T	X	B	T	H

◊ BAILEY ◊ MOOSE
◊ CHARLIE ◊ NERO
◊ CHESTER ◊ OLIVER
◊ COOPER ◊ PRECIOUS
◊ DUKE ◊ ROSIE
◊ HONEY ◊ RUSTY
◊ JASMINE ◊ SAMANTHA
◊ KATIE ◊ SOPHIE
◊ MICKEY ◊ ZEUS

20 PICKLED

S	U	R	O	L	I	U	E	S	E	L	E	R
R	A	R	E	I	N	I	D	R	A	I	G	Y
E	T	W	A	S	D	C	I	M	R	M	C	O
P	F	S	R	C	T	P	A	U	A	H	D	T
P	K	E	T	C	H	U	P	P	U	N	E	N
E	C	V	I	T	E	S	N	T	E	E	G	R
P	I	Y	C	K	R	A	N	L	F	R	P	O
I	L	P	H	L	I	E	A	S	A	E	S	C
L	R	E	O	P	Y	M	G	L	O	W	E	T
I	A	A	K	A	H	I	C	N	J	H	H	E
H	G	C	E	T	P	H	P	H	I	E	S	E
C	T	H	S	E	K	E	R	O	I	G	I	W
G	H	E	R	K	I	N	S	F	N	R	L	S
J	E	S	E	L	E	Y	O	L	I	V	E	S
O	H	L	S	G	N	I	R	R	E	H	R	K

◊ ARTICHOKES ◊ KETCHUP
◊ CAPERS ◊ KIMCHI
◊ CHILI PEPPERS ◊ MANGO
◊ CHUTNEY ◊ OLIVES
◊ GARLIC ◊ PEACHES
◊ GHERKINS ◊ PIGS' FEET
◊ GIARDINIERA ◊ RELISH
◊ GINGER ◊ SWEETCORN
◊ HERRINGS ◊ WALNUTS

21 RICHARDS

◊ ADAMS
◊ ARKWRIGHT
◊ BYRD
◊ CARPENTER
◊ CHENEY
◊ COURT
◊ EDGAR
◊ GATLING
◊ GERE
◊ LEAKEY
◊ MADDEN
◊ NIXON
◊ PRYOR
◊ ROUNDTREE
◊ SHERIDAN
◊ STRAUSS
◊ TURPIN
◊ WAGNER

```
E T H G I R W K R A A L S
R M E P O Y E N E H C A D
E A D A M S I E Z E R R E
G D V A L E R E A O V C E
L D G U S T R A U S T E T
S E E A D G N I L T A G C
S N P N R R L U B P T E A
U T U R P I N B F A R E R
A O K W K Y R O Y R P E P
R J P V T H E W A R A T E
T G E R I P A K Y A D A N
S C U V P G L Y A O D N T
K O E R N A D I R E H S E
C C Z E P N I X O N L E R
F E R T H S A E M L E A U
```

22 PARIS METRO STATIONS

◊ ANVERS
◊ BOURSE
◊ CORVISART
◊ EDGAR QUINET
◊ EUROPE
◊ EXELMANS
◊ GLACIERE
◊ JAURES
◊ JUSSIEU
◊ MIRABEAU
◊ NATION
◊ ODEON
◊ PERE LACHAISE
◊ PIGALLE
◊ RANELAGH
◊ ROME
◊ SEGUR
◊ VAVIN

```
S M O R E H S E S R U O B
N R O M E R G F S J A F O
O E E X E L M A N S E L E
E S D V E E Y N L R D L O
D I N G J P J U E E L A T
O A M I A N O I T A N W H
C H B I G R C R G W W A E
O C S B R A Q I U N A D R
R A V E L A P U Z E R E V
T L A G R Q B P I T S J R
E E V S H U Y E I N S J L
R R I S E B A O A B E Y E
I E N S C G L J U U Q T N
E P H U Q J U S S I E U G
A T R A S I V R O C H D E
```

23 A, E, I, O AND U

S	E	W	I	F	A	C	E	T	I	O	U	S
C	O	S	A	I	R	O	H	P	U	E	L	U
I	U	M	U	T	R	C	Y	I	E	D	T	O
T	L	Q	E	O	L	E	F	R	A	O	R	N
U	O	A	U	R	H	E	F	U	S	N	A	I
A	J	U	C	N	S	L	N	E	B	O	V	G
N	I	A	R	O	O	A	I	U	F	U	I	A
O	E	O	L	M	V	R	U	A	K	G	O	E
R	T	R	N	O	A	I	D	L	J	A	L	L
E	G	J	I	U	U	L	U	A	T	T	E	O
A	F	D	S	F	E	S	I	Q	I	I	T	O
Y	E	S	U	D	O	W	I	N	E	N	N	O
D	O	L	H	L	H	T	L	E	E	E	E	G
E	N	O	I	T	A	L	U	G	E	R	O	D
A	I	O	U	Q	E	S	L	A	T	I	O	N

◊ AERONAUTIC
◊ AUTOFIRE
◊ EQUIVOCAL
◊ EUNOIA
◊ EUPHORIA
◊ FACETIOUS
◊ JAILHOUSE
◊ JALOUSIE
◊ NOUGATINE
◊ OLEAGINOUS
◊ OSSUARIES
◊ REGULATION
◊ SEQUOIA
◊ SOMERSAULT-ING
◊ TOURMALINE
◊ ULTRAVIOLET
◊ UNAVOIDED
◊ UNORDAINED

24 FONTS AND TYPEFACES

T	E	B	R	A	E	K	E	S	P	D	F	E
I	A	D	V	E	A	U	E	O	E	B	R	S
K	N	E	B	R	P	A	B	A	O	E	U	Y
O	U	V	U	O	K	O	M	M	G	L	D	W
N	O	T	S	M	O	O	O	I	E	V	Z	Y
W	U	F	K	N	H	K	T	C	S	A	V	O
F	R	E	F	A	A	U	M	O	X	A	E	A
B	V	Y	T	I	R	S	Z	A	G	M	R	U
T	E	W	U	F	C	L	C	E	N	I	D	T
Y	K	U	W	D	I	I	U	I	F	T	A	E
N	I	V	E	H	C	X	N	C	M	P	N	P
U	N	I	V	E	R	S	R	A	I	O	A	R
S	T	A	B	G	N	I	D	A	U	D	C	E
A	I	T	N	A	T	S	N	O	C	C	A	P
Y	W	C	O	U	R	I	E	R	P	R	A	U

◊ BOOKMAN
◊ CHEVIN
◊ COMIC SANS
◊ CONSTANTIA
◊ COOPER
◊ COURIER
◊ DINGBATS
◊ FRUTIGER
◊ FUTURA
◊ LUCIDA
◊ NUEVA
◊ OFFICINA
◊ OPTIMA
◊ PERPETUA
◊ SEGOE
◊ TAHOMA
◊ UNIVERS
◊ VERDANA

25 VOLCANIC

◊ ACTIVE	◊ LAVA
◊ ASHES	◊ MAGMA
◊ CINDERS	◊ MANTLE
◊ CONDUIT	◊ MOLTEN
◊ CRATER	◊ PUMICE
◊ CRUST	◊ PYROCLASTIC
◊ FLANK	◊ SHIELD
◊ GASES	◊ STEAM
◊ LAHAR	◊ VENT

```
C A M A A C J C S T R E A
E R U T V V O I S A A G R
S E H S A M I N E R A I M
S H I E L D N D D A L A A
T A W R L W N E E U C J M
T S T E A M J R T T I R G
F S E A F H R S I L E T A
T A U L G R A V M T O A M
S K A R T E E L A Q P M C
T N E V C M X R K N V G H
K F E I S A C D S E S A G
V E M Y C N D R M F L X L
F U I A I T L E N E U E C
P Y R O C L A S T I C J M
Z I R M E E I Y A M A A C
```

26 SHADES OF RED

◊ AUBURN	◊ LOBSTER
◊ BLOOD	◊ ROSE
◊ BRICK	◊ RUBY
◊ CARDINAL	◊ RUDDY
◊ CHESTNUT	◊ RUFOUS
◊ CONGO	◊ TITIAN
◊ CRIMSON	◊ TURKEY
◊ FLAME	◊ TUSCAN
◊ FOLLY	◊ VERMILION

```
V E R N O I L I M R E V E
O G N O C A S C P N R D S
C C Z R P A R O I U M O O
K N R S U T E R F K Y O S
O R K I G B A O F P T L R
C N E Y M Y U J R U E B F
L A A T C S R A N U E L O
N H R C S X O T K A D Y L
A E K D E B S N T I E D L
I T D V I E O U A K F E Y
T I H V H N S L R G M K X
I L R C T C A U X A C R C
T E B O A R T L L I U O C
E E M N S R C F R B L A S
S A R H G E D B Y S O R A
```

27 ASTRONOMY

T	E	M	D	U	S	U	N	E	V	A	R	S
E	P	A	O	V	U	N	E	S	N	H	A	S
N	O	I	R	O	Z	T	W	S	O	N	L	O
A	C	B	D	T	N	H	L	E	I	T	U	M
L	H	E	R	O	H	S	T	E	T	E	B	S
P	T	C	R	N	M	I	L	Q	A	M	E	O
Q	T	L	T	E	L	O	K	C	N	O	N	C
G	Y	P	K	L	H	R	L	G	I	C	I	L
P	X	T	E	K	E	P	Z	D	L	S	L	U
A	H	T	C	L	C	G	S	R	C	Y	Y	S
E	A	A	P	S	A	A	U	O	N	E	H	T
S	L	E	S	J	T	L	M	M	I	L	F	E
B	K	N	O	E	R	A	D	J	K	L	X	R
T	V	I	J	T	W	X	R	H	U	A	E	K
H	S	Y	L	R	B	Y	L	S	Q	H	M	H

◊ BLACK HOLE
◊ CLUSTER
◊ COSMOS
◊ EARTH
◊ EPOCH
◊ GALAXY
◊ HALLEY'S COMET
◊ HELIOSPHERE
◊ INCLINATION
◊ KEPLER
◊ MOONS
◊ NEBULA
◊ ORION
◊ PHASE
◊ PLANET
◊ SATELLITE
◊ STARS
◊ VENUS

28 COAL MINING

N	E	I	R	E	T	A	W	I	M	T	N	Z
R	I	X	X	V	N	T	E	L	A	R	M	Q
A	Z	O	P	R	O	O	F	B	E	A	M	A
R	G	L	J	L	T	P	I	A	H	V	T	G
I	O	K	S	X	O	V	R	N	H	S	E	A
S	G	T	B	N	U	S	T	J	U	S	B	L
R	P	I	C	U	I	N	I	O	S	R	D	L
E	N	A	H	E	E	E	N	V	R	D	H	E
N	C	G	U	D	P	I	V	W	E	Q	O	R
I	T	H	I	T	M	S	Z	Q	B	S	I	Y
M	B	C	C	U	A	M	N	C	M	G	S	T
H	C	V	T	N	H	L	Y	I	I	W	T	E
A	A	I	C	N	E	N	A	H	T	E	M	F
P	B	R	Q	E	K	B	H	R	F	Q	G	A
J	C	K	Z	L	E	J	U	I	M	R	G	S

◊ ACCIDENT
◊ BENCH
◊ BITUMINOUS
◊ EXPLOSIVES
◊ GALLERY
◊ HOIST
◊ INSPECTOR
◊ LEVEL
◊ METHANE
◊ MINERS
◊ ROOF BEAM
◊ SAFETY
◊ SHAFT
◊ TIMBER
◊ TUNNEL
◊ UNION
◊ VEINS
◊ WATER

29 WORDS STARTING SUN

◊ SUN DOG
◊ SUN HAT
◊ SUN PORCH
◊ SUN WORSHIP
◊ SUNBIRD
◊ SUNBURST
◊ SUNDAE
◊ SUNDAY
◊ SUNDOWN
◊ SUN-DRENCHED
◊ SUNDRY
◊ SUNKEN
◊ SUNLESS
◊ SUNROOF
◊ SUNSET
◊ SUNSPOT
◊ SUNSUIT
◊ SUNTRAP

```
S U T I N U S S U N D A E
Y U A N H O Y U S I N U S
C G H P S U N R N Q L S I
S U N B I R D B D T U J S
N A U V B H T P S N R H U
U E S K T E S U D S U A N
K S K O S U N R O O F S P
S U M N N S E S O P N U O
S N U D U N S R T W C N R
E S A I C S U N O E N B C
L Y T H S U N D P N I U H
N B E S U N N P S T U R S
U D C U L U L F N Z S S N
S P S P S U N E U L T T U
G O D N U S E U S N N U S
```

30 GOODBYE

◊ AU REVOIR
◊ BE SEEING YOU
◊ BON VOYAGE
◊ BYE-BYE
◊ CHEERIO
◊ DEPARTURE
◊ DESPATCH
◊ FAREWELL
◊ GODSPEED
◊ GOING AWAY
◊ GOODBYE
◊ LEAVING
◊ PLEASANT TRIP
◊ SAYONARA
◊ SEND-OFF
◊ SETTING OFF
◊ SO LONG
◊ TOODLE-OO

```
P I R T T N A S A E L P S
B E S E E I N G Y O U A W
F C I B A G O O D B Y E H
S E N D O F F O B O F C L
H G F F C N B V N C T E F
H O V R F C V A X A Z A F
A I V E B O R O P Y R A O
U N L Y G A G S Y E Z I L
R G E B Y O E N W A R T G
E A A E C D D E I E G K N
V W V Y O U L S E T A E O
O A I B N L W H P U T D L
I Y N B W H C L M E W E O
R I G E R U T R A P E D S
V J T O O D L E O O C D I
```

31 HOMOPHONES

```
Y R E S E E T F F B I H E
K R E A G N I N R O M U R
R N E H M A E D A F U M A
S E J N D S R I M R T E F
U N D Z O A F I S H R R Q
O S C R T I F O R P E U R
R A N S O Q T O P L A S C
O M U H U B N A S R Y R E
M M D A B E E L T S P E N
U S R E E O P Z Z S R W E
H T M O U R N I N G O K N
S E R E D R A O B R P W O
T N E R R U C W H K H B F
T A N I M U S T E R E D E
C E Y R A N O I T A T S B
```

◊ BOARDER
◊ BORDER

◊ CURRANT
◊ CURRENT

◊ HUMERUS
◊ HUMOROUS

◊ MORNING
◊ MOURNING

◊ MUSTARD
◊ MUSTERED

◊ PROFIT
◊ PROPHET

◊ QUARTS
◊ QUARTZ

◊ STATIONARY
◊ STATIONERY

◊ THRONE
◊ THROWN

32 AUTHORITY

```
N N O I N I M O D E D G G
T G M A S T R E S E N A O
I R I L P D W N F A Y T V
M A S E E O E A L E C U E
R U D R R C W O V E A E R
E N D Y I I R E M C M C N
P O E L T T L P R N E N M
H I E T N A I O T A R E E
E T J O A R T Y S W P U N
E C C S E C N R E O U L T
S N W T S O A C R L S F G
A A T R U T R T E L A N R
Y S R E A U R A T A C I P
V A R E A A A S N S Y C S
R E T S A M W L I E M E A
```

◊ ALLOWANCE
◊ AUTOCRATIC
◊ CONTROL
◊ DOMINION
◊ EMPIRE
◊ GOVERNMENT
◊ INFLUENCE
◊ INTEREST
◊ LICENSE

◊ MASTER
◊ ORDER
◊ PERMIT
◊ POWER
◊ REIGN
◊ SANCTION
◊ SUPREMACY
◊ SWAY
◊ WARRANT

33 THINGS THAT CAN BE LOST

◊ BALANCE
◊ BEARINGS
◊ CAUSE
◊ ELECTION
◊ ENTHUSIASM
◊ HEIGHT
◊ KEYS
◊ LIVES
◊ MOMENTUM
◊ MONEY
◊ NERVE
◊ SENSE
◊ SOULS
◊ TOUCH
◊ TRACK
◊ TRIBE
◊ WAGER
◊ WEIGHT

```
O M W A G E R J E K P B Z
H T D E F V B L D S E B P
Z Z H T N A Z I J A U Y G
S D K G M T F D R I P A S
T O H Q I C H I L T K L C
H R U K U E N U M N V S G
G U A L P G W R S O G C D
I E V C S G E P R I N I G
E E J T K C M E H T A E E
H M U T N E M O M C B S Y
W X Q A E D L S U E U Y M
M I L L R G U E D L N O K
S A W N V I K V M E X D T
B E S N E S T I A P L G A
P J E K T I M L C V X A Q
```

34 HIPPIES

◊ COMMUNE
◊ FREAK OUT
◊ FRIENDLY
◊ GROOVY
◊ INCENSE
◊ KAFTAN
◊ KARMA
◊ LIBERALISM
◊ MELLOW
◊ PAISLEY
◊ PATCHOULI
◊ PEACE
◊ POSTERS
◊ PRAYER
◊ SAN FRANCISCO
◊ TIE-DYE
◊ VEGETARIAN
◊ WOODSTOCK

```
F M D A R P Y V O O R G O
E N U M M O C G D Y W K C
N S V R I S M E L L O W S
T A K A F T A N P E O E I
P U I K P E A C E Y D V C
A R O R Z R N M F D S J N
T Y E K A S W R Z E T P A
C J E Y A T I Q V I O P R
H J M S A E E X X T C A F
O Y E X N R R G N M K I N
U N V D N E P F E V K S A
L B L D Y D C E M V A L S
I Y M F R X Y N S D A E G
M S I L A R E B I L U Y L
F Q M Y N E N K N M R G O
```

35 CANADIAN LAKES

R	E	G	E	P	I	N	N	I	W	E	A	R
L	A	R	I	N	U	K	I	G	N	A	G	O
L	A	V	E	R	A	S	C	N	N	D	R	L
D	E	S	C	H	A	M	B	A	U	L	T	B
Y	G	E	R	E	U	I	E	C	L	Y	A	P
U	H	P	E	S	O	J	R	A	P	B	S	L
O	M	L	O	E	T	O	J	C	I	Z	C	O
Q	D	S	H	S	S	N	Y	N	O	R	U	H
H	I	I	C	S	N	C	E	R	O	I	N	A
O	S	A	T	P	F	L	A	Z	S	T	I	A
T	L	D	S	T	I	A	S	A	A	J	P	D
T	A	A	I	R	T	I	H	B	Z	H	I	U
A	N	N	B	M	E	R	L	V	O	F	G	T
H	D	N	O	D	L	E	H	S	I	Y	O	E
M	C	E	T	E	S	C	U	G	O	G	N	Y

◊ ANGIKUNI
◊ BABINE
◊ BISTCHO
◊ BLACK
◊ CLAIRE
◊ CROSS
◊ DESCHAMBAULT
◊ ENNADAI
◊ HAZEN
◊ HOTTAH
◊ HURON
◊ ISLAND
◊ JOSEPH
◊ LAC ST JEAN
◊ NIPIGON
◊ SCUGOG
◊ SHELDON
◊ WINNIPEG

36 TALK

A	L	I	M	K	V	T	E	A	O	R	Y	E
S	A	Y	A	L	O	U	D	W	E	R	G	L
Z	H	X	I	R	E	P	R	E	S	E	N	T
V	K	O	R	P	H	K	U	Z	H	C	C	T
V	J	A	L	X	D	A	G	C	R	I	O	A
L	P	P	L	D	X	B	R	Q	E	T	N	T
P	O	N	T	I	F	I	C	A	T	E	F	H
H	B	S	E	G	G	O	E	B	N	P	E	R
N	H	C	A	O	R	B	R	W	A	G	R	V
E	I	I	I	S	Y	E	H	T	B	N	U	T
L	J	A	O	S	W	I	M	H	H	W	M	E
B	O	E	L	I	S	P	G	M	R	N	R	C
B	V	Z	H	P	Y	L	B	B	A	G	U	T
A	U	T	E	R	X	P	V	S	E	Y	M	R
G	T	R	A	P	L	E	C	T	U	R	E	Y

◊ BANTER
◊ BROACH
◊ CONFER
◊ EXPLAIN
◊ GABBLE
◊ GOSSIP
◊ HARANGUE
◊ HOLD FORTH
◊ LECTURE
◊ MURMUR
◊ PARROT
◊ PONTIFICATE
◊ RECITE
◊ REPRESENT
◊ SAY ALOUD
◊ TATTLE
◊ WHISPER
◊ YAMMER

37 OCCUPATIONAL NAMES

- ◊ BARBER
- ◊ CARPENTER
- ◊ CHAMBERLAIN
- ◊ COOK
- ◊ DYER
- ◊ FISHER
- ◊ FORESTER
- ◊ LATIMER
- ◊ MASON
- ◊ PIPER
- ◊ PORTER
- ◊ RIDER
- ◊ ROPER
- ◊ SADDLER
- ◊ SHOEMAKER
- ◊ STEWARD
- ◊ SUMNER
- ◊ TURNER

```
R R E K A M E O H S P F P
H C U R Y O X H O Z O C Z
T C H E J R E T S E R O F
C L X A R R E N W Y T C F
P Z O R M E C H A W E B S
R I D E R B T E S I R A T
X K Q P Q R E N V I D B U
S L V I M A D R E D F U R
V S N P N B T K L P R V N
S B T M R Z I E A A R Q E
M C R E Y D R L T R I A R
T A P E W C P Y I S Q N C
E O S Y O A S U M N E R T
R V L O K P R D E A E J X
T J K V N Q M D R G Y O O
```

38 NOBEL PEACE PRIZE WINNERS

- ◊ ADDAMS
- ◊ ANNAN
- ◊ BRANDT
- ◊ CARTER
- ◊ EBADI
- ◊ GORBACHEV
- ◊ HUME
- ◊ KARMAN
- ◊ MARSHALL
- ◊ OBAMA
- ◊ PERES
- ◊ RABIN
- ◊ SCHWEITZER
- ◊ TRIMBLE
- ◊ TUTU
- ◊ XIAOBO
- ◊ YOUSAFZAI
- ◊ YUNUS

```
S G O R B A C H E V S T V
I Q U E N F U M A C P A V
Y U N U S M A Y H G I W R
E W T O E R S W I O A E A
T U N E S I E G D R Z A F
T D B H S I A R A O F N E
K K A U T A F I B N A T Y
A L L Z D N E C E M S E Y
L S E D K N T O R T U E O
H R A C J A M A D B O T R
D M E R A N K N M B Y P A
S N A Y F R A Q O B E U B
E L B M I R T A N R M Z I
W U N Y B T I E E U J A N
A M A B O X W S R E T A S
```

39 OPERA COMPOSERS

T L S E B I L E D L E R G
T O R A G M A N E A M I G
E E F B O R O D I N E E S
P U C C I N I Z P H N W M
P B U D T E S D A Y O D E
I B E S C A P N K R T R T
T D E R B N D S M T T E A
E J R L L E N K Z O I I N
N S R E L I K C U L G R A
T I K E V I O T P E X B W
Z O V A S E N Z B E H A O
T A R H A A T I B C L H M
R T R O S S I N I T C C E
S R T Z E B E S O E C U N
M Y P A R A S N R M E R E

◊ BELLINI
◊ BERLIOZ
◊ BORODIN
◊ CHABRIER
◊ DELIBES
◊ GLUCK
◊ HANDEL
◊ MENOTTI
◊ MONTEVERDI
◊ MOZART
◊ PUCCINI
◊ RAVEL
◊ ROSSINI
◊ SMETANA
◊ STRAVINSKY
◊ TIPPETT
◊ WALTON
◊ WEIR

40 GOOD-LOOKING

D R Y W A T E R L E Y R A
C A L L D Y Q L V X L E K
E Y G X E P T I H I E P H
S L P W Q P T T S D V P V
J M E S I C A P E G O A N
T W A G A N P H N R L D D
B T B R A H S I S S P A C
O O T G T N M O E A S O S
N T N Q D R T M M H M T T
A R F N A E O U I E Y Y N
S T A H Y S U N L L D S A
C R C B D W G Y I N E W I
G E X N E Y O S A M C E D
E G A H G D H D F J R U A
T H G N I N N U T S A G R

◊ ATTRACTIVE
◊ BONNY
◊ CHARMING
◊ COMELY
◊ DANDY
◊ DAPPER
◊ DASHING
◊ ELEGANT
◊ GRAND
◊ HANDSOME
◊ LOVELY
◊ PRETTY
◊ RADIANT
◊ SHAPELY
◊ SMART
◊ STUNNING
◊ STYLISH
◊ WINSOME

41 CHRISTMAS

◊ CAROLS
◊ DECORATIONS
◊ ELVES
◊ FRUIT
◊ GIFTS
◊ HAPPY
◊ HOLIDAY
◊ HOLLY
◊ MAGIC
◊ OXEN
◊ PEACE
◊ POINSETTIA
◊ RIBBON
◊ ROBIN
◊ SACK OF TOYS
◊ SAINT NICHOLAS
◊ SPICES
◊ WISHES

G	R	S	Y	O	T	F	O	K	C	A	S	O
S	J	G	R	U	Y	V	V	X	C	T	C	Y
E	A	E	S	H	E	E	R	Y	F	Z	M	L
C	M	L	L	P	A	R	Q	I	R	K	A	L
A	O	C	O	V	I	P	G	H	O	D	H	O
E	S	Q	R	H	E	C	P	J	B	E	R	H
P	P	Z	A	O	C	S	E	Y	I	C	G	E
I	F	J	C	N	I	I	F	S	N	O	X	V
O	K	R	E	W	G	D	N	Z	K	R	L	F
W	B	X	U	J	A	H	X	T	V	A	R	H
I	O	V	D	I	M	W	O	B	N	T	U	K
S	S	R	A	I	T	T	E	S	N	I	O	P
H	O	L	I	D	A	Y	U	V	C	O	A	W
E	V	C	R	Y	I	H	S	E	T	N	A	S
S	T	F	N	O	B	B	I	R	B	S	B	A

42 PRISONS

◊ BEAUMONT
◊ BUTYRKA
◊ DIYARBAKIR
◊ EL RODEO
◊ FOLSOM
◊ GLDANI
◊ GRENDON
◊ HEWELL
◊ HOA LOA
◊ HOLMAN
◊ KIRKHAM
◊ POLUNSKY
◊ PORT ARTHUR
◊ RANBY
◊ RISLEY
◊ STANLEY
◊ STYAL
◊ WYMOTT

S	A	M	E	N	I	N	U	M	E	S	Y	L
K	I	R	K	H	A	M	M	I	F	H	B	L
E	A	R	U	T	J	M	H	O	T	O	N	E
S	R	Y	D	H	K	Y	L	A	S	A	A	W
P	Z	I	I	Y	T	M	E	O	K	L	R	E
A	P	P	K	N	E	R	P	L	H	O	O	H
K	O	Y	T	A	O	T	A	Q	S	A	W	F
R	L	E	T	S	B	D	I	T	K	I	E	V
Y	U	L	L	N	H	R	N	S	R	S	R	C
T	N	N	T	R	O	G	A	E	P	O	Q	F
U	S	A	P	T	O	M	L	Y	R	A	P	W
B	K	T	X	D	O	D	U	D	I	G	C	U
X	Y	S	Y	V	Z	M	E	A	A	D	T	A
Y	J	E	D	A	M	O	Y	O	E	N	S	R
V	E	R	F	D	L	F	N	W	V	B	I	I

43 WEEDING

K	K	E	M	T	R	O	W	G	A	R	Y	W
C	U	O	M	C	R	A	D	T	A	S	S	C
V	S	I	L	A	X	O	I	O	M	V	G	C
S	H	G	H	J	N	E	V	Y	C	E	N	H
F	E	V	M	E	I	M	L	E	B	K	C	S
W	N	O	H	P	S	E	O	F	D	T	N	E
V	B	T	B	D	R	E	V	Q	E	L	O	I
B	A	P	N	R	O	D	L	V	E	I	I	S
F	N	T	O	K	Y	C	X	T	W	A	L	I
C	E	S	R	N	S	O	E	K	T	T	E	A
V	L	N	L	E	R	X	N	R	O	E	D	D
G	B	O	R	E	F	Y	S	Y	N	S	N	P
E	L	A	V	B	Y	O	G	M	K	R	A	I
J	T	A	B	E	N	A	I	E	X	O	D	X
N	E	K	C	A	R	B	D	L	E	H	R	E

◊ BRACKEN ◊ KNOTWEED
◊ BRYONY ◊ MOSS
◊ CLOVER ◊ NETTLES
◊ DAISIES ◊ OXALIS
◊ DANDELION ◊ RAGWORT
◊ DOCK ◊ SORREL
◊ FAT HEN ◊ TARES
◊ HENBANE ◊ TREFOIL
◊ HORSETAIL ◊ VETCH

44 SILVER WORDS

H	C	E	E	B	O	N	R	T	U	N	N	C
T	R	T	N	E	C	F	I	B	U	R	E	H
O	I	A	S	V	O	W	F	E	S	R	L	S
N	S	L	S	S	K	G	H	K	T	S	Q	I
G	O	P	H	T	E	K	B	I	O	O	I	L
U	L	M	E	D	A	L	F	L	T	A	R	O
E	E	F	I	S	A	I	D	U	P	I	B	P
M	Y	D	W	E	C	E	I	A	R	H	N	W
H	O	O	G	A	R	T	E	T	Y	E	A	G
I	R	E	T	S	I	S	S	R	I	T	E	B
D	V	E	N	M	C	K	U	R	T	A	Y	E
A	W	R	W	E	D	R	U	L	A	R	N	H
S	E	R	D	E	J	J	E	O	H	T	E	S
H	E	E	C	A	L	K	C	E	N	I	S	E
E	D	I	M	O	R	B	I	I	N	N	E	V

◊ BEECH ◊ PROTEIN
◊ BROMIDE ◊ SCREEN
◊ CERTIFICATE ◊ SOLDER
◊ IODIDE ◊ STARS
◊ MEDAL ◊ SWORD
◊ NECKLACE ◊ TONGUE
◊ NITRATE ◊ WATTLE
◊ PLATE ◊ WEED
◊ POLISH ◊ WHITING

45 EAT UP

- ◊ CHOMP
- ◊ CRUNCH
- ◊ DEVOUR
- ◊ DIGEST
- ◊ FEAST
- ◊ GNAW
- ◊ GOBBLE
- ◊ GRAZE
- ◊ GULP
- ◊ HAVE A BITE
- ◊ INGEST
- ◊ MUNCH
- ◊ PECK AT
- ◊ SNACK
- ◊ STUFF
- ◊ SWALLOW
- ◊ TUCK IN
- ◊ WOLF DOWN

L	M	Y	H	A	R	A	K	M	D	I	N	V
P	L	U	L	W	D	T	U	C	K	I	N	V
G	P	E	L	Y	O	N	E	G	A	R	E	E
I	R	H	W	T	C	L	K	Z	A	R	A	H
U	U	A	M	H	A	R	L	Z	A	P	S	E
U	N	S	R	T	E	L	P	A	M	R	I	T
G	I	K	W	O	L	F	D	O	W	N	G	I
H	O	S	C	A	D	S	H	B	K	S	L	B
E	C	B	E	A	G	C	D	V	B	N	S	A
L	R	I	B	D	N	I	E	T	U	O	U	E
F	U	G	O	L	G	S	V	S	P	L	M	V
E	N	P	U	E	E	T	O	E	Y	L	B	A
A	C	V	S	L	C	U	U	G	E	T	O	H
S	H	T	R	C	P	F	R	N	E	A	P	D
T	A	K	C	E	P	F	V	I	N	E	M	E

46 ARCHITECTURAL DETAILS

- ◊ BEAMS
- ◊ CORINTHIAN
- ◊ DORIC
- ◊ DRAWBRIDGE
- ◊ EMBRASURE
- ◊ FINIAL
- ◊ GABLE
- ◊ GRILLE
- ◊ PANEL
- ◊ RAFTERS
- ◊ RENDER
- ◊ SCROLL
- ◊ STONEWORK
- ◊ STRUT
- ◊ TERRAZZO
- ◊ TOWER
- ◊ TRUSS
- ◊ TURRET

S	C	F	Y	K	R	O	W	E	N	O	T	S
I	T	E	M	Q	Y	C	L	B	G	Z	G	V
C	O	R	I	N	T	H	I	A	N	D	D	A
I	Z	P	U	B	P	U	K	R	I	B	H	N
T	O	R	N	T	U	Z	A	I	O	N	M	Q
E	G	D	I	R	B	W	A	R	D	D	I	O
O	R	H	E	M	B	R	A	S	U	R	E	F
Z	B	E	A	M	S	R	E	T	F	A	R	P
Z	V	T	W	L	D	L	N	N	R	Y	T	Y
A	S	S	K	O	L	Z	E	C	D	U	D	A
R	G	N	V	I	T	O	X	N	R	E	S	M
R	N	A	R	P	H	A	R	R	A	U	R	S
E	B	G	B	O	M	H	E	C	L	P	Z	B
T	L	Q	G	L	Y	T	Z	A	S	G	A	R
E	E	G	K	M	E	Y	A	F	Z	O	F	Y

47 MOONS OF THE SOLAR SYSTEM

```
K F S U D A L E C N E S E
V E N U S I L L P M M K C
P C U P I D U V H V Z O J
N H H V J M X M O E I L S
A Y O A C N A I B S Q L A
T V W E R N P T O R A A M
I J A J B O T A S I I H I
T G A N S E N E L X N E M
F V M U O X T E T L C S L
L N A J B M D V L H E J T
L O L O U R E J K S Y N A
Q T T I O L B D N X D S E
P I H C A D I S S E R C S
M R E M K D T E B E Y Q E
T T A H C I N F T G D A O
```

◊ AMALTHEA
◊ BIANCA
◊ CHARON
◊ CORDELIA
◊ CRESSIDA
◊ CUPID
◊ DESDEMONA
◊ ENCELADUS
◊ JULIET
◊ MIMAS
◊ PALLENE
◊ PHOBOS
◊ PHOEBE
◊ SKOLL
◊ TETHYS
◊ TITAN
◊ TRITON
◊ UMBRIEL

48 MYSTERIOUS

```
A L M R A E L C N U A S E
R E T I C E N T Y C E E E
O G D G R U G N J S S N N
A C C E E A C N U P U A I
E H C W N H C R A I O C T
H S R U F I T L M R I R S
C U E S L S A R E T T A E
R H E H B T O L S V I S D
Y H P A U J A Y P W T F N
P S Y D L R M F T X P N A
T U U O A E D P E U E M L
I H J W R E G W B D R N C
C O S Y U E T E D O R H U
U N U S U A L I N L U C E
S T R E A D H C E D S A S
```

◊ ABSTRUSE
◊ ARCANE
◊ CLANDESTINE
◊ CREEPY
◊ CRYPTIC
◊ HIDDEN
◊ HUSH-HUSH
◊ LEGEND
◊ MIRACLE
◊ MYSTIC
◊ OCCULT
◊ RETICENT
◊ SHADOWY
◊ STRANGE
◊ SURREPTI-TIOUS
◊ UNCLEAR
◊ UNEXPLAINED
◊ UNUSUAL

49 SIXTIES MUSICIANS

- ◊ ARLO GUTHRIE
- ◊ BEACH BOYS
- ◊ DONOVAN
- ◊ DREAMERS
- ◊ ELVIS PRESLEY
- ◊ FOUR TOPS
- ◊ GENE PITNEY
- ◊ HOLLIES
- ◊ JOAN BAEZ
- ◊ JOHN FRED
- ◊ KIKI DEE
- ◊ KINKS
- ◊ MELANIE
- ◊ MOODY BLUES
- ◊ OSMONDS
- ◊ SANTANA
- ◊ SHADOWS
- ◊ THE WHO

```
E K S G F O U R T O P S M
L I E G E N E P I T N E Y
V N U S H Y P U D S R T A
I S L W E O O E E N S E A
S W B O N F R S N A A R N
P G Y D Z F T S M V L D A
R N D A N B R E R O M E T
E J O H W E H T G N N Y N
S E O S M A K U A O P D A
L J M A J C T T G D O L S
E V E N N H O L L I E S Y
Y R O C R B E I N A L E M
D S P I E O A K I N K S R
C K E P V Y E E D I K I K
R A V E I S O W Z G Q D K
```

50 RHYMING WORDS

- ◊ COOKBOOK
- ◊ FAN-TAN
- ◊ HEYDAY
- ◊ JET SET
- ◊ KOWTOW
- ◊ MAINTAIN
- ◊ NITWIT
- ◊ PALL MALL
- ◊ POTSHOT
- ◊ RAZZLE-DAZZLE
- ◊ REDHEAD
- ◊ SLEEPY
- ◊ TEPEE
- ◊ TO-DO
- ◊ VOODOO
- ◊ WALKIE-TALKIE
- ◊ WAYLAY
- ◊ ZULU

```
T E J A S W K Y P E E L S
E E R V O O D O O E L M T
N M P L G T A C E A L E M
I T K E B W O Z M Z L W A
T I I W E O U L U Z A A E
W O A P K K L O Z Y B L N
I S H B C A O A L E G K N
T Y O S P R D A B N A I I
J O A V T E Y W M A R E A
K J N D L O S C D T Y T T
N M K Z Y O P I A N K A N
I E Z O R E D H E A D L I
A A G D W R H O P F C K A
R V A O I J V T G T N I M
E H L T T E S T E J H E E
```

51 NIGHT WORDS

```
N W A T N A M H C T A W E
J R O B E X S F K B M Z V
J F B Y L R K E H Z B M S
G R C M R I R T M X D N T
Q E I H A Y N O G A L K L
N L D D V Q Q D R O G H C
F W T C E P F R N L W X D
R A O I N R T N C E W N P
O R R Q X H L R T N S O E
E C Z A G K L Q N F V S D
D E F I J V F G K O I Z A
W R L P Z T P U N O R H H
G O E M V O C L O T H E S
K H R S R P N A V K W A H
A R N K S S W E W Q K G X
```

◊ BLINDNESS
◊ CLOTHES
◊ CRAWLER
◊ DRESS
◊ GAMES
◊ GOWN
◊ HAWK
◊ HERON
◊ JAR
◊ LIGHT
◊ RAVEN
◊ RIDER
◊ SHADE
◊ SHIFT
◊ SPOT
◊ TERROR
◊ WATCHMAN
◊ WORK

52 OPPOSITES

```
E N I L U C S A M L I N E
T L A S T L E I A V S K E
N H F M I N N A R I T E S
E T E E I I S G N E F T E
N G M F M W D G I V I N G
A N I U U I U K M E R Y D
M E M Y M L N U I R H R E
R R I H A D M I P E T A L
E T N R U I E L N C D R W
P S E O X M U A C E N O O
M D R A R R B P V I E P N
I P M E A R E L G V P M K
S A B L A S T O E I S E I
E S S E N K A E W N P T A
R T E C N A R O N G I U S
```

◊ FEMININE
◊ MASCULINE
◊ GIVING
◊ RECEIVING
◊ HUMBLE
◊ PROUD
◊ IGNORANCE
◊ KNOWLEDGE
◊ MAXIMUM
◊ MINIMUM
◊ MISER
◊ SPENDTHRIFT
◊ PERMANENT
◊ TEMPORARY
◊ PLURAL
◊ SINGULAR
◊ STRENGTH
◊ WEAKNESS

53 FOUND

◊ CAME UP	◊ LINED UP
◊ CHANCED	◊ LOCATED
◊ CONSTITUTE	◊ NOTICED
◊ DETECTED	◊ OBTAINED
◊ GOT HOLD	◊ PLANT
◊ HAPPENED	◊ RETRIEVED
◊ INCURRED	◊ RULED
◊ INITIATED	◊ SET UP
◊ LAUNCH	◊ TRACED

```
D E C I T O N D U L E D P
R Y O M J V E H K C P D U
D D G L G L C G C O E P T
E E E I U L S R Z N J R E
T C R R N S U R I S U P S
A N A K A I U A Z T X A E
C A A M E T T T C I S E L
O H B S E B N I G T Z H W
L C Y S O U D I A U O F D
L I T N A L P L L T V U E
N J N W S G B X O E E V C
D E T E C T E D Q H P D A
X J Q H D E V E I R T E R
V D E R R U C N I G N O T
D Q R H A P P E N E D Y G
```

54 CAPITAL CITIES OF ASIA

◊ ASHGABAT	◊ MANILA
◊ ASTANA	◊ NAYPYIDAW
◊ BANGKOK	◊ NEW DELHI
◊ BEIJING	◊ PHNOM PENH
◊ BISHKEK	◊ SEOUL
◊ DHAKA	◊ TAIPEI
◊ DUSHANBE	◊ TEHRAN
◊ KABUL	◊ TOKYO
◊ KUALA LUMPUR	◊ VIENTIANE

```
T E S K O K G N A B A I B
H E V F E E D E A J R D I
M K H E H H B N L U O E S
A G L R A N A W P U H W H
N M P K A T B M N E N J K
I U A H S N U A K N A D E
L M S A L L Y J T A H A K
A U W B A P I O A I N W I
D U I L Y W K B B T E S H
C U A I A Y A E A N P H L
K U D B O Z D I G E M C E
K A B U L E P J H I O O D
W N I J F E R I S V N O W
B E E S I E G N A E H R E
W E N A S A B G Y M P N N
```

55 CANALS

E	R	A	N	I	T	R	A	L	L	M	N	X
O	O	B	M	S	E	L	G	L	I	D	K	T
G	Z	I	I	A	E	E	G	R	O	N	Z	N
E	S	H	A	V	I	N	H	T	E	Z	D	B
W	R	A	M	A	Y	A	M	S	N	T	R	O
S	O	B	I	J	M	O	L	U	L	I	S	L
O	X	T	B	M	R	A	T	D	D	R	T	E
R	E	U	C	R	A	E	N	G	K	B	I	V
S	H	K	I	I	D	A	E	A	A	I	N	A
M	T	S	S	U	A	W	U	N	P	B	E	H
B	A	N	A	K	A	M	B	G	O	M	A	L
E	W	D	E	T	Z	F	E	T	U	I	J	Y
M	M	I	E	G	G	E	K	E	K	S	P	E
A	O	R	H	R	E	L	U	I	I	A	T	J
P	E	W	B	E	A	R	D	S	L	E	Y	A

- ◊ AUGUSTA
- ◊ BEARDSLEY
- ◊ BRIDGEWATER
- ◊ BRITZ
- ◊ HAVEL
- ◊ KIEL
- ◊ LINDO
- ◊ MADERA
- ◊ MIAMI
- ◊ MORRIS
- ◊ OSWEGO
- ◊ PANAMA
- ◊ PIONEER
- ◊ REGENT'S
- ◊ SAIMAA
- ◊ STINE
- ◊ SUEZ
- ◊ VINH TE

56 FRACTIONS

H	M	I	X	I	D	A	N	I	K	H	I	D
S	F	A	H	H	E	O	R	S	T	F	E	D
E	D	P	T	A	M	B	A	H	U	S	H	E
V	S	N	V	M	I	X	G	E	T	F	T	D
E	I	I	O	E	C	I	L	O	A	T	X	I
N	A	C	M	C	E	R	U	X	R	J	I	V
T	L	I	I	P	E	T	V	X	H	D	S	I
H	L	A	N	Q	L	S	Y	E	R	X	E	D
B	T	Z	M	O	S	E	Y	I	N	O	Z	R
I	F	F	V	I	I	F	H	T	O	T	G	X
N	P	I	L	B	C	T	A	X	R	S	H	I
A	R	W	F	E	Y	E	C	C	L	I	L	S
H	S	E	D	T	W	N	D	A	T	T	H	R
D	E	X	I	M	H	T	V	Q	R	O	F	T
G	I	E	R	F	O	H	N	I	N	F	R	T

- ◊ COMMON
- ◊ DECIMAL
- ◊ DIVIDED
- ◊ EIGHTH
- ◊ FACTOR
- ◊ FIFTH
- ◊ FRACTION
- ◊ MIXED
- ◊ NINTH
- ◊ ORDER
- ◊ SEVENTH
- ◊ SIMPLE
- ◊ SIXTH
- ◊ TENTH
- ◊ THIRD
- ◊ THIRTY-SECOND
- ◊ TWELFTH
- ◊ VULGAR

57 ANCIENT EGYPT

- ◊ ABU RAWASH
- ◊ CENOTAPH
- ◊ DASHUR
- ◊ EDFU
- ◊ EGYPTOLOGY
- ◊ GIZA
- ◊ HIEROGLYPHS
- ◊ HORUS
- ◊ ILLAHUN
- ◊ NEFERTITI
- ◊ NILE
- ◊ NUBIAN
- ◊ OSIRIS
- ◊ PRIEST
- ◊ SACRIFICE
- ◊ SCARAB
- ◊ SLAVES
- ◊ TEMPLES

```
C E H O H I J A R E S A C
E C X I A B U R A W A S H
N I L E E U F K V S Y B E
O F W A D R D K U T H A M
T I N I A R O R E N M R B
A R U L S S O G U C V A I
P C H E H H S B L K Q C N
H A A S U N I E H Y K S A
P S L O R A R R P T P O T
L R L Y N Z I F E R S H E
C G I M O J S M K I D P S
U F D E G Y P T O L O G Y
G V A I S L S E V A L S V
L G Z H E T B A X N I N R
B A F S I T I T R E F E N
```

---

58 COUNTRIES' FORMER NAMES

- ◊ ALBION
- ◊ BOHEMIA
- ◊ CALEDONIA
- ◊ CATHAY
- ◊ CEYLON
- ◊ DAHOMEY
- ◊ DUTCH GUIANA
- ◊ FORMOSA
- ◊ KAMPUCHEA
- ◊ MANGI
- ◊ MOLDAVIA
- ◊ NEW HEBRIDES
- ◊ NUMIDIA
- ◊ NYASALAND
- ◊ SIAM
- ◊ TRUCIAL STATES
- ◊ USSR
- ◊ ZAIRE

```
Y Y A H T A C P K R E Z N
E I G N E M F A P A S E L
M I A B E Q M C I A W S A
O D G K G P Z V I H N A U
H E F N U T A D E L N A H
A V A C A D I B M A I S B
D P H F L M R Y I N R O D
R E O O U I E U O S H G Y
A L M N D N G D E E T N N
R E Z E J H E A M R I O O
I S S J C L L I Y O P L U
L M D T A B A W I R I Y G
T R U C I A L S T A T E S
T D D O F O R M O S A C Y
X W N Y A S A L A N D D O
```

59 WORKPLACES

```
O Q B P B X E C V E X K T
C I P A F B Q G Q O D D E
G V D O K U I G R X D L K
M I G U A E D J L O T N R
E N A R T K R O K Y F S A
S E R M Y S O Y R P Q R M
U Y A K E H T E Z O C E R
O A G C C N W A F I B S E
H R E S Y E I F N L M T P
E D H R R R I C E N V A U
R G H B U C D X N E E U S
A N E C E B F N U A F R C
W R W D N J K E U G N A Y
U B P B U A Q F U A D N H
W Y R O T A R O B A L T W
```

◊ BAKERY
◊ BREWERY
◊ BUREAU
◊ CINEMA
◊ FORGE
◊ GARAGE
◊ LABORATORY
◊ LAUNDRY
◊ OFFICE
◊ QUARRY
◊ RANCH
◊ RESTAURANT
◊ SCHOOL
◊ STUDIO
◊ SUPERMARKET
◊ TANNERY
◊ VINEYARD
◊ WAREHOUSE

60 GRAND WORDS

```
L F R A P G R A I N E S N
M A Y N E C R A L N S A T
E A N B A R E S R O I T I
R A S O Y S I N N Y U N N
N P K T I H U S U N R E R
O E I T E T H S G A B R E
S C P A P R A M E C V D I
S A V H N R W N A E R L N
E B I E E O W T D D O I R
H S D I J W C C F N G H A
C G L E P E N N G E A C M
U R H A L M W I Y X H T A
D E O E M C U Y R U J T S
V D B S S G N T O T A L T
A R B W S N A U N E R N E
```

◊ CANYON
◊ CHILDREN
◊ CROSS
◊ DUCHESS
◊ GUIGNOL
◊ JURY
◊ LARCENY
◊ MARNIER
◊ MASTER
◊ NATIONAL
◊ NEPHEW
◊ PIANO
◊ SLAM
◊ SONS
◊ STAND
◊ THEFT
◊ TOTAL
◊ UNCLE

61 MISERABLE

- ◊ CHEERLESS
- ◊ CRUSHED
- ◊ DEJECTED
- ◊ DEPRESSED
- ◊ DESOLATE
- ◊ DISMAL
- ◊ DOWNCAST
- ◊ DREARY
- ◊ FED UP
- ◊ FORLORN
- ◊ GLOOMY
- ◊ GRIEF-STRICKEN
- ◊ MOURNFUL
- ◊ SORRY
- ◊ TEARFUL
- ◊ UNHAPPY
- ◊ UPSET
- ◊ WRETCHED

```
H O Y E Y P P A H N U S Y
D O W N C A S T R A C D N
E U D R A S S O H S L E D
P N E C G I L I O H K H Q
R M T D B R A Y S C P C L
E L C L O D R D I R S T U
S M E F E R E R E U L E F
S S J I O S T D Y S A R N
E E E S O S X R E H M W R
D J D L F Y A G T E S P U
S L A E R E M D I D I W O
R T I B R E D O E U D D M
E R K D F Y E U O I L W E
G O T E N A E H P L J B L
L U F R A E T A C E G W B
```

62 ANIMALS' YOUNG

- ◊ CHICK
- ◊ CYGNET
- ◊ EAGLET
- ◊ ELVER
- ◊ FARROW
- ◊ FILLY
- ◊ KITTEN
- ◊ LAMB
- ◊ MAGGOT
- ◊ NYMPH
- ◊ OWLET
- ◊ PARR
- ◊ PICKEREL
- ◊ POULT
- ◊ PUPPY
- ◊ TADPOLE
- ◊ WHELP
- ◊ YEARLING

```
Y N X K C I H C R J V C O
E L Y B O P G R L S E N Y
A F M W I F Z F E V G L V
R A R H C R F W R V L C L
L R D E H Y N D U I L J L
I R H L P F G O F E M E R
N O E P X E O N S Q R J C
G W U Q Z V L C E E L G H
N P N M F T I O K T F I C
E U B Y M O L C P E B Y E
T A Y K M A I U C D T R P
T D G P W P G R O E A A Y
I F O L L Y H G L P R T W
K E O U E T L W O R B R V
S E E X R T O K W T J I C
```

63 *LORD OF THE RINGS*

```
B F P F Y U A D E Y Y T O
I I L N J A E U R P R A L
L E G O L A S O I O R D D
B I E K A S W R H Z E G M
O L S I W G E A S S M O A
B M M R P F N A F E X Y N
A I E O F G D R R O C M W
G G A A R N X L D W Q H I
G V G O O I L O Y Y E S L
I K O R R O A P K N A N L
N Z L H R P J E L R X V O
S E Y T D O O T O O Q Q W
E C Q P Y M O D M R Y S E
H M J I E T E O C C C H U
V U L R O Q E R B E N S U
```

- ◊ ARWEN
- ◊ BILBO BAGGINS
- ◊ EDORAS
- ◊ ELF
- ◊ ELROND
- ◊ EOMER
- ◊ EOWYN
- ◊ GAFFER
- ◊ GIMLI
- ◊ LEGOLAS
- ◊ MERRY
- ◊ MORIA
- ◊ OLD MAN WILLOW
- ◊ ORCS
- ◊ ROHAN
- ◊ SHIRE
- ◊ SMEAGOL
- ◊ TROLL

---

64 ANTI WORDS

```
C A M T S I N U M M O C K
C M E R N P A F E A H M N
B I E H R U N E I P O R C
I F T C P E G R O T T H C
S A A P U D C K N Y R I W
H D I T E R D A N I T A C
A E R G A S S A S A R P L
Q O R F B S E T T C T A D
N C T O E O F S T E I T N
S A C R A E D E H R L H O
A T P L M O T Y E S I E T
S E C E I O C T S U R T O
D M T N M M C R I E Z I R
D I A V L A A O S R A C P
C H A S B E S X E E U T R
```

- ◊ AIRCRAFT
- ◊ BACTERIAL
- ◊ BODY
- ◊ CHRIST
- ◊ CLIMAX
- ◊ COMMUNIST
- ◊ DEPRESSANT
- ◊ EMETIC
- ◊ HERO
- ◊ NEUTRON
- ◊ PATHETIC
- ◊ PROTON
- ◊ SEPTIC
- ◊ STATIC
- ◊ TANK GUN
- ◊ THESIS
- ◊ TRUST
- ◊ WAR

65 DAY WORDS

◊ BOARDER	◊ RELEASE
◊ BREAK	◊ RETURN
◊ DREAMER	◊ SCHOLAR
◊ FLOWER	◊ SHIFT
◊ HOSPITAL	◊ SURGERY
◊ LIGHT	◊ TRADER
◊ NURSERY	◊ TRIPPER
◊ OF REST	◊ WATCH
◊ PATIENT	◊ WORK

T	E	B	N	R	E	P	P	I	R	T	Y	E
J	H	X	O	Q	D	S	M	E	M	H	R	D
W	B	I	C	A	C	M	L	J	X	G	E	W
Y	A	P	F	H	R	E	U	E	D	I	S	Z
S	C	T	O	L	A	D	P	V	Q	L	R	J
C	D	L	C	S	Q	K	E	T	S	T	U	R
K	A	L	E	H	V	T	O	R	T	I	N	H
R	O	S	N	M	N	Y	F	J	D	D	O	Y
M	W	W	H	E	U	W	R	R	W	S	R	R
A	J	U	I	I	L	F	E	G	P	E	N	E
K	W	T	I	N	F	A	S	I	G	R	R	W
X	A	O	C	L	M	T	T	R	U	O	R	O
P	K	E	R	E	T	A	U	T	H	K	G	L
I	P	U	R	K	L	S	E	Z	E	V	P	F
W	O	Q	S	B	T	R	A	D	E	R	J	U

66 NOBILITY

◊ ANCESTORS	◊ MARQUESS
◊ DESCENDED	◊ MONARCHY
◊ DIGNITY	◊ NOBLES
◊ DUCHESS	◊ QUEEN
◊ DYNASTY	◊ ROYAL
◊ EQUERRY	◊ SQUIRE
◊ ETIQUETTE	◊ THRONE
◊ GRANDEUR	◊ TITLE
◊ LADIES	◊ WEALTH

E	C	T	U	I	S	S	E	H	C	U	D	E
L	R	E	A	T	R	I	N	Y	S	A	L	D
T	O	E	R	I	U	Q	S	J	T	A	E	E
I	S	R	M	Q	U	E	E	N	Q	D	G	T
T	A	F	J	H	I	S	A	T	N	I	M	T
K	E	S	D	D	U	K	R	E	A	G	G	E
I	T	E	A	J	S	H	C	A	S	N	P	U
Y	P	L	L	N	I	S	N	P	M	I	H	Q
T	M	B	A	H	E	C	E	O	R	T	M	I
S	E	O	K	D	E	L	N	U	L	Y	L	T
A	G	N	C	S	T	A	A	A	Q	D	H	E
N	I	G	T	Y	R	R	E	Y	B	R	Y	I
Y	D	O	O	C	E	W	R	S	O	W	A	E
D	R	G	H	R	U	E	D	N	A	R	G	M
S	F	Y	O	E	Q	U	E	R	R	Y	C	Y

67 EXPLORERS

N	G	F	C	Z	D	E	U	R	O	R	X	F
E	P	Y	P	N	S	W	J	A	T	E	U	L
E	N	E	S	N	A	N	E	H	O	F	K	L
V	B	L	F	B	J	S	A	R	S	A	R	L
E	Q	X	R	O	U	E	W	J	E	W	X	S
G	L	O	O	E	N	R	M	E	D	F	P	V
G	S	E	B	W	K	S	T	A	D	E	N	J
O	E	K	I	V	O	L	Z	O	K	E	X	E
R	L	U	S	C	I	R	A	E	N	H	Y	V
H	I	E	H	B	H	L	E	W	Y	R	K	F
F	G	K	E	G	B	H	M	I	E	P	M	G
B	I	X	R	A	Z	N	A	S	T	U	B	U
V	Z	M	N	N	T	N	A	R	G	R	Q	K
E	N	E	B	E	T	R	N	D	D	N	A	Y
B	L	B	O	X	F	R	A	T	D	T	S	C

◊ ALBANEL
◊ BURTON
◊ CARTIER
◊ DE SOTO
◊ FRASER
◊ FROBISHER
◊ GILES
◊ GRANT
◊ JANSZ
◊ KOZLOV
◊ LEICHHARDT
◊ NANSEN
◊ OXLEY
◊ ROGGEVEEN
◊ SPEKE
◊ STADEN
◊ WAFER
◊ WALKER

68 SHADES OF BROWN

T	H	E	T	A	L	O	C	O	H	C	F	Y
U	Y	Y	E	P	U	A	T	H	O	D	C	E
N	Y	X	L	Y	P	A	R	A	Z	N	D	T
L	O	D	T	A	I	S	J	J	W	N	K	A
A	C	S	D	P	E	N	P	F	A	N	F	C
W	U	O	O	U	E	M	D	S	K	H	Y	S
R	A	N	P	P	M	F	T	S	M	G	Y	U
A	I	S	Q	P	G	R	N	A	J	A	V	F
S	W	K	L	Q	E	H	A	J	O	L	E	N
N	E	H	M	S	B	R	C	V	Q	F	K	I
A	N	N	E	I	S	T	N	R	U	B	Y	K
C	L	D	F	A	L	L	O	W	N	W	D	Z
E	R	Y	G	O	T	A	O	G	U	Y	N	N
P	C	A	M	E	L	Q	I	D	A	L	A	A
N	W	A	F	X	S	Z	C	U	E	E	V	V

◊ BURNT SIENNA
◊ CAMEL
◊ CHOCOLATE
◊ COPPER
◊ DESERT SAND
◊ FALLOW
◊ FAWN
◊ INFUSCATE
◊ MUDDY
◊ OATMEAL
◊ PECAN
◊ RUSTY
◊ SINOPIA
◊ TAUPE
◊ TAWNY
◊ VANDYKE
◊ WALNUT
◊ WHEAT

69 AIRLINES OF THE WORLD

◊ AEROFLOT
◊ AIR EUROPA
◊ BELAVIA
◊ BRAATHENS
◊ BRITANNIA
◊ DELTA
◊ EASYJET
◊ EMIRATES
◊ ETIHAD
◊ EXCEL
◊ FLYBE
◊ GARUDA
◊ IBERIA
◊ LUFTHANSA
◊ NORTH WEST
◊ QANTAS
◊ UNITED
◊ VARIG

```
O R D G R E A N A D A A M
N O R T H W E S T B V I T
L A E E R N E C R N X V D
T A T A E M D I A D S A U
L Y I E K R T E A L E L J
U Z H G M A L P L B Q E B
F A A T N I O U Y T Q B G
T U D N A R R L N E A F E
H N I L U E F A A I N T R
A A F E G B R S T G T K A
N G R N E I Y O A E A E L
S I A X E J R R F D S S D
A O C P E O U A K L E R F
C E I T F D S M V B O R Y
L D B R A A T H E N S T J
```

70 LIQUIDS

◊ BLOOD
◊ BRINE
◊ BROTH
◊ CIDER
◊ COFFEE
◊ CONDENSA-
TION
◊ DETERGENT
◊ GRAVY
◊ JUICE
◊ KEROSENE
◊ NECTAR
◊ PAINT
◊ PERFUME
◊ PETROLEUM
◊ PUNCH
◊ STOCK
◊ TURPENTINE
◊ WATER

```
M K I T T E A W X E E R O
C C R A M Y B A T C M N E
I O I H V L S T M I U O S
K T U A O A E E N U F I E
T S R O P Y L R L J R T U
N G D O U C B Q A R E A A
E N I T N E P R U T P S U
G R K L C Q E G I E C N H
R H S E H T H F T N N E I
E P E K R T N R F R E D N
T L O G O O O I C O Z N C
E E Q R J L S O A L C O I
D R B W E R C E S P E C D
T O P U L A M A N A P O E
O T M A C E R B U E V H R
```

71 CASTLES

P	A	D	E	N	B	E	A	S	Y	E	A	E
A	R	C	H	W	A	Y	I	P	E	S	U	P
R	E	V	E	T	M	E	N	T	P	I	T	R
A	P	B	H	E	G	O	S	E	H	A	C	A
P	N	N	U	E	D	L	A	M	O	S	O	C
E	E	A	S	L	G	W	R	M	A	E	P	S
T	F	E	D	H	W	A	E	R	A	C	S	E
Y	V	N	K	E	R	A	L	L	O	I	U	S
U	B	O	I	F	R	E	R	L	D	V	E	T
R	B	S	J	R	B	J	D	K	E	L	A	P
R	U	I	D	L	O	H	G	N	O	R	T	S
M	E	R	L	O	N	E	N	V	E	O	Y	M
M	V	R	S	D	D	I	H	D	W	F	S	H
D	R	A	W	B	A	R	E	E	E	S	E	G
G	A	G	S	G	T	E	R	R	U	T	E	D

◊ ARCHWAY ◊ MOAT
◊ BULWARK ◊ PARAPET
◊ DEFENDER ◊ REDAN
◊ DRAWBAR ◊ REVETMENT
◊ ESCARP ◊ SIEGES
◊ GALLERY ◊ STRONGHOLD
◊ GARRISON ◊ TOWER
◊ KEEP ◊ TURRET
◊ MERLON ◊ VICES

72 BIRTH DAY

F	S	A	C	B	J	V	M	M	Y	Y	K	M
T	O	Y	I	W	Y	O	A	M	C	M	U	L
D	F	R	C	C	N	M	O	M	N	S	C	R
D	T	P	C	I	G	G	N	C	A	T	T	Y
H	O	U	T	E	N	X	A	Y	N	H	G	P
M	X	O	T	I	P	R	C	T	G	K	E	N
R	R	G	H	S	O	S	S	I	E	P	T	L
O	L	S	A	T	Y	G	E	N	R	V	T	A
T	U	W	C	Y	N	W	T	R	P	Q	E	R
P	Z	O	A	P	N	E	S	E	T	W	Y	U
G	D	T	O	H	E	A	R	T	B	E	A	T
V	M	S	P	O	S	T	N	A	T	A	L	A
C	N	R	O	B	W	E	N	M	P	I	Q	N
N	I	N	E	M	O	N	T	H	S	G	F	Q
R	E	H	T	O	M	K	Y	N	W	E	N	E

◊ BIRTH ◊ NEWBORN
◊ DOCTOR ◊ NINE MONTHS
◊ FORCEPS ◊ PARENTHOOD
◊ HEARTBEAT ◊ POSTNATAL
◊ LAYETTE ◊ PREGNANCY
◊ MATERNITY ◊ PUSHING
◊ MONITOR ◊ SCAN
◊ MOTHER ◊ SHAWL
◊ NATURAL ◊ WEIGHT

73 SCOTLAND

◊ BEN NEVIS
◊ BURNS
◊ DUNDEE
◊ EDINBURGH
◊ FIFE
◊ FIRTH OF FORTH
◊ FORFAR
◊ HADDINGTON
◊ KINTYRE
◊ LEWIS
◊ LOCH TAY
◊ PLAID
◊ ROB ROY
◊ SPEAN BRIDGE
◊ TARTAN
◊ THURSO
◊ TIREE
◊ TURRIFF

```
S H E H G R U B N I D E L
D C X G W E W U N F I R E
N L O P D S K V O Y B F S
N O T G N I D D A H I I H
A B U R N S R T S R V R D
F I E T K U H B T E M P E
I C Y V R C X H N T L E P
F R M M O F O N K A D X L
E I A L E F E U I N E E C
F F G C F B V D U E W P R
Y O G O Q U L D E I L O S
T A R T A N L R S B W A R
Q T M F K D I O S R U H T
H M R K A T U R R I F F R
L U X O R R O B R O Y V A
```

74 THREE TIMES OVER

◊ TERZETTO
◊ TERZETTO
◊ TERZETTO
◊ THREEFOLD
◊ THREEFOLD
◊ THREEFOLD
◊ THRICE
◊ THRICE
◊ THRICE
◊ TRIAD
◊ TRIAD
◊ TRIAD
◊ TRINITY
◊ TRINITY
◊ TRINITY
◊ TRIPLE
◊ TRIPLE
◊ TRIPLE

```
T Y R D A I R T E D E B L
D T N S L T E R L Z T E T
A I T R O O T O R A H A E
I N P E L E F I C A R C T
R I T N R E E E S R I O D
T R S E E Z I K E R C R L
E T A R R T E I H R E N O
I C H T Y Z T T R E H A F
B T I L N E E R T T E T E
H R T R I N I T Y O T R E
I C E E H A T D T R H I R
E L P I R T A R I O E N H
E E E R H I T P R N E I T
C I R H R E L P I R T T T
E T O T T E Z R E T R Y O
```

75 DRINKS

```
C L A R E A L I U Q E T E
V O D K A J Y A F E L N X
E S F L I P U N F Y I Q L
A O U F R V L L L W N D G
E H T N E M E D E M E R C
O P C Y D E V C M P R I L
A R K O I E E R N O Q S A
C T A A C O V D A R U O R
A A F O I O F O D K A D E
R G H E R B A L T E A A T
U E B O U R B O N E A V I
C E G T E Q I U L E L L L
A R M A G N A C Y T H A R
Y A M A L S L H C T O C S
O D Z E C I U J T I U R F
```

- ◊ ADVOCAAT
- ◊ ARMAGNAC
- ◊ BOURBON
- ◊ CALVADOS
- ◊ CIDER
- ◊ CLARET
- ◊ COCOA
- ◊ COFFEE
- ◊ CREME DE MENTHE
- ◊ CURACAO
- ◊ FRUIT JUICE
- ◊ HERBAL TEA
- ◊ JULEP
- ◊ LAGER
- ◊ SCOTCH
- ◊ TEQUILA
- ◊ VODKA
- ◊ WINE

76 THE AUTUMNAL SEASON

```
C Y A I C O P T O B E O Z
A P T R Z D I E L Y L C F
P F O S J N H C D M E T B
F P O E I C E U A I M O F
S H E G L M S D H N E B C
C F L O G A O O L G R E S
H S U F P Y R R I O G R T
E D J A M R M P A R G V U
S N A S C B E R S E O A N
T N O M E V E S O V L W H
N N T S P T S R E T S A C
U Y H Y A N A A R R S A E
T L E A Y E E E U I V S E
S P I D E R S S S R E E B
U B A T A T H R S S Y S S
```

- ◊ ASTERS
- ◊ BEECHNUTS
- ◊ BERRIES
- ◊ CHESTNUTS
- ◊ CLOUDS
- ◊ CROPS
- ◊ DAHLIAS
- ◊ DAMPNESS
- ◊ FOGGY
- ◊ GOLDEN
- ◊ MISTY
- ◊ OCTOBER
- ◊ PRESERVES
- ◊ PRODUCE
- ◊ ROSEHIP
- ◊ SEASON
- ◊ SPIDERS
- ◊ STORMY

77 S WORDS

- ◊ SAIGON
- ◊ SALAMANDER
- ◊ SALESMAN
- ◊ SCHOOLS
- ◊ SEASIDE
- ◊ SENSELESS
- ◊ SESAME
- ◊ SEWING
- ◊ SIFTER
- ◊ SOARING
- ◊ SOGGY
- ◊ SOPHISTI-CATED
- ◊ STETSON
- ◊ STOAT
- ◊ STRIPE
- ◊ SUMMER
- ◊ SUNDAY
- ◊ SWINE

```
S T E M S Y S E D O T S R
E T D U G A A E S A F S E
S W E G G V L D O E A A D
T O O T A S E T N A S S N
S S P M S L S B M U N E A
E S C H O O L S M A S N M
W P F H I S N M E J D S A
I M I Y E S E S A T A E L
N L R R E R T R K L A L A
G S S C T M F I E V A E S
E A R J M S A S C T S S S
S A I G O N M S W A F S U
I E D I S A E S E I T I S
A U N G N I R A O S N E S
S Y B E R S T R E E M E D
```

78 LANGUAGES

- ◊ BENGALI
- ◊ BHOJPURI
- ◊ CREOLE
- ◊ DUTCH
- ◊ ENGLISH
- ◊ ESPERANTO
- ◊ FRENCH
- ◊ GAELIC
- ◊ HUNGARIAN
- ◊ KURDISH
- ◊ PORTUGUESE
- ◊ SPANISH
- ◊ SUNDA
- ◊ TELUGU
- ◊ VIETNAMESE
- ◊ WALLOON
- ◊ WELSH
- ◊ XIANG

```
C V U C A T A L U E J Q H
T A P G D J Y P S H V C N
C U X L U C G P C I T I Y
V E E R G L E N E U L B M
H M R I V R E T D A H G C
S U W A A R N T G O T R D
I E N N F A F N J V E V S
L B T G M N E P C O K U O
G O I E A B U I L W N H E
N K S Z U R L E F D E S H
E E V W I M I G A E L I C
F G W E L G N A I X L N Y
W A L L O O N Q N Q V A E
E Y E S E U G U T R O P W
S A K H H S I D R U K S A
```

79 CARNIVAL

D	R	A	M	S	E	B	E	D	A	R	A	P
I	P	T	S	Y	C	C	C	U	S	M	S	S
G	R	M	N	T	N	L	C	B	R	V	E	E
E	O	Y	O	I	R	I	O	O	E	L	J	T
V	C	K	T	R	H	E	N	W	C	P	S	M
A	E	S	A	A	M	L	E	Y	N	E	P	A
T	S	E	B	H	T	U	C	T	A	S	O	J
S	S	S	L	C	S	R	Z	C	D	R	L	O
E	I	R	W	H	O	C	U	W	M	S	I	R
I	O	O	V	T	T	C	M	C	D	R	C	E
F	N	H	O	E	S	Z	I	R	K	S	E	T
H	G	M	G	N	P	G	A	S	D	S	G	T
S	M	U	R	D	S	W	A	N	U	W	A	E
T	O	A	O	N	A	Z	A	L	H	M	G	S
N	R	A	T	E	S	B	E	D	F	A	R	R

◊ AWARDS
◊ BANDS
◊ BATONS
◊ CHARITY
◊ CLOWNS
◊ DANCERS
◊ DRUMS
◊ FIESTA
◊ FLAGS
◊ HORSES
◊ MAJORETTES
◊ MOTORCYCLES
◊ MUSIC
◊ PARADE
◊ POLICE
◊ PROCESSION
◊ STREET
◊ TRUCKS

---

80 PETS

H	A	D	B	G	Y	E	P	T	F	A	T	N
L	S	L	X	P	U	R	U	P	I	R	K	M
A	U	I	P	O	S	L	P	S	T	F	O	F
D	R	U	F	A	E	N	I	O	S	E	G	G
L	P	A	E	L	N	T	R	Q	N	O	R	T
I	I	E	N	O	A	R	N	M	A	H	A	E
Y	B	Z	H	M	A	C	L	T	K	C	B	R
F	R	T	A	P	O	A	I	H	E	A	B	R
V	Y	A	V	R	M	N	Y	P	O	R	I	E
P	N	A	N	L	D	O	K	L	O	R	T	F
E	A	M	T	A	Q	D	U	E	A	R	S	I
D	S	E	T	A	C	U	A	S	Y	V	T	E
V	U	O	E	B	D	R	I	B	E	V	O	L
U	Z	C	O	K	I	T	T	E	N	Q	Q	Z
E	Y	O	K	G	N	R	E	B	B	E	T	H

◊ CANARY
◊ DUCK
◊ FERRET
◊ FROG
◊ GOAT
◊ GOOSE
◊ HORSE
◊ KITTEN
◊ LIZARD
◊ LOVE BIRD
◊ MONKEY
◊ MOUSE
◊ PARROT
◊ PUPPY
◊ PYTHON
◊ RABBIT
◊ SNAKE
◊ TROPICAL FISH

81 COURT OF LAW

- ◊ ACCUSED
- ◊ AWARD
- ◊ BARRISTER
- ◊ BENCH
- ◊ BIBLE
- ◊ CRIME
- ◊ EVIDENCE
- ◊ FALSE
- ◊ GOWNS
- ◊ HEARING
- ◊ JURY
- ◊ ORDER
- ◊ PENAL
- ◊ PROSECUTION
- ◊ RIGHTS
- ◊ STAND
- ◊ TRIAL
- ◊ WRIT

```
L O P S H J U D G W P G W
B J A C C U S E D R A E E
A A N Y D E Y O O H I L L
C E R R P K V S A J Q B O
B U A R G D E I T R N I T
J W A W I C T S D C G B I
A R E H U S T F E E D V R
L X T T S H T V H F N K W
C N I T G L S E E I B C A
P O A I C G A H R U S K E
N N R R Q R O L S P L P U
D W W D I A A W F A L S E
L W R N E I V V N B E E Q
R I G A R R C E V S F P S
R A B T T Z P K E M I R C
```

82 WINE WORDS

- ◊ BERRY
- ◊ BOTTLE
- ◊ BUCKET
- ◊ CELLAR
- ◊ COOLER
- ◊ FUNNEL
- ◊ GLASS
- ◊ GRAPE
- ◊ GROWER
- ◊ LODGE
- ◊ MAKING
- ◊ MERCHANT
- ◊ PARTY
- ◊ PRESS
- ◊ STEWARD
- ◊ TAVERN
- ◊ VAULT
- ◊ VINEGAR

```
F E G S H S S E R P G I G
E T N A H C R E M D A E S
G A R A D C Y O V R V C S
D P A R T Y B R E A V M A
O K E I L O E E R W H G L
L S A F T W E P R E U G G
B E A T O D L A G T B N E
U P L R A Y G R Y S R I L
C E G E N E S G T S C K P
K U B N N R L V A S S A R
E R Q I Q N E V T A E M E
T R V I E I U V R L M I A
F E D T F E R F A E U J S
R A L L E C F W S T I A B
I E I F A R C O O L E R V
```

83 NINE-LETTER WORDS

R	R	E	F	R	O	T	C	A	R	F	E	R
E	L	R	S	A	M	E	R	B	M	S	H	N
H	S	A	L	F	S	W	E	N	H	D	A	Y
T	A	B	T	D	R	A	E	F	T	E	S	O
A	F	R	D	O	C	K	E	T	I	N	G	T
F	A	E	M	T	D	E	I	D	R	F	D	B
D	H	L	V	O	N	C	N	I	O	D	R	D
O	D	N	A	L	N	E	E	R	G	E	A	E
G	D	M	R	M	I	I	M	N	L	C	V	L
D	L	E	T	R	Y	U	U	I	A	E	E	B
W	A	D	F	V	L	R	E	M	D	N	L	M
A	J	Y	L	A	C	I	H	T	E	N	U	A
J	O	Y	I	M	A	W	Y	C	U	I	O	R
B	K	C	U	R	T	S	E	W	A	A	B	C
R	E	T	A	W	H	S	I	D	E	L	H	S

◊ ALGORITHM
◊ ANECDOTAL
◊ AWESTRUCK
◊ BOULEVARD
◊ BOYFRIEND
◊ CONDIMENT
◊ DECENNIAL
◊ DISHWATER
◊ DOCKETING
◊ FORMULAIC
◊ GODFATHER
◊ GREENLAND
◊ HARMONIUM
◊ LACHRYMAL
◊ NEWSFLASH
◊ REFRACTOR
◊ SCRAMBLED
◊ UNETHICAL

84 DESERTS

Y	N	A	I	N	O	G	A	T	A	P	J	S
P	K	C	U	U	R	V	M	A	H	L	I	A
Q	F	M	C	U	T	E	S	L	H	M	Z	I
S	Y	R	I	A	N	F	T	E	P	J	S	R
K	J	T	U	L	E	T	H	S	A	D	E	O
I	M	A	N	A	T	U	O	V	E	M	C	T
C	A	M	K	D	I	N	Z	G	H	W	H	C
L	N	A	E	D	U	J	I	K	A	D	U	I
S	H	C	T	J	L	B	A	A	L	E	R	V
S	A	A	O	K	S	A	N	R	E	B	A	T
A	D	T	A	O	T	U	N	A	N	P	U	A
H	L	A	N	F	B	R	A	K	D	B	Y	E
A	A	J	R	I	C	I	F	U	I	G	W	R
R	O	O	A	Z	R	S	U	M	K	M	V	G
A	B	N	U	X	L	W	D	O	L	I	S	W

◊ AL-DAHNA
◊ AN NAFUD
◊ ATACAMA
◊ DASHT-E LUT
◊ GIBSON
◊ GREAT VICTORIA
◊ HALENDI
◊ JUDEAN
◊ KARA KUM
◊ NUBIAN
◊ PATAGONIAN
◊ SAHARA
◊ SECHURA
◊ SIMPSON
◊ SYRIAN
◊ TABERNAS
◊ TANAMI
◊ WESTERN

85 WORDS CONTAINING TEA

- ◊ ANTEATER
- ◊ BEDSTEAD
- ◊ BRAIN-TEASER
- ◊ CHATEAU
- ◊ GATEAU
- ◊ HOMESTEAD
- ◊ INSTEAD
- ◊ LACTEAL
- ◊ OSTEAL
- ◊ PLATEAU
- ◊ PROTEAN
- ◊ RATEABLE
- ◊ STEALING
- ◊ STEAMER
- ◊ STEARATE
- ◊ TEARING
- ◊ TEASING
- ◊ UNSTEADY

S	T	E	A	N	G	L	T	E	A	G	P	P
L	A	B	T	E	A	N	H	E	E	A	E	B
S	R	S	E	E	R	V	I	T	A	T	N	W
T	T	A	T	D	A	E	T	S	E	M	O	H
E	N	C	T	H	S	K	T	G	A	T	E	A
A	A	A	A	E	W	T	I	A	L	E	N	E
L	E	E	E	Z	A	N	E	A	E	S	T	T
I	T	G	W	T	S	B	E	A	V	T	G	P
N	E	C	A	T	O	T	L	T	D	E	N	L
G	A	H	E	T	S	R	D	E	Q	A	I	A
T	Z	A	E	O	E	Z	P	L	C	M	R	T
E	D	T	S	T	E	A	R	A	T	E	A	E
A	T	E	A	V	I	T	U	U	F	R	E	A
B	R	A	I	N	T	E	A	S	E	R	T	U
E	A	U	Y	D	A	E	T	S	N	U	A	E

86 TAXATION

- ◊ APPEAL
- ◊ CAPITAL
- ◊ CHANCELLOR
- ◊ CHECK
- ◊ CONTRIBUTION
- ◊ DEFERRED
- ◊ EVASION
- ◊ EXCISE
- ◊ EXPENSES
- ◊ FILING
- ◊ PENALTY
- ◊ PENSION
- ◊ REFUND
- ◊ SALARY
- ◊ SINGLE
- ◊ TARIFF
- ◊ WAGES
- ◊ WITHHOLDING

N	O	I	T	U	B	I	R	T	N	O	C	T
B	E	S	L	A	T	I	P	A	C	E	R	R
D	N	U	F	E	R	I	S	R	D	P	B	E
W	I	T	H	H	O	L	D	I	N	G	A	T
D	E	R	R	E	F	E	D	F	N	A	S	E
P	B	N	V	G	N	L	I	F	H	G	A	X
A	E	I	O	K	O	L	A	R	S	P	L	P
S	A	A	M	I	I	O	A	E	O	E	A	E
O	I	S	K	N	S	E	T	N	P	R	R	N
E	N	T	G	C	N	A	E	U	E	P	Y	S
W	S	U	G	R	E	C	V	E	N	O	A	E
X	A	I	W	F	P	H	A	E	A	R	P	S
N	R	G	C	H	A	N	C	E	L	L	O	R
L	A	A	E	X	S	E	A	M	T	C	U	U
D	E	N	L	S	E	T	T	A	Y	E	R	O

87 WORDS ENDING AL

C	P	S	L	A	M	S	I	D	A	L	D	L
D	O	E	E	A	L	L	A	E	J	A	A	M
R	R	I	X	P	A	A	O	A	O	E	S	L
L	B	L	N	R	A	S	A	L	Y	Z	A	L
A	I	A	I	C	R	L	A	A	T	U	P	A
I	T	V	I	A	I	A	L	Y	T	O	J	N
R	A	R	L	L	A	D	M	C	R	F	G	O
E	L	A	C	I	H	T	E	T	A	L	T	I
T	R	L	A	G	E	L	U	N	U	A	R	T
S	L	A	F	S	L	G	L	A	T	E	D	P
I	A	L	D	E	A	A	L	L	N	A	L	E
G	E	O	T	L	B	C	C	A	R	N	L	C
A	W	N	A	I	T	W	L	I	C	Z	J	X
M	I	E	R	L	A	U	A	L	A	O	A	E
L	A	T	W	L	A	U	S	I	V	L	V	L

◊ COINCIDENTAL
◊ DISMAL
◊ ETHICAL
◊ EXCEPTIONAL
◊ GLACIAL
◊ INTELLECTUAL
◊ LARVAL
◊ LEGAL
◊ MAGISTERIAL
◊ ORBITAL
◊ PORTUGAL
◊ RENAL
◊ SEPAL
◊ TRIBAL
◊ VIRAL
◊ VISUAL
◊ VOCAL
◊ ZEAL

88 EASY

G	N	I	L	I	A	S	H	T	O	O	M	S
E	K	A	C	F	O	E	C	E	I	P	A	P
D	E	T	A	C	I	L	P	M	O	C	N	U
K	E	T	L	A	A	C	R	I	P	B	A	H
B	L	I	A	L	U	Q	A	U	G	N	G	E
L	A	I	V	I	R	T	S	S	A	R	E	C
H	M	T	L	I	G	H	T	T	U	J	A	H
K	R	A	O	Y	O	V	U	A	Y	A	B	I
S	O	K	Q	V	C	R	E	A	Z	G	L	L
U	F	R	E	L	A	X	E	D	E	J	E	D
R	N	R	W	L	P	A	I	N	L	E	S	S
E	I	A	R	G	N	P	T	M	M	H	A	P
B	F	O	O	R	P	L	O	O	F	E	D	L
E	E	E	R	F	E	R	A	C	M	E	D	A
T	E	U	N	H	U	R	R	I	E	D	G	Y

◊ CAREFREE
◊ CASUAL
◊ CHILD'S PLAY
◊ FOOLPROOF
◊ GENTLE
◊ INFORMAL
◊ LIGHT
◊ MANAGEABLE
◊ NATURAL
◊ PAINLESS
◊ PIECE OF CAKE
◊ PUSHOVER
◊ RELAXED
◊ SMOOTH SAILING
◊ SURE BET
◊ TRIVIAL
◊ UNCOMPLICATED
◊ UNHURRIED

89 *TREASURE ISLAND*

◊ BEN GUNN
◊ BILLY BONES
◊ BRISTOL
◊ BURIED GOLD
◊ CABIN BOY
◊ CHEST
◊ FLINT
◊ ISLAND
◊ LIVESEY
◊ LOGBOOK
◊ MUSKET
◊ MUTINY
◊ PARROT
◊ SEAMEN
◊ SKELETON
◊ STEVENSON
◊ STOCKADE
◊ YO HO HO

```
R E S T A E D N A L S I T
Y N E N D A L J A G Y T O
I N U S K E O M D F O N R
C U Y B S S G T U P B I R
E G O L A T D E A T N L A
K N H Y E S E V I L I F P
O E O P B N I V O U B N N
O B H T E A R N E E A S Y
B H O S E T U U E N C S P
G R E H S L B S A M S K A
O V I E K R E M R B A O R
L R H S T O C K A D E E N
I C A V T T E K S U M J S
B O S B X O V P E R R O B
S E N O B Y L L I B E N D
```

90 GOLD AND GOLDEN

◊ ANNIVERSARY
◊ BROWN
◊ CHAIN
◊ DUCAT
◊ FEVER
◊ FINCH
◊ GATE BRIDGE
◊ GOOSE
◊ HAIRED
◊ HORDE
◊ MEDAL
◊ NUGGET
◊ OPPORTUNITY
◊ PARACHUTE
◊ RECORD
◊ RESERVE
◊ SMITH
◊ STARS

```
H T N A R E D H K E S B D
C A L E I Y T E F O R R P
N M V M E I A U C J E C C
I E N D M E S O O G N T O
F T R S E N A S D B B L P
Y O K B A D H I T G M T P
H L A D E M R F F A E A O
N I F R U B D O R G R W R
K B I Z E R R B G A N S T
L A F T O E N U C G I M U
H A A C P D N H H I A A N
Y G E R N S U P U M H N I
B R O W N T E E D U C A T
R E V R E S E R B E N M Y
S E Y R A S R E V I N N A
```

91 CATS IN THE WILD

C	V	J	M	L	E	T	A	A	I	N	T	W
O	K	A	R	A	A	P	E	M	G	B	A	S
U	R	V	M	C	A	Z	R	O	U	Q	C	F
G	V	I	D	E	A	F	L	L	G	P	E	C
A	L	N	F	R	H	D	U	A	R	P	L	A
R	A	S	E	F	E	A	M	R	B	R	G	R
S	A	G	N	N	A	M	T	A	M	B	N	A
O	I	A	C	I	D	K	A	E	R	S	U	C
T	M	A	P	W	M	R	Q	R	E	G	J	A
O	T	K	S	E	R	V	A	L	B	H	A	L
L	C	D	O	A	P	R	T	P	Z	L	C	Y
E	E	L	S	D	T	A	C	B	O	B	E	U
C	J	A	Y	K	K	A	Y	E	T	E	T	D
O	D	D	E	T	O	O	F	K	C	A	L	B
R	A	U	G	A	J	H	D	A	P	D	O	O

◊ BLACK-FOOTED
◊ BOBCAT
◊ CARACAL
◊ CHEETAH
◊ COUGAR
◊ GOLDEN CAT
◊ JAGUAR
◊ JUNGLE CAT
◊ KAFFIR
◊ KODKOD
◊ LEOPARD
◊ MARBLED
◊ MARGAY
◊ OCELOT
◊ PUMA
◊ SAND CAT
◊ SERVAL
◊ TIGER

92 INDOOR GAMES

E	E	R	A	T	S	A	N	A	C	U	N	A
R	G	X	S	Q	X	K	S	Q	U	A	S	H
I	D	S	K	E	B	F	C	E	V	Z	Z	Q
A	I	S	A	E	L	B	L	A	L	U	G	S
T	R	T	R	X	O	B	I	P	J	F	U	E
I	B	P	M	O	B	T	R	N	X	H	V	D
L	W	G	W	A	U	P	C	A	G	T	R	A
O	S	P	R	V	S	L	U	A	M	O	C	R
S	O	C	E	N	J	N	E	G	T	C	L	A
S	S	H	S	L	U	U	E	T	N	C	W	H
F	E	W	T	K	O	P	X	V	T	F	I	C
L	J	V	L	L	E	T	N	Y	E	E	Y	T
W	G	B	I	L	L	I	A	R	D	S	U	Z
U	I	L	N	F	M	A	H	J	O	N	G	G
E	H	B	G	C	G	N	O	P	G	N	I	P

◊ ARM WRESTLING
◊ BILLIARDS
◊ BINGO
◊ BRIDGE
◊ CANASTA
◊ CHARADES
◊ FIVES
◊ JACKS
◊ MAH-JONGG
◊ MARBLES
◊ PELOTA
◊ PING-PONG
◊ ROULETTE
◊ SCRABBLE
◊ SEVENS
◊ SOLITAIRE
◊ SQUASH
◊ TIC TAC TOE

93 CATCH

- ◊ APPREHEND
- ◊ ARREST
- ◊ CAPTIVATE
- ◊ CAPTURE
- ◊ CLUTCH
- ◊ COLLAR
- ◊ CORNER
- ◊ ENMESH
- ◊ ENSNARE
- ◊ ENTANGLE
- ◊ ENTRAP
- ◊ GRASP
- ◊ HANG ON
- ◊ HITCH
- ◊ ROUND UP
- ◊ SEIZE
- ◊ SURPRISE
- ◊ UNMASK

A	S	E	K	S	P	E	Y	A	R	K	M	T
T	N	S	M	S	R	D	A	F	C	Z	S	S
H	N	I	A	U	N	M	A	S	K	N	E	E
G	L	R	T	C	A	R	N	E	R	H	N	R
I	G	P	E	H	C	T	U	L	C	O	T	R
B	A	R	R	F	A	R	I	I	F	H	A	A
C	R	U	A	S	P	A	S	C	C	P	N	R
E	U	S	N	F	A	S	A	T	P	X	G	O
E	Z	U	S	V	R	P	I	R	H	Y	L	U
N	A	I	N	S	T	H	E	A	H	O	E	N
M	D	U	E	I	N	H	N	L	R	B	Y	D
E	N	T	V	S	E	G	I	L	E	U	W	U
S	L	A	F	N	O	G	R	O	S	U	L	P
H	T	B	D	N	E	F	V	C	U	C	R	J
E	I	N	N	R	E	N	R	O	C	A	R	E

94 HANDS

- ◊ APPLAUDING
- ◊ CARESSING
- ◊ CARRYING
- ◊ CLUTCHING
- ◊ DIGITS
- ◊ FINGERS
- ◊ FISTS
- ◊ JOINTS
- ◊ LEFT
- ◊ MANICURE
- ◊ MANUAL
- ◊ NAILS
- ◊ PALMS
- ◊ POLLEX
- ◊ RIGHT
- ◊ THENAR
- ◊ THUMBS
- ◊ WAVING

J	A	I	N	T	S	S	T	N	I	O	J	V
G	W	D	F	L	Y	H	V	R	I	N	U	E
N	C	E	F	Q	G	M	W	A	V	I	N	G
I	L	A	P	I	A	E	Q	N	R	C	M	I
D	S	C	R	N	C	R	L	E	O	A	G	F
U	D	T	U	R	Z	U	I	H	S	R	N	E
A	K	A	S	R	Y	C	X	T	R	E	I	A
L	L	S	T	I	G	I	D	T	E	S	H	T
P	W	E	I	V	F	N	N	M	G	S	C	J
P	P	L	L	E	X	A	L	G	N	I	T	T
A	E	O	Y	S	N	M	P	G	I	N	U	H
S	K	S	L	N	E	A	I	S	F	G	L	U
N	M	U	L	L	L	F	I	H	E	L	C	M
O	Y	X	H	M	E	B	B	L	E	A	I	B
X	E	O	S	Y	D	X	W	S	S	S	C	S

95 JANE AUSTEN

S	F	R	C	A	P	H	R	A	S	X	Y	T
I	S	O	H	L	L	H	I	P	E	A	O	L
C	E	N	A	L	D	L	N	B	L	M	H	K
N	R	I	R	E	I	A	Z	C	L	D	I	H
A	A	L	L	N	O	T	S	E	W	R	M	L
R	J	E	E	H	Z	R	F	H	J	X	U	O
F	G	V	S	A	M	R	V	Z	W	C	P	D
W	U	M	H	M	O	E	J	D	Y	O	R	J
J	E	P	A	Y	M	R	V	S	T	O	O	U
Y	O	Y	Y	R	E	R	T	E	F	S	E	D
T	R	L	T	G	I	E	Y	A	L	G	J	S
H	Z	U	E	D	E	A	L	A	R	Y	H	E
O	U	N	R	L	D	E	N	O	T	M	N	M
L	C	Y	E	H	D	C	E	N	Z	E	R	A
Y	Y	R	U	B	H	G	I	H	E	C	S	J

◊ ALLENHAM
◊ CHARLES HAYTER
◊ DASHWOOD
◊ DELAFORD
◊ ELINOR
◊ EVELYN
◊ FRANCIS
◊ GEORGE
◊ HIGHBURY
◊ JAMES
◊ JUVENILIA
◊ LUCY STEELE
◊ MARIANNE
◊ MR WESTON
◊ MR YATES
◊ MRS CLAY
◊ REGENCY
◊ TOM LEFROY

96 MOTORING

J	E	E	N	I	L	E	T	I	H	W	L	W
D	K	B	F	N	R	I	V	Z	U	G	V	W
R	A	U	P	H	O	L	S	T	E	R	Y	F
O	R	N	V	U	R	C	Y	V	G	S	N	G
T	B	C	A	R	R	I	A	G	E	W	A	Y
U	P	C	L	I	I	Y	W	E	O	W	P	L
B	Q	T	R	U	M	R	H	Z	B	E	A	L
I	P	O	K	A	T	Y	G	H	W	N	S	A
R	X	D	C	Z	N	C	I	W	G	G	S	F
T	L	E	B	G	D	K	H	I	Y	I	E	Z
S	R	E	V	I	R	D	S	E	F	N	N	Z
I	F	P	E	Z	N	E	T	H	Y	E	G	Y
D	Y	S	K	L	G	R	A	J	A	G	E	S
E	E	L	B	V	M	J	B	S	P	F	R	A
L	B	S	L	E	E	H	W	R	E	T	T	Y

◊ BEACON
◊ BRAKE
◊ CARRIAGEWAY
◊ CLUTCH
◊ CRANKSHAFT
◊ DIESEL
◊ DISTRIBUTOR
◊ DRIVER
◊ ENGINE
◊ GREASE
◊ HIGHWAY
◊ MIRROR
◊ PASSENGER
◊ SIGNAL
◊ SPEEDO
◊ UPHOLSTERY
◊ WHEELS
◊ WHITE LINE

97 NOVELISTS

◊ BOWEN	◊ MARSH
◊ CORNWELL	◊ PIRANDELLO
◊ FORSTER	◊ PORTER
◊ HARDY	◊ PROUST
◊ HARRIS	◊ RUSHDIE
◊ HUXLEY	◊ SWIFT
◊ LE CARRE	◊ TOLKIEN
◊ LEASOR	◊ WHEATLEY
◊ MANTEL	◊ WODEHOUSE

```
T R G E I D H S U R F N E
L E C A R R E A T O L S S
P R E T R O P B R K U G P
I H S R A M T S U O R P V
R A T Q T N T H H W P T S
A R C S I E M E U I U H C
N D R T R O D F P X L Y J
D Y J D F O T L K C L Y N
E T F I W S B Z E H E E T
L A O P Z J O S A T W L Y
L T T L K S N R L O N T X
O L P Z K K R Q B F R A J
F R G N L I X M W N O E M
Z F R O S A E L D R C H V
I F J L H R N N T Z S W Z
```

98 CUSTOMER SERVICES

◊ EXPECTATIONS	◊ PROBLEM
◊ FOCUS	◊ PROCESS
◊ HANDLING	◊ PROVIDER
◊ INTERNAL	◊ RAPPORT
◊ ONE-TO-ONE	◊ SERVICE
◊ PATIENCE	◊ SKILLS
◊ PEOPLE	◊ TACTFUL
◊ PHONE	◊ TRUST
◊ POLITENESS	◊ UNDER-STANDING

```
E Q F D G A S Z I W M S G
N G J Q E L H G H E N B G
O K C I L R T E L O G N S
H E P I P R C B I N I S E
P S K Q O N O T I D E U C
I S M P E R A L N N S L I
A N P I P T D A E U P U V
G A T R C N T T P T R F R
R A G E A S I Q X W O T E
P L P H R L A T W K C C S
N X Y E O N F H R W E A A
E A D P J J A O Y U S T E
G N O C C P M L C N S D J
U P R O V I D E R U M T G
N M E N O O T E N O S E P
```

99 MAIN WORDS

P	I	H	P	Q	Z	E	C	W	E	M	B	F
O	U	B	D	I	A	G	O	N	A	L	V	I
S	P	R	I	N	G	D	R	O	C	L	W	S
T	Z	A	P	K	E	U	E	T	V	R	C	C
V	E	C	S	O	F	F	I	C	E	E	G	T
L	A	E	L	I	S	U	P	X	K	T	S	K
B	I	D	H	C	V	E	M	D	X	A	B	D
A	D	N	E	S	F	E	O	J	M	W	R	F
K	U	G	E	L	T	L	X	P	F	A	M	A
L	O	U	T	S	E	K	R	M	Y	J	C	Y
X	X	Z	A	Z	O	C	D	A	I	G	A	J
J	S	E	W	E	R	N	T	E	Q	T	V	W
Y	W	C	Q	B	A	N	K	R	S	C	P	Z
E	S	U	A	L	C	I	I	T	I	E	C	B
K	L	E	V	R	O	A	D	S	N	C	Y	V

◊ BRACE
◊ CLAUSE
◊ DECK
◊ DIAGONAL
◊ ELECTRIC
◊ LAND
◊ LINES
◊ MAST
◊ OFFICE
◊ PURPOSE
◊ ROADS
◊ SEWER
◊ SHEET
◊ SPRING
◊ STAY
◊ STREAM
◊ WATER
◊ YARD

100 FOOT

S	U	S	R	A	T	E	M	S	T	E	O	R
T	E	R	U	C	I	D	E	P	E	D	E	S
A	P	T	S	I	D	O	P	O	R	I	H	C
L	B	L	I	S	T	E	R	Y	I	G	E	W
U	A	I	A	R	A	N	B	N	G	I	O	G
S	U	L	E	N	L	I	S	N	N	T	N	C
C	G	E	S	K	T	T	S	S	I	I	T	U
G	H	T	W	N	E	A	E	S	P	C	O	B
A	V	I	E	P	M	N	R	P	P	H	E	O
A	N	K	L	E	O	V	O	U	I	E	N	I
C	Y	A	P	B	F	H	A	R	K	E	A	D
H	O	X	U	L	L	A	H	N	S	B	I	T
H	Y	R	L	S	R	A	V	P	A	R	L	R
N	B	U	N	I	O	N	I	L	R	U	E	S
U	A	U	P	S	A	V	E	N	I	A	L	E

◊ ANKLE
◊ BLISTER
◊ BONES
◊ BUNION
◊ CHILBLAIN
◊ CHIROPODIST
◊ CORNS
◊ CUBOID
◊ DIGIT
◊ HALLUX
◊ HOPPING
◊ INSTEP
◊ PEDICURE
◊ PLANTAR
◊ SKIPPING
◊ TALUS
◊ TARSUS
◊ TOENAIL

101 JAMES BOND - WOMEN

◊ BIBI DAHL
◊ BONITA
◊ KARA MILOVY
◊ LUPE LAMORA
◊ MAGDA
◊ MANUELA
◊ MAY DAY
◊ MISS TARO
◊ NANCY
◊ NAOMI
◊ OCTOPUSSY
◊ SEVERINE
◊ SOLANGE
◊ SOLITAIRE
◊ THUMPER
◊ VANESSA
◊ VESPER LYND
◊ WAI LIN

```
S A L H A D I B I B B Y E
M A Y D A Y O V W Z C R N
O A Q G M N A A T N I F I
O Z J M I N I E A M R R R
M Q M T E L D N O H L K E
C I A S I R Q A S U S A V
M N S N F H N O P O G R E
A A E S V K L E L C M A S
N Y H H T I L A O T A M J
U I N G T A N X R O G I A
E E S A M G R C V P D L V
L V I O E S E O M U A O B
A R R E P M U H T S V V F
E A A Y F M S K N S G Y G
Y O V E S P E R L Y N D T
```

102 SEVEN-LETTER WORDS

◊ ABALONE
◊ BANDANA
◊ CLEAVER
◊ DEVELOP
◊ EXCLUDE
◊ FILBERT
◊ FLORIDA
◊ GUNBOAT
◊ HABITAT
◊ INFERNO
◊ KEYNOTE
◊ MARTIAN
◊ NIBLICK
◊ NIGHTLY
◊ ONEROUS
◊ ONTARIO
◊ RADICAL
◊ VICTORY

```
L E S F O R A D I R O L F
C A N E V N B Z M J C V Z
B Y C U E Y T O R E A R F
C A Y L N D O A K H W L J
G X N Q E N U P R M L T G
O Q T D R A O L Y I A J O
E W O E A L V I C T O R Y
N T F N E N I E I X N Z C
A N O V P D A B R T E Y S
I K E N O L A B A E R L L
T D J O Y H G O D Z O T E
R K S T R E B L I F U H I
A A S N C N K N C O S G Y
M W V T U R V F A F Z I O
V B B G C K C I L B I N L
```

103 H WORDS

H E A I E L B M U H E N H
L W G G Y A H J M E H R T
H H D A Y H E E A A H O H
A E A L M T I H I G I H I
H B L T F O G H I K E T B
T I U I E J H A Y L H W E
H Y E B C F T U L D H A R
L E P R B O U O H E A H N
H E M P O U P L E L P H A
X E Y L B G H T A T P S T
H M I M O A L Z E U E E I
H U R F N C H Y N R N V O
P I T X E I K D P Y I K N
A H F C G R H I B H N E I
H E P I H E A R I S G O H

◊ HAPPENING
◊ HATEFUL
◊ HAWTHORN
◊ HEDGE
◊ HEIFER
◊ HEIGHT
◊ HELICOPTER
◊ HELLO
◊ HEMLOCK
◊ HEMP
◊ HIBERNATION
◊ HIEROGLYPH
◊ HI-FI
◊ HILLY
◊ HOMAGE
◊ HUBBUB
◊ HUMBLE
◊ HUTCH

104 INSURANCE

N E W I N S L Y Z M Q E T
M U G N I D A O L I G R C
E W T H T L A E H A S O A
T T N E S B E U R L Y T R
N R E D N I M E R C U S T
E E D L U P V R I A E E N
M N I E T O K N S O Q V O
E I C W C Z S S K V S N C
S T C Y L U E L S D P I J
R N A R R T S P O R D L S
O O D A S L X U O S E E X
D T N U E P F F N L S O J
N C Y T O R I F H O I E H
E S G C O T J L X U B C S
L E X A S I Z E A B L U Y

◊ ACCIDENT
◊ ACTUARY
◊ ASSETS
◊ BONUS
◊ CLAIM
◊ CONTRACT
◊ COVERAGE
◊ ENDORSEMENT
◊ HEALTH
◊ INSURANCE
◊ INVESTOR
◊ LOADING
◊ LOSSES
◊ POLICY
◊ PROFITS
◊ REMINDER
◊ RISKS
◊ TONTINE

105 GARDEN POND

◊ BEETLES	◊ NEWTS
◊ DAMSELFLY	◊ NYMPH
◊ FILTER	◊ ROCKS
◊ GOLDEN ORFE	◊ STATUE
◊ GRAVEL	◊ STONES
◊ INSECTS	◊ TOADS
◊ KOI CARP	◊ UNDERLAY
◊ LINER	◊ VALVES
◊ MINNOW	◊ WATERFALL

A	N	B	W	A	R	P	U	N	E	P	S	R
J	J	O	G	X	L	R	R	P	R	S	S	E
S	T	W	E	N	R	U	J	A	V	E	J	N
G	R	K	T	U	G	X	C	S	L	T	C	I
R	O	I	O	B	T	I	R	T	O	R	T	L
A	V	L	A	V	O	A	E	O	Y	Y	H	E
V	A	L	D	K	F	E	T	A	C	L	I	S
E	L	Q	S	E	B	I	L	S	L	K	J	O
L	V	S	J	N	N	R	I	A	U	W	S	H
D	E	A	Y	S	E	O	F	J	M	O	F	W
I	S	M	E	D	T	R	R	O	H	N	W	L
Q	P	C	N	Z	E	O	A	F	U	N	L	U
H	T	U	V	T	X	D	N	A	E	I	A	A
S	U	G	A	Y	L	F	L	E	S	M	A	D
A	V	W	G	E	U	U	N	F	S	D	K	D

106 T WORDS

◊ TADPOLE	◊ TOMATO
◊ TAHITI	◊ TOMORROW
◊ TALKATIVE	◊ TOPAZ
◊ TALLAHASSEE	◊ TORNADO
◊ TAUGHT	◊ TOXICITY
◊ TELEPHONE	◊ TRAMPOLINE
◊ THIRD	◊ TRASHY
◊ THORNY	◊ TUESDAY
◊ TOASTING	◊ TYPHOON

Z	U	T	E	D	Y	T	A	Y	E	R	A	T
A	T	O	R	N	A	D	O	H	P	T	I	E
P	C	I	T	E	R	S	F	S	T	Y	A	Y
O	H	E	E	S	S	A	H	A	L	L	A	T
T	A	I	T	I	H	A	T	R	N	O	A	E
U	W	O	R	R	O	M	O	T	E	S	Y	V
T	E	R	I	Y	A	J	O	T	A	N	F	I
H	A	K	O	Y	M	M	A	C	R	E	U	T
G	T	T	B	T	A	D	P	O	L	E	E	A
U	A	U	Y	T	Y	D	H	O	E	T	P	K
A	T	N	O	P	L	T	S	C	L	B	R	L
T	E	L	E	P	H	O	N	E	K	I	S	A
G	N	I	T	S	A	O	T	D	U	A	N	T
A	Y	T	I	C	I	X	O	T	U	T	E	E
T	E	R	Y	C	T	A	I	N	P	S	M	T

107 TUNNELS

R	W	E	O	R	H	J	A	N	A	S	D	N
N	E	U	G	J	H	O	O	S	A	C	S	A
E	N	A	S	A	N	U	K	D	I	E	M	K
O	A	U	R	H	V	R	P	U	M	H	D	I
Y	M	U	A	F	A	A	G	A	R	A	C	E
M	N	N	M	R	S	O	H	D	R	I	P	S
A	N	M	A	E	L	T	L	E	T	F	K	T
A	V	A	Y	J	Z	B	T	I	A	O	K	U
A	Z	K	I	U	V	T	E	N	N	L	E	K
Z	I	S	I	S	O	E	D	R	S	G	C	A
R	Y	L	F	C	R	E	R	Y	G	E	A	T
D	O	E	G	A	R	B	A	E	O	F	W	E
V	P	K	K	A	K	U	T	O	I	O	O	Z
E	S	T	K	A	V	D	O	C	V	N	W	I
W	E	A	E	O	B	E	V	Y	A	N	A	C

◊ ARLBERG
◊ COTTER
◊ ENASAN
◊ FOLGEFONN
◊ FREJUS
◊ HANNA
◊ HARUNA
◊ HOKURIKU
◊ HOOSAC
◊ IIYAMA
◊ KAKUTO
◊ PFANDER
◊ ROKKO
◊ SEIKAN
◊ THAMES
◊ VAGLIA
◊ VEREINA
◊ WUSHAOLING

108 SCARY STUFF

P	U	N	D	D	W	E	Y	K	O	O	P	S
B	D	B	O	N	E	V	E	P	E	T	J	Y
G	Y	P	N	O	T	M	S	R	S	G	L	S
N	N	L	S	X	B	I	O	Q	I	T	E	A
I	S	I	S	H	N	L	R	N	S	E	A	D
S	H	P	K	I	U	F	O	A	I	O	A	R
I	I	E	S	C	R	D	H	O	H	C	L	I
A	V	T	H	L	O	G	D	O	D	U	E	E
R	E	R	U	I	L	H	R	E	F	Y	M	W
R	R	I	C	V	S	R	S	D	R	H	X	A
I	Y	F	N	E	I	J	A	O	R	Y	Q	D
A	R	Y	B	D	F	E	A	R	S	O	M	E
H	X	I	W	T	R	C	E	G	Z	S	D	S
T	E	N	G	D	T	C	T	M	E	H	S	D
K	N	G	K	G	G	N	I	L	L	I	H	C

◊ BLOODY
◊ CHILLING
◊ DEMONIC
◊ DREADFUL
◊ EERIE
◊ EVIL
◊ FEARSOME
◊ GHASTLY
◊ GRISLY
◊ HAIR-RAISING
◊ HORRID
◊ PETRIFYING
◊ SHIVERY
◊ SHOCKING
◊ SHUDDERY
◊ SINISTER
◊ SPOOKY
◊ WEIRD

109 NOCTURNAL CREATURES

- ◊ BEAVER
- ◊ BOA CONSTRICTOR
- ◊ COYOTE
- ◊ DINGO
- ◊ DORMOUSE
- ◊ JERBOA
- ◊ KAKAPO
- ◊ MARGAY
- ◊ MOLE
- ◊ OTTER
- ◊ PLATYPUS
- ◊ PUMA
- ◊ RED FOX
- ◊ SIKA DEER
- ◊ STOAT
- ◊ STONE CURLEW
- ◊ TIGER
- ◊ VAMPIRE BAT

```
D R E A X O F D E R W Q O
O K E I R T E M N E N R P
R Y E V A E X B L T C O A
M A R G A Y E R L P S T K
O E L O M E U D D T A C A
U D E J D C B F A O M I K
S O I T E Y R B T K R R U
E C S N S B E S F B I T P
R I O P G R G E A O R S L
H T U P I O I G B E X N A
S M S P H T E B T J R O T
A A M A O C I T X V B C Y
X A E R T C O G P R O A P
V L T A W O I O E N X O U
P E T O Y O C J A R G B S
```

110 STAGE PLAYS

- ◊ *AGAMEMNON*
- ◊ *AMADEUS*
- ◊ *DON JUAN*
- ◊ *EGMONT*
- ◊ *EQUUS*
- ◊ *FROGS*
- ◊ *GODSPELL*
- ◊ *HELEN*
- ◊ *HENRY V*
- ◊ *MACBETH*
- ◊ *MEDEA*
- ◊ *OSLO*
- ◊ *OUR TOWN*
- ◊ *PROOF*
- ◊ *RUINED*
- ◊ *THE CARETAKER*
- ◊ *THE WEIR*
- ◊ *TOP GIRLS*

```
R S A N I R S D O K S F C
U G X D G U E M E L V Y P
T O O H E N R Y V L S K S
H R Q D I I R B D M I O W
E F A U S I X B H E L E N
C M R N E P Y K S D D Q N
A A A W S S E N N E O O U
R B E C Y L W L S A N P T
E H U K B O R F L M J Y O
T G N K T E L I E Q U U S
A D M R U H T M G N A P M
K C U O Y N A H B P N U A
E O D T N G I F P R O O F
R S F I A T V O N H D T I
X Y Y H S Q U E P Y I K N
```

111 FICTIONAL PLACES

R E Y L P O R S E Z M N Q
A L E O I S O C Z N R A M
E A E L V R E L G O I H A
M G O U A N M D E H U O H
S H D P R A K Y I W Q R K
O T K I T E Z H C E O W R
R A M V R A S G A R D S A
E I A A W B A E O E K N M
T P V Z R A R D E A G O S
S O E E I Y N E E U U L G
E T Z N R O M P T S A A N
W U R D G D N E E S L V I
X A Y A R I A T A C A A K
N G E S W W O L H D M C J
A R E T J N F E E S A M N

◊ ASGARD
◊ AVALON
◊ CASTER-BRIDGE
◊ CYMRIL
◊ EREWHON
◊ GONDOR
◊ KINGS MARKHAM
◊ KITEZH
◊ MOUSETON
◊ NARNIA
◊ QUIRM
◊ RIVERDALE
◊ ROHAN
◊ ST MARY MEAD
◊ TWIN PEAKS
◊ UTOPIA
◊ WESTEROS
◊ ZENDA

112 HIGH AND LOW

H I G H S E C Y E W O L N
J H I G H S E A S E O G L
K H I G H K T L O W E N A
P C A G W M O Y H G N I R
W A I O H W A L L O M T I
O H L K T W O R O S U U M
L O I I H W I N W S V L D
O O D G P G H R G A L A A
W E I O H G I G E M O F H
W H I C I M I H A W W H G
A N H H F H I Z R O L G I
T H I G H I S N Z L I I H
E F I L H G I H D S F H O
R D N A L W O L I E E A L
T W P H L O W L O A D E R

◊ HIGH ADMIRAL
◊ HIGH KICK
◊ HIGH LIFE
◊ HIGH NOON
◊ HIGH SEAS
◊ HIGH WIRE
◊ HIGHFALUTING
◊ HIGH-MINDED
◊ HIGHWAY
◊ LOW GEAR
◊ LOW LIFE
◊ LOW MASS
◊ LOW POINT
◊ LOW TIDE
◊ LOW WATER
◊ LOW-KEY
◊ LOWLAND
◊ LOW-LOADER

113 RISKY

- ◊ CHAINSAW
- ◊ DYNAMITE
- ◊ EARTHQUAKE
- ◊ FLOOD
- ◊ GAS LEAK
- ◊ HURRICANE
- ◊ JOYRIDE
- ◊ KNIVES
- ◊ LANDSLIDE
- ◊ MELTDOWN
- ◊ RUSTY NAIL
- ◊ SNOWDRIFT
- ◊ SQUALL
- ◊ SWORDS
- ◊ TORNADO
- ◊ TSUNAMI
- ◊ VOLCANO
- ◊ VORTEX

```
T W I U R X A R U J T I D
E H Y U E V E N S N F G O
B A U T S U N A M I I H O
F W R R W A F A N V R T L
C O K T R Y K Z O Y D X F
V H E R H I G L U L W N H
R Y A S V Q C S D R O W S
U E D I U A U A T A N E G
S E V I N K T A N J S J A
T N S O O S F O K E M O S
Y M K Q R X A R R E C Y L
N E O G U E P W R N E R E
A E T I M A N Y D T A I A
I N W O D T L E M E R D K
L F L A N D S L I D E E O
```

---

114 MUSICALS

- ◊ *ALADDIN*
- ◊ *CAROUSEL*
- ◊ *CHESS*
- ◊ *EVITA*
- ◊ *FAME*
- ◊ *GIGI*
- ◊ *GODSPELL*
- ◊ *GREASE*
- ◊ *IN TRANSIT*
- ◊ *KINKY BOOTS*
- ◊ *KISS ME KATE*
- ◊ *MARIANNE*
- ◊ *NEW MOON*
- ◊ *OLIVER!*
- ◊ *ON YOUR FEET!*
- ◊ *SHOUT!*
- ◊ *SWEENEY TODD*
- ◊ *TOMMY*

```
N I D D A L A F C J M K N
S S E H C E W A V I O N Y
W L E A T E R T E H G R U
E E H S T O O B Y K N I K
E C G P U O T W G A C P G
N N R S E U M O A K T E Y
E I E J O L D M I V I Y T
Y L A H K S A S Y N S E E
T O S H P R S J E G N M E
O R E E I M O W C E A A E
D Y L A E L M S A F R R V
D L N K I O C A I R T A I
G N A V O Z F C E E N H T
E T E N A R I S A T I R A
E R J O N Y O U R F E E T
```

115 LONDON

F	S	F	L	L	E	I	C	P	W	N	E	M
F	R	A	H	W	Y	R	A	N	A	C	C	M
Z	L	S	I	Y	H	R	I	A	F	Y	A	M
G	O	C	U	T	T	Y	S	A	R	K	E	B
N	Y	E	L	I	A	B	D	L	O	H	L	I
A	P	H	P	A	T	O	N	E	C	W	T	G
C	A	Q	L	T	H	E	E	A	P	Y	P	B
I	L	X	A	A	R	S	M	H	B	A	H	E
B	L	T	M	W	L	D	O	U	R	A	R	N
R	M	X	B	R	E	A	R	H	R	E	A	K
A	A	Z	E	N	T	N	D	R	O	Y	Z	P
B	L	A	T	I	P	S	O	H	S	Y	U	G
F	L	A	H	L	F	D	Y	S	O	A	Z	K
R	C	H	E	L	S	E	A	G	R	F	E	O
E	S	B	A	C	I	M	A	F	E	P	E	S

◊ BARBICAN
◊ BIG BEN
◊ CABS
◊ CAMDEN
◊ CANARY WHARF
◊ CENOTAPH
◊ CHELSEA
◊ CUTTY SARK
◊ EROS
◊ GUY'S HOSPITAL
◊ HARRODS
◊ HYDE PARK
◊ LAMBETH
◊ MAYFAIR
◊ OLD BAILEY
◊ PALL MALL
◊ SOHO
◊ TYBURN

116 TRUCKS AND VANS

N	G	A	U	B	E	L	O	T	S	I	R	B
E	R	H	I	N	O	T	U	L	N	M	E	U
D	D	K	L	R	P	L	U	U	T	E	T	K
O	O	C	A	D	E	E	G	G	N	W	C	H
F	D	V	O	H	A	O	E	C	Y	A	C	S
N	I	D	L	K	H	L	A	J	M	I	M	R
V	G	C	L	S	A	D	D	K	F	T	I	E
E	L	A	U	O	D	D	E	A	L	Z	A	U
T	A	R	U	Y	R	N	R	I	P	O	Q	L
C	C	F	Q	O	W	T	B	H	B	N	V	D
E	A	F	F	O	T	R	A	M	F	N	U	L
K	J	D	R	S	E	C	O	P	V	C	B	Z
U	E	T	A	T	N	C	E	P	A	S	B	U
B	H	V	E	H	B	A	G	T	S	B	I	S
V	K	P	I	V	E	C	O	I	S	E	H	K

◊ BEDFORD
◊ BRISTOL
◊ CADDY
◊ COMBO
◊ DODGE
◊ DUCATO
◊ FODEN
◊ IVECO
◊ JEEP
◊ KENWORTH
◊ LUTON
◊ MACK
◊ PATROL
◊ PETERBILT
◊ RHINO
◊ SHOGUN
◊ TRAFIC
◊ VIVARO

117 IF AND BUT

◊ ADRIFT
◊ AIRLIFT
◊ BAILIFF
◊ BEATIFY
◊ BUTLER
◊ BUTTER
◊ CAULIFLOWER
◊ CERTIFIED
◊ DEBUTS
◊ EIFFEL
◊ KNIFE
◊ MIDWIFE
◊ PACIFIC
◊ QUIFF
◊ SACKBUT
◊ SHERIFF
◊ SWIFTLY
◊ TRIBUTARY

I	F	A	S	B	U	T	I	F	E	R	C	T
B	E	C	P	B	U	I	F	B	U	T	I	Y
D	U	B	U	T	U	I	F	F	O	I	F	R
E	K	T	X	B	B	T	F	I	L	R	I	A
I	N	G	T	U	B	I	V	T	E	A	C	T
F	I	Y	T	E	R	Q	U	W	L	F	A	U
I	F	L	L	E	R	B	O	E	F	I	P	B
T	E	B	H	T	K	L	F	H	T	T	J	I
R	R	S	A	C	F	F	S	F	T	U	B	R
E	F	U	A	I	I	I	C	T	I	B	B	T
C	I	S	L	E	L	U	W	O	U	U	R	F
E	K	U	W	Z	W	I	M	S	O	B	Q	I
D	A	C	I	F	G	I	F	B	U	T	E	R
C	Y	F	I	T	A	E	B	F	U	R	K	D
P	E	F	I	W	D	I	M	B	T	U	B	A

118 DREAMS

◊ ALIENS
◊ CHASES
◊ FAIRIES
◊ FALLING
◊ FAMILY
◊ FANTASY
◊ FLOATING
◊ FLYING
◊ MONEY
◊ MOTHER
◊ NEW JOB
◊ RECOGNITION
◊ RICHES
◊ SHEEP
◊ SINKING
◊ SWIMMING
◊ THE BOSS
◊ WEALTH

K	G	N	I	Y	L	F	E	R	V	R	O	Y
T	E	G	H	W	O	T	T	R	E	T	A	K
M	Y	S	N	P	Y	B	E	C	R	O	S	E
T	W	G	S	I	A	H	O	A	W	C	E	O
Y	E	N	T	G	T	G	B	J	T	F	S	S
C	F	I	F	O	N	A	J	O	A	R	A	I
Y	Q	M	M	I	A	E	O	I	J	F	H	N
S	Z	M	T	B	L	X	R	L	R	W	C	K
A	F	I	S	N	I	I	X	H	F	W	E	I
T	O	W	S	D	E	M	N	U	A	V	D	N
N	N	S	O	S	N	W	E	A	L	T	H	G
A	F	K	B	A	S	G	E	H	L	T	D	O
F	A	P	E	E	H	S	Y	L	I	M	A	F
T	S	E	H	C	I	R	M	O	N	E	Y	J
P	E	H	T	Y	E	W	A	Z	G	H	E	F

119 G WORDS

G E N E R W G A U R U G D
E A D Y L G O R O I G K T
E G G J D I U Y A J G E R
H E A N G D G E A D G E G
C N C L A X I N O D U N B
N G I L L S R G A A Y A E
I E H G Z A H G T E G U L
F K G A L N N G A O L G N
D G S G E Y G T C G G N G
L M R D G E C L R J E I D
O P L E B E T E U Y V M G
G O E P B E E I R M U A P
G V U S M E L G C I L G R
G A R D E N I N G N N Y E
G I G L A C I G O L O E G

◊ GADGET
◊ GALLANTRY
◊ GAMING
◊ GARDENING
◊ GEOLOGICAL
◊ GIDDY
◊ GIGOT
◊ GILLS
◊ GLUE
◊ GLUMLY
◊ GLYCERINE
◊ GNASH
◊ GOLDEN
◊ GOLDFINCH
◊ GRADUAL
◊ GREBE
◊ GRUEL
◊ GURU

120 GREEK MYTHOLOGY

P A N E Y N S E M A I R P
C A F P O R M E N Y A D N
B P R S U S S I C R A N L
E A C S T E N O I R O K B
H O Q H F Y E S T H E N O
E R T T Y E X J P P Y M R
N O S A J D J O R M M S E
S I U A R J R O A Y A T A
E P G T P E T A V N I E S
H E R G L C E R I R R Y L
Y S A L E O A R E E S C P
D C E H G L D S B T H T R
H B L B E S I U N A O M V
H E S T I A S U O W C O L
K E L Y S H H S A R E K J

◊ ARGUS
◊ BELLEROPHON
◊ BOREAS
◊ CHAOS
◊ ERATO
◊ EREBUS
◊ HARPY
◊ HECTOR
◊ HESTIA
◊ HYDRA
◊ JASON
◊ NARCISSUS
◊ ORION
◊ PRIAM
◊ STHENO
◊ STYX
◊ TIRESIAS
◊ WATER NYMPH

121 SIX-LETTER WORDS

- ◊ ACCORD
- ◊ ANSWER
- ◊ BUNION
- ◊ DESIRE
- ◊ ENGAGE
- ◊ EXEMPT
- ◊ HEIGHT
- ◊ JEWISH
- ◊ LONDON
- ◊ NARROW
- ◊ POLICY
- ◊ ROBBER
- ◊ RUSTED
- ◊ STANCE
- ◊ STREET
- ◊ SUDOKU
- ◊ SWITCH
- ◊ TORQUE

```
S A F I U K O D U S O P K
Q T B E X E M P T A P D Y
U X E N G C O E G E D G O
E S F E Z A R B Z E R O Y
L P A X R I G R R A L C J
N R S N S T E N B E P E G
O E G E A V S D E B C E S
I W D D P E D H B N N I W
N S E D R O C C A H F I O
U N T T W U L T D J E X R
B A S D H O S I E B U I R
A T U Z N G D W C U Q S A
O F R D J G I S N Y R I N
D C O A S S R E B B O R S
F N S W H T A B H O T S U
```

122 SUSHI

- ◊ AVOCADO
- ◊ CUCUMBER
- ◊ HOCHO
- ◊ IKURA
- ◊ KAPPA
- ◊ MAKISU
- ◊ NIGIRIZUSHI
- ◊ OYSTERS
- ◊ RICE
- ◊ ROLLS
- ◊ SEA URCHIN
- ◊ SHAMOJI
- ◊ SOY SAUCE
- ◊ TOBIKO
- ◊ TOFU
- ◊ TUNA
- ◊ UNAGI
- ◊ YELLOWTAIL

```
D U R S E U S P A I R A D
E S L I O L F S O O A S P
M R M V C Y R S D I N T E
I K C Y R E S A G R U E K
H S N U T B C A I C T N D
S K S S C O N J U T J R L
U E Y L V U O G S C E V I
Z O F A L M M E M N E U A
I K U R A O A B M J S K T
R I A H B U R G E I W U W
I B S P R H E N K R F X O
G O D C P E O A E O H L L
I T H W T A M L T N R W L
N I M P N I A K D S W P E
N S T U N E O H C O H I Y
```

123 PAPER TYPES

V	E	L	U	C	G	Y	E	S	P	E	T	T
D	E	X	A	W	R	I	S	N	P	R	V	M
W	A	S	H	I	H	E	O	M	S	W	E	N
G	Z	W	L	B	Y	B	P	V	I	F	R	B
N	X	H	X	W	R	U	E	E	Y	L	A	D
I	T	I	H	A	K	E	U	N	A	L	F	E
K	I	T	C	H	E	N	I	N	L	A	W	G
A	X	E	C	U	D	K	R	O	S	W	G	R
B	D	R	Z	B	S	W	T	E	K	A	N	E
X	T	L	R	N	B	B	K	N	T	C	I	E
S	S	O	O	T	E	K	R	E	I	L	T	N
V	W	I	I	B	B	E	L	I	N	F	I	E
N	N	B	O	E	D	I	M	O	R	B	R	F
O	K	R	F	J	O	O	L	E	I	S	W	O
S	C	A	D	T	R	A	D	I	T	I	O	N

◊ BAKING
◊ BALLOT
◊ BROMIDE
◊ BROWN
◊ CARBON
◊ CREPE
◊ FILTER
◊ FLIMSY
◊ GREEN
◊ KITCHEN
◊ NEWS
◊ ONIONSKIN
◊ TOILET
◊ WALL
◊ WASHI
◊ WAXED
◊ WHITE
◊ WRITING

124 THINGS YOU CAN PEEL

T	A	E	S	V	S	E	E	U	A	V	M	K
A	W	A	C	E	P	D	E	C	A	L	O	S
N	A	E	O	A	L	S	E	A	E	T	G	A
A	T	O	R	A	O	B	A	B	A	L	I	M
N	S	G	M	R	A	S	A	T	J	O	P	E
A	N	R	A	T	T	L	O	T	S	R	R	C
B	V	N	N	I	N	P	E	R	E	U	V	A
Z	G	M	D	C	I	P	V	A	J	G	M	F
E	P	P	A	H	A	R	M	O	D	W	E	A
W	A	H	R	O	P	R	I	I	N	P	S	V
A	R	W	I	K	R	F	R	M	R	I	M	E
U	S	F	N	E	B	K	E	O	J	H	O	M
D	N	R	H	U	B	A	R	B	T	T	S	N
L	I	H	S	I	L	O	P	L	I	A	N	P
S	P	D	V	O	W	H	C	A	U	P	B	U

◊ ARTICHOKE
◊ BANANA
◊ CARROT
◊ DECAL
◊ FACE MASK
◊ GRAPE
◊ LABEL
◊ MANDARIN
◊ NAIL POLISH
◊ ONION
◊ ORANGE
◊ PAINT
◊ PARSNIP
◊ POTATO
◊ RHUBARB
◊ SATSUMA
◊ SHRIMP
◊ VEGETABLES

125 ANCIENT PEOPLES

◊ AZTEC
◊ BABYLONIAN
◊ FENNI
◊ FUNANESE
◊ GAULS
◊ HITTITE
◊ LYDIAN
◊ MAYAN
◊ MESO-POTAMIAN
◊ MINOAN
◊ MOCHE
◊ NABATAEAN
◊ NORMAN
◊ PHINNOI
◊ PHOENICIAN
◊ ROMAN
◊ SHANG
◊ VIKING

P	N	E	B	M	U	S	Q	U	E	O	R	Q
M	A	A	N	A	E	I	A	O	R	A	F	G
E	K	V	E	D	R	M	O	C	H	E	N	U
S	T	V	B	A	N	A	I	D	Y	L	X	P
O	W	I	T	A	T	O	S	K	F	U	W	H
P	C	J	T	J	B	A	N	A	P	T	N	O
O	H	E	G	T	P	Y	B	A	H	K	A	E
T	G	F	T	N	I	A	L	A	I	Y	M	N
A	H	S	U	Z	I	H	N	O	N	N	R	I
M	A	Y	A	N	A	K	A	A	N	A	O	C
I	W	L	N	G	A	G	I	E	O	I	N	I
A	S	E	F	A	A	N	N	V	I	N	A	A
N	F	F	X	S	M	U	E	A	C	A	I	N
U	B	P	E	I	O	O	L	S	H	O	L	M
A	N	E	Y	N	C	R	R	S	E	S	N	V

126 SILENT G

◊ ALIGNMENT
◊ ASSIGN
◊ FORTNIGHT
◊ GNASH
◊ GNOME
◊ GNOSIS
◊ HIGHER
◊ IMPUGN
◊ OPPUGN
◊ PHLEGM
◊ PHYSIOGNOMY
◊ PLIGHT
◊ RESIGN
◊ RIGHTS
◊ ROUGHLY
◊ SIGNING
◊ SLEIGHT
◊ SLOUGH

R	A	L	I	T	N	E	M	N	G	I	L	A
A	M	C	H	G	A	U	G	F	E	G	T	F
R	I	G	H	T	S	R	H	A	S	H	V	H
H	O	F	E	S	R	S	G	R	G	Z	I	B
G	S	U	I	L	I	B	I	I	B	G	I	Y
U	S	A	G	G	H	O	L	G	H	R	M	I
O	W	B	N	H	N	P	S	E	A	O	P	G
L	H	I	G	G	L	G	R	I	N	H	U	H
S	N	A	O	I	B	Y	U	G	S	B	G	U
G	D	S	D	S	O	J	O	P	R	O	N	G
R	E	S	I	G	N	I	W	R	P	Y	N	I
E	L	I	C	C	S	G	E	T	S	O	N	G
G	A	G	L	Y	N	E	G	R	M	Y	E	A
H	T	N	H	T	H	G	I	E	L	S	G	E
J	O	P	T	H	G	I	N	T	R	O	F	A

127 SKI RESORTS

W	E	L	O	H	N	O	S	K	C	A	J	D
E	J	O	D	D	E	M	L	D	L	B	T	L
W	S	M	W	N	G	A	C	R	A	H	E	A
V	D	E	U	O	A	I	N	I	V	R	E	C
A	A	K	E	D	Y	R	M	B	I	K	L	E
R	V	O	Y	F	S	C	B	W	E	U	M	P
I	O	O	W	L	E	F	U	O	R	H	E	O
N	S	B	R	O	A	L	D	N	E	T	S	W
S	E	E	O	I	L	T	D	S	O	A	A	D
A	V	S	M	J	A	F	H	M	Q	I	Y	E
L	S	A	J	P	H	Z	C	U	D	T	Z	R
N	C	P	F	O	L	G	A	R	I	D	A	H
V	S	L	E	D	J	U	I	I	E	L	Z	O
I	G	S	X	N	K	N	F	O	A	E	E	R
I	Y	H	H	P	G	A	R	N	S	B	K	N

◊ ARINSAL
◊ ASPEN
◊ AVORIAZ
◊ BRAND
◊ CERVINIA
◊ CLAVIERE
◊ DAVOS
◊ FOLGARIDA
◊ FULPMES
◊ JACKSON HOLE
◊ KUHTAI
◊ LA THUILE
◊ OKEMO
◊ POWDERHORN
◊ SEEFELD
◊ SNOWBIRD
◊ WAIDRING
◊ WOLF CREEK

128 WORDS ASSOCIATED WITH CHINA

S	J	M	A	H	J	O	N	G	G	W	N	V
A	H	K	A	R	O	K	E	T	S	I	G	O
O	D	A	O	E	S	I	B	I	Z	G	H	M
K	G	Y	R	T	H	S	S	V	G	G	N	E
E	O	K	E	P	A	I	M	I	N	A	W	L
T	L	A	N	W	E	N	M	U	N	S	A	Y
C	X	O	N	I	O	I	G	K	E	S	W	C
H	O	L	Z	A	G	H	E	R	O	T	I	H
U	T	I	E	V	P	E	C	F	A	T	E	E
P	N	N	K	D	N	M	F	W	Y	M	L	E
N	I	V	O	E	I	D	A	P	O	F	D	J
O	H	U	W	N	G	M	H	S	M	H	J	U
S	S	A	T	E	X	O	S	K	J	C	C	S
F	A	Y	O	R	O	T	A	U	Q	O	L	O
G	O	F	W	N	B	E	B	E	M	A	B	Y

◊ CHOW CHOW
◊ DIM SUM
◊ GINKGO
◊ GUNG-HO
◊ HOISIN
◊ KAOLIN
◊ KETCHUP
◊ KOWTOW
◊ LOQUAT
◊ LYCHEE
◊ MAH-JONGG
◊ NANKEEN
◊ PEKOE
◊ SAMPAN
◊ SHAR PEI
◊ SHINTO
◊ TANGRAM
◊ TYPHOON

129 LOVING WORDS

◊ ADMIRER
◊ AGREEABLE
◊ CHERISH
◊ DARLING
◊ DEAREST
◊ DESIRE
◊ DOTING
◊ ECSTASY
◊ GENTLE
◊ HARMONY
◊ INFATUATION
◊ INTIMATE
◊ LOVER
◊ LOVING
◊ POPPET
◊ REVERE
◊ ROMANCE
◊ SUGAR

F E M G R X R E V E R E B
G H Y E S U G A R N E U U
H S G N I L R A D O V D C
Z I E T G F T M E I O G R
U R C L W S N R X T L N R
I E S E E Y I E I A Y I V
A H T R F S C N G U N V A
O C A B E N G R O T O O L
W E S D A S E W Z A M L W
D D Y M M E S V P F R F P
F U O I A I B E X N A W O
T R C B B E R C U I H C P
W H L G N U G E B A S P P
D E J K B A G B R C V F E
W E T A M I T N I D S V T

130 TEDDY BEAR

◊ BRUIN
◊ BUTTON
◊ CORDUROY
◊ CUDDLY
◊ FLUFFY
◊ GUND
◊ HUGGING
◊ PADDINGTON
◊ PAWS
◊ PICNIC
◊ PLUSH
◊ RIBBON
◊ RUPERT
◊ SCARF
◊ SQUEAKER
◊ STEIFF
◊ STUFFING
◊ TY INC

E A A O H H G U T Y I N C
P I C N I C G D A S L E V
S C A R F C Q N O B B I R
Q C D E G D O G I P A E V
U Y S R A I N R B G V M Q
E E L E T I F O D N G P I
A A V D F X X F B U A U S
K N B F D Y V R I D R Y H
E E U U F U U K D E T O H
R T E F T I C I Y R T C Y
S P U V N T N D E M A S H
P L U S H G O P F C W V A
F A M E T L U N N A E A P
T S E O I R M N P E R A K
T S N O R S H A D O D C R

131 GYM WORKOUT

```
L L I M D A E R T S F S J
J H N Y N S S R C M Y M F
K V O U P I L A T E S S V
L G A M J G U R L E R T P
A S F D S G A L N E L H T
V X L T R I U I C E R G I
X S E A N P L H V Z M I F
F P S I C O J E O U A E G
S R N P P I R B H R S W N
Z G Y M N A S I U M S A I
A H A F G H C Y T V A E P
N R N E I C D G H J G X E
T U M D A N C E X P E O E
R E Z Y J E J L K I W X K
P A L L E B R A B E L L F
```

◊ BARBELL
◊ BENCH
◊ DANCE
◊ GYMNASIUM
◊ HORSE
◊ KEEPING FIT
◊ LEVERAGE
◊ MASSAGE
◊ PHYSICAL
◊ PILATES
◊ PULLEYS
◊ SAUNA
◊ STEPS
◊ TRAINING
◊ TRAMPOLINE
◊ TREADMILL
◊ WEIGHTS
◊ YOGA

132 SHAKE ABOUT

```
U P A N D V P E L G G I J
T A L E E E B L C K T O L
Z O S C I L L A T E O W U
W I E L D G T I J D T E K
R K I O H G V T I X T F A
D F H M I A T S E A E L J
I C A P K W T M S S R H M
S H S I R U O L F K N O E
C P A R R F U R Y O L U P
O K H B J P R R Y E I A S
M W O B B L E Q U I V E R
P R A G I T A T E V E S X
O D Q V E P M S U M E U F
S W Y E E V A E H E O O R
E L T T A R W E I L I R D
```

◊ AGITATE
◊ DISCOMPOSE
◊ DISTURB
◊ FLOURISH
◊ HEAVE
◊ JIGGLE
◊ OSCILLATE
◊ PULSATE
◊ QUIVER
◊ RATTLE
◊ ROUSE
◊ TEETER
◊ TOTTER
◊ UNSETTLE
◊ WAGGLE
◊ WAVER
◊ WIELD
◊ WOBBLE

133 COLLECTION

◊ CLUSTER
◊ GATHERING
◊ GROUP
◊ HOARD
◊ JOB-LOT
◊ MEDLEY
◊ MINGLE-MANGLE
◊ MISCELLANY
◊ MIXED BAG
◊ MOTLEY
◊ ODDMENTS
◊ POTPOURRI
◊ PREFERENCE
◊ RAGBAG
◊ RANGE
◊ SAMPLE
◊ SUNDRY
◊ VARIETY

```
I E P G N I R E H T A G M
P I R A Y E L A S P E W Y
E E I K N C T F U Y E S T
L D R P A O L O O D C U E
G H R B L M R U Z Y N N I
N L U B L G J S S I E D R
A Y O S E S Y P H T R R A
M J P Y C C M O T L E Y V
E R T E S I D N R D F R Y
L F O L I D R S A E E V A
G V P D M E A A N A R W I
N T G E R M C M G B P H S
I C N M P O N B E B U F A
M T I L M H O A R D A T I
S N E G A B D E X I M G R
```

134 CELTIC TRIBES OF BRITAIN

◊ BELGAE
◊ BRIGANTES
◊ CAERENI
◊ CASSI
◊ CATENI
◊ CORIELTAUVI
◊ CREONES
◊ DECEANGLI
◊ DEMETAE
◊ DRUIDS
◊ EPIDII
◊ ICENI
◊ LUGI
◊ PARISII
◊ SCOTTI
◊ SELGOVAE
◊ TAEXALI
◊ VOTADINI

```
S I I N E R I S E I N J R
E T E L U E P F I L I Y A
D T E D A E A S T V U H S
E O R A S X I T U L B G E
C C A L S R E A E D H T I
E S A K A E T A I M A V F
A W D P E L T B T S E M J
N E W I E U E N E E S D U
G R G I U M P E A L T A T
L E R I J R I L G G G B C
I O E T H D D N E O I A M
C A T E N I I I S V F R E
E V O T A D I N I A Y G B
N E A R C R E O N E S N N
I O A R C A E R E N I T I
```

135 GLOBAL WARMING

```
S A M O C L L E A K D O D
S W U C A G D E P M Y E A
L L P O R E N F A R D N L
E I C A A M B I C I F A E
U N O I T A G I T I M H V
F G S R A M T C O L Q T E
L I E A J C O E S M E E L
I E E C R L A S W A A M A
S I R A Y P L H P M E S E
S U C F N S E E I H V R S
O Q N E O E F L W C E E T
F Y A U C R V F H L N R E
S B E K A A E A K O I P E
B A C I B W P S Z D Y O S
L N O U D P N O T Y V F B
```

◊ ARCTIC	◊ MELTING
◊ ATMOSPHERE	◊ METHANE
◊ BIOMASS	◊ MITIGATION
◊ COAL	◊ OCEAN
◊ FOREST	◊ OIL WELL
◊ FOSSIL FUELS	◊ OZONE
◊ ICE CAP	◊ SEA LEVEL
◊ ICE SHELF	◊ SUN
◊ IPCC	◊ TREES

136 CAKE BAKING

```
N R K N O R E N P F T E V
C E S S I T F E L R E R G
R T Y C A R R O E A O U K
E A M D U L U A D H S T W
A W I I T R U R Y E J X T
M C T S Y Z P T I P F I S
C O O L I N G R A C K M H
B A K H F N R R N P A D I
M A B D A E S U I B S S L
T G Y B H G N I T A E B W
C U P C A K E S F A N L F
O N E Y D G P U A L E W E
Y V L P G O E G O F S O R
I H E S O M N A L V L B A
S L P N A V O R A W J Y K
```

◊ BEATING	◊ LOAF TIN
◊ BOWL	◊ MIXTURE
◊ CHERRIES	◊ OVEN
◊ COOLING RACK	◊ RAISINS
◊ CREAM	◊ SPATULA
◊ CUPCAKES	◊ SPOON
◊ EGGS	◊ SUGAR
◊ FLOUR	◊ TRAY
◊ FRUIT	◊ WATER

137 DOUBLE T

◊ BATTLEFIELD
◊ BOTTOM
◊ DITTO
◊ DITTY
◊ GAROTTE
◊ GHETTO
◊ GLOBE-TROTTER
◊ GUTTER
◊ KETTLE
◊ KNITTING
◊ LAUNDERETTE
◊ LITTLE
◊ LOTTERY
◊ MATTER
◊ OPERETTA
◊ QUITTER
◊ RICOTTA
◊ UTTERLY

U	T	T	D	E	T	T	Y	H	E	Y	B	S
A	F	A	H	I	Y	T	T	I	D	R	O	T
A	I	R	E	T	T	U	G	F	I	E	T	T
O	T	T	E	H	G	T	L	C	T	T	T	O
G	A	T	T	G	X	Z	O	T	S	T	O	A
F	G	T	E	J	N	T	B	S	R	O	M	W
M	S	T	C	R	T	I	E	H	E	L	E	Y
E	A	T	T	A	E	A	T	L	T	S	L	L
L	B	T	C	O	Y	P	R	T	T	Q	T	R
I	T	E	T	G	T	I	O	R	I	Q	T	E
T	P	T	R	E	J	J	T	C	U	N	E	T
T	N	A	T	W	R	C	T	J	Q	Q	K	T
L	A	U	N	D	E	R	E	T	T	E	F	U
E	S	T	T	A	G	A	R	O	T	T	E	T
E	D	L	E	I	F	E	L	T	T	A	B	T

138 X WORDS

◊ XAVIER
◊ XEBEC
◊ XENARTHRA
◊ XENIAL
◊ XENON
◊ XEROGRAPHIC
◊ XEROX
◊ XERXES
◊ XHOSA
◊ XMAS
◊ X-RAY
◊ XYLAN
◊ XYLEM
◊ XYLENE
◊ XYLOCOPA
◊ XYLOGRAPHY
◊ XYRIS
◊ XYSTUS

C	E	A	P	O	C	O	L	Y	X	U	N	X
X	E	N	A	R	T	H	R	A	Y	A	A	E
M	H	B	I	V	S	O	X	O	R	E	L	X
A	E	N	E	L	Y	X	E	O	I	X	Y	C
X	E	R	E	X	A	E	N	V	S	L	X	X
E	U	X	M	N	X	A	O	K	O	E	X	U
X	E	R	P	V	E	I	N	G	R	X	E	M
I	X	E	R	O	X	X	R	O	E	A	N	A
X	R	X	A	T	E	A	G	R	E	X	I	X
M	E	L	Y	X	P	R	X	H	O	S	A	G
X	I	A	T	H	A	E	I	R	U	X	L	R
E	V	I	Y	P	S	X	A	T	R	R	A	S
L	A	U	H	I	M	X	S	A	M	Y	A	L
A	X	I	X	A	R	Y	Y	K	H	M	Y	U
L	C	E	X	R	X	W	U	B	X	C	E	X

139 JUICY FRUITS

```
G L O Y R R E B E S O O G
E P A R G G L Y B P B T S
G E R A N G E E E E S R G
B L A A C U R A M R U U I
Y L R U M E C Y A O A U C
R O A S E H L S H V N D O
R T O C I R P A A I W G S
E E K U K B M E L O N D A
B O R A E C E A F A E K Y
W R I R P U U T M W E R S
A Y R T E A T R B P R M E
R Y A U G J P E R E A D L
T O M A T O R A H A M I P
S E N T A R E C Y J N O P
J A L L Y C H E E A R T A
```

- ◊ APPLE
- ◊ APRICOT
- ◊ BLACK CURRANT
- ◊ CHERRY
- ◊ DEWBERRY
- ◊ GOOSEBERRY
- ◊ GRAPE
- ◊ GUAVA
- ◊ LEMON
- ◊ LYCHEE
- ◊ MANGO
- ◊ MELON
- ◊ ORANGE
- ◊ PAPAYA
- ◊ PEACH
- ◊ RASPBERRY
- ◊ STRAWBERRY
- ◊ TOMATO

140 TURKEY

```
H N G Y J A S R U B E Y U
A A E E A E O K O G H I S
G I N O N U B A Y A R L Y
I L T B O C D R I G F M G
A U N E G A L L E F L A K
S J E X N D O I M N L Z M
O F V A M A T E K A Y E A
P O E C K E T A T P R D S
H N L R O M K A L S A T L
I M U T L U S E I B F R A
A U W Y B A D N E R B O K
U L W M R A P T E S T Y M
S O F A T I V E C E E E T
A C Y I B E U R H B Z H U
L E C K K R A K I E B H E
```

- ◊ ADANA
- ◊ BAYAR
- ◊ BURSA
- ◊ CITADEL
- ◊ COLUMN OF JULIAN
- ◊ ECEVIT
- ◊ GALATASARAY
- ◊ GENCLIK PARK
- ◊ HAGIA SOPHIA
- ◊ INONU
- ◊ LEVENT
- ◊ MASLAK
- ◊ MERSIN
- ◊ MEZE
- ◊ MUTLU
- ◊ RAKI
- ◊ TROY
- ◊ YILMAZ

141 SILENT H

◊ CHOIR
◊ CHOREOGRAPH
◊ CHROME
◊ DINGHY
◊ EXHAUST
◊ GHETTO
◊ HONEST
◊ KHAKI
◊ RHIZOME
◊ RHYTHM
◊ SARAH
◊ SCHOOL
◊ STOMACH
◊ TECHNOLOGY
◊ THYME
◊ WHAM
◊ WHEY
◊ WHITE

T O P H A S N A H T E O C
W E Z Y C S T O M A C H F
R P C W T R V H S A R A H
H G G H H D F P Y O T H S
I U C Y N H E Y M M V K E
Z E T H V O H E P H E O R
O H T H O G L J E X Z S M
M H E I N R I O H C C K E
E I B I H B E A G H R A J
D I D G H W U O O Y H U T
F M K M T S X O G S M M S
O L A A T W L G W R S M E
U E Z F H W V H A F A M N
A O G A Z K E A H M F P O
H I M C Q Y G H E T T O H

142 DRINKING VESSELS

◊ CANTEEN
◊ CHALICE
◊ COCKTAIL GLASS
◊ COFFEE CUP
◊ CRUSE
◊ CYLIX
◊ JIGGER
◊ LATTE MUG
◊ NOGGIN
◊ PORRON
◊ QUAICH
◊ RHYTON
◊ SCYPHUS
◊ STEIN
◊ STOUP
◊ TAZZA
◊ TOBY JUG
◊ TUMBLER

S W C Q U A D I P T E R S
S L A T T E M U G U L F M
A R N S K S U H P Y C S Q
L E T T A V T U U K S U U
G G E A T I C A Z Z A T E
L G E I E E T U N I A S S
I I N N E C R I C E U S T
A J V F N O H H R R A T O
T V F E J N I A C A R O G
K O P E R O R E L B M U T
C C M G N G B T B I J P E
O D Y I G G A T E Y C U W
C N E L N I S Y B A R E D
R T V G I N N O T Y H R L
S S A L G X T P O R R O N

143 CURRENCIES OF THE WORLD

J	A	I	N	E	G	N	A	L	I	L	F	P
D	A	B	R	S	A	V	E	R	B	K	C	Z
S	A	Y	L	O	W	E	C	O	J	W	L	Z
I	R	N	B	F	M	R	L	N	Q	B	P	A
D	I	L	O	O	N	I	A	R	J	V	Y	C
I	A	F	D	R	V	I	U	N	R	E	A	L
B	R	U	B	I	K	R	H	B	D	F	E	T
N	Y	H	A	N	D	B	L	Q	L	I	D	I
I	N	N	L	T	Z	L	O	T	Y	N	R	G
M	O	A	W	Z	R	C	U	Y	N	A	U	G
N	S	X	I	L	G	G	A	K	Z	H	O	N
E	V	D	X	R	R	B	O	N	Y	G	G	I
R	U	P	N	I	A	A	A	Y	I	F	U	R
I	X	T	K	J	H	W	D	L	U	A	V	B
Q	O	C	S	N	K	B	E	N	O	R	K	E

◊ AFGHANI
◊ ARIARY
◊ BALBOA
◊ BOLIVIANO
◊ FORINT
◊ GOURDE
◊ KRONA
◊ KRONE
◊ KWANZA
◊ LILANGENI
◊ NAIRA
◊ RAND
◊ REAL
◊ RENMINBI
◊ RINGGIT
◊ RUFIYAA
◊ TUGRIK
◊ ZLOTY

144 DRESSMAKING

R	E	F	S	E	G	D	E	V	L	E	S	N
I	N	N	V	E	B	N	U	O	G	N	I	R
A	D	F	T	S	Z	B	I	G	X	B	L	P
G	T	H	R	E	A	D	U	G	B	C	Y	O
M	N	O	E	E	K	S	G	O	D	U	V	G
S	S	M	A	E	S	C	B	H	X	E	H	O
R	P	N	R	E	T	T	A	P	R	I	E	E
E	H	O	T	E	L	J	R	L	G	O	G	R
H	W	N	O	E	G	A	A	A	P	R	Y	A
T	H	T	O	L	C	Y	O	E	D	X	M	E
A	H	E	F	G	S	R	O	S	S	I	C	S
G	O	C	C	I	P	R	A	O	E	C	R	U
S	O	Y	F	R	F	T	I	B	R	A	E	G
E	K	U	E	G	N	I	W	E	S	U	D	M
R	S	C	H	A	L	K	G	N	I	C	A	F

◊ BOBBIN
◊ CHALK
◊ CLOTH
◊ DARTS
◊ EDGING
◊ FACING
◊ GATHER
◊ GUSSET
◊ HOOKS
◊ OVERLAY
◊ PATTERN
◊ PLACKET
◊ SCISSORS
◊ SEAMS
◊ SELVEDGE
◊ SEWING
◊ SPOOL
◊ THREAD

145 CHICKENS

◊ ANCONA
◊ BRAHMA
◊ CUBALAYA
◊ FAYOUMI
◊ FRIZZLE
◊ IXWORTH
◊ LAMONA
◊ MARANS
◊ ORLOFF
◊ PEKIN
◊ PLYMOUTH ROCK
◊ RHODE ISLAND RED
◊ ROSECOMB
◊ SASSO
◊ SCOTS DUMPY
◊ SILKIE
◊ SULTAN
◊ WINNEBAGO

R	S	S	P	A	R	T	P	Y	X	I	O	D
O	V	A	N	V	F	R	E	E	C	F	G	E
S	C	O	S	A	W	R	K	F	T	G	M	R
E	U	V	D	S	R	S	I	L	K	I	E	D
C	B	C	C	I	O	A	N	Z	W	L	S	N
O	A	F	A	Y	O	U	M	I	Z	C	B	A
M	L	M	X	L	Q	R	N	J	O	L	N	L
B	A	F	H	I	L	N	L	T	Q	O	E	S
U	Y	O	Q	A	E	E	S	O	C	B	Y	I
O	A	X	M	B	R	D	R	N	F	F	J	E
K	H	O	A	H	U	B	A	M	W	F	G	D
S	N	G	H	M	N	A	T	L	U	S	X	O
A	O	V	P	J	F	I	X	W	O	R	T	H
P	L	Y	M	O	U	T	H	R	O	C	K	R
P	H	U	D	S	A	N	I	V	A	R	I	A

146 SLUMBER PARTY

◊ BEDROOM
◊ CAKES
◊ DARES
◊ DRINKS
◊ DUVET
◊ EXCITEMENT
◊ FRIENDS
◊ GAMES
◊ GIGGLING
◊ GOSSIP
◊ MAKEUP
◊ MIDNIGHT
◊ MUSIC
◊ PIZZA
◊ SINGING
◊ SLEEPING BAG
◊ STORIES
◊ WAKING

T	C	S	E	I	R	O	T	S	I	N	E	D
E	A	H	U	G	R	C	I	S	U	M	T	A
M	P	F	A	E	L	N	E	R	I	G	H	R
S	K	M	R	D	G	C	Y	D	A	K	S	D
H	E	M	B	I	E	G	N	B	C	E	R	R
S	U	E	N	U	E	I	G	D	R	I	J	G
E	L	G	H	G	G	N	U	A	N	R	F	N
K	I	Y	R	H	I	D	D	K	I	P	M	I
A	D	Y	T	P	Y	N	S	S	I	F	M	L
C	G	U	E	P	E	A	C	Z	Z	A	O	G
R	L	E	V	U	A	H	Z	A	J	O	O	G
E	L	N	F	E	W	A	K	I	N	G	R	I
S	I	E	O	K	T	R	Z	D	P	A	D	G
A	L	G	N	A	G	O	S	S	I	P	E	L
L	T	N	E	M	E	T	I	C	X	E	B	E

147 AIM

```
T Y S R N T G N I R A E B
R P H E N I H A Y P J U E
A W M I S H A P R L I A M
M L O E S R E R J B O A E
B P E K T C U R T B B T N
I I C T M T H O J M O A I
T R O F F E A E C Y X R M
I N H I J V C W M Y G G R
O G A R C T R C C E R E E
N I K D I L O N F T R T T
Y S F V E I E V E I L A E
A E E V V D C T P R E X D
G D E P N C G S R J V O B
O L D E R E A S O N R F E
M E T I S P U R P O S E T
```

- ◊ AMBITION
- ◊ ASPIRE
- ◊ ATTEMPT
- ◊ BEARING
- ◊ COURSE
- ◊ DESIGN
- ◊ DETERMINE
- ◊ DRIFT
- ◊ EFFORT
- ◊ LEVEL
- ◊ OBJECTIVE
- ◊ POINT
- ◊ PURPOSE
- ◊ REASON
- ◊ SCHEME
- ◊ TARGET
- ◊ TENDENCY
- ◊ TRAIN

148 F WORDS

```
F U N A S D Y F F U L F R
F E T A L U M R O F F N Y
F E R M E N T I N G O E Z
L Z M I D A F P P I F E Z
I A P U F L U T T E R U I
I J V I R F Y A T A I F R
F E L I L F C P N F D U F
R L U F T I F A I B A F C
L E A C R S E F L G Y F A
Y I R B C B E H F J I F S
G A A S G F T F S N A F E
G F G T R Y F I A E E I F
O R F A N A V L F E R D A
F E N I C A L M F R E F H
F K F E X Y F E A R I N G
```

- ◊ FABRICATION
- ◊ FANTAIL
- ◊ FEARING
- ◊ FEMUR
- ◊ FERMENTING
- ◊ FESTIVAL
- ◊ FINALLY
- ◊ FITFUL
- ◊ FIX
- ◊ FLINT
- ◊ FLUFFY
- ◊ FLUTTER
- ◊ FOGGY
- ◊ FORMULATE
- ◊ FRANK
- ◊ FRESH
- ◊ FRIDAY
- ◊ FRIZZY

149 ASTROLOGY

◊ ARCHER ◊ READING
◊ CHART ◊ SCALES
◊ EARTH ◊ SCORPIO
◊ FISHES ◊ STARS
◊ GEMINI ◊ TWINS
◊ HOUSE ◊ VIRGO
◊ PISCES ◊ WATER
◊ PLANETS ◊ WHEEL
◊ PREDICTION ◊ ZODIAC

D	J	V	Y	W	G	C	G	D	W	E	Z	P
C	M	Q	N	S	A	J	A	E	Y	G	R	X
U	Y	Y	T	C	K	B	H	I	M	E	N	Z
S	C	A	L	E	S	R	E	A	D	I	N	G
W	R	C	B	J	V	D	A	I	K	O	N	T
S	H	D	E	P	E	H	C	R	H	S	Z	I
M	P	Y	O	D	T	T	M	W	C	E	W	C
S	K	Y	Q	R	I	P	V	S	H	H	M	H
T	Z	T	A	O	I	X	C	O	E	S	E	A
E	R	E	N	S	F	O	U	E	P	I	O	R
N	Q	E	C	L	R	S	L	M	S	F	N	T
A	D	E	T	P	E	V	X	F	Q	P	M	W
L	S	C	I	A	M	P	M	E	B	Q	P	I
P	U	O	E	K	W	Z	V	I	R	S	O	N
D	X	H	E	E	V	O	G	R	I	V	P	S

150 MOTORCYCLE MANUFACTURERS

◊ APRILIA ◊ MATCHLESS
◊ BOSS HOSS ◊ MERCH
◊ BRITTEN ◊ NORTON
◊ BUELL ◊ RIDLEY
◊ CHEETAH ◊ TITAN
◊ DUCATI ◊ TRIUMPH
◊ GAS GAS ◊ VICTORY
◊ HONDA ◊ YAMAHA
◊ LAVERDA ◊ ZANELLA

W	B	I	G	Y	P	S	O	C	N	T	T	I
H	H	N	W	B	A	E	T	X	D	C	D	A
B	A	A	U	G	B	R	I	T	T	E	N	I
L	E	E	S	M	P	H	T	D	J	I	F	L
J	L	A	I	B	A	P	A	K	T	R	O	I
L	G	G	S	T	A	T	N	A	L	R	J	R
A	G	E	E	S	E	L	C	O	A	K	P	P
F	H	E	J	W	O	U	L	H	R	B	M	A
Z	H	A	H	T	D	H	T	E	L	T	W	S
C	L	C	M	C	R	C	S	A	N	E	O	U
G	E	A	W	A	R	I	V	S	F	A	S	N
R	I	D	L	E	Y	E	U	G	O	R	Z	S
V	I	C	T	O	R	Y	M	M	M	B	A	X
L	Z	K	A	D	N	O	H	O	P	M	N	F
Y	W	K	A	P	R	A	L	I	A	H	U	T

151 STIMULATING WORDS

E	K	I	L	I	D	N	A	N	P	Z	G	H
T	E	V	I	T	N	E	C	N	I	W	V	T
A	A	I	U	W	Z	I	C	E	J	L	K	M
G	O	N	E	O	P	R	O	V	O	K	E	E
I	R	D	E	N	P	X	A	I	Z	Q	V	E
T	R	U	L	S	C	A	Y	L	S	O	X	N
S	E	C	D	I	S	O	U	N	M	M	E	I
N	V	E	N	R	R	E	U	E	E	T	X	O
I	I	A	I	U	T	Y	Q	R	A	F	S	T
C	V	Z	K	A	T	A	O	V	A	T	G	L
I	E	E	M	C	P	Y	I	A	I	G	P	K
J	M	I	C	Y	M	T	K	N	H	S	E	S
C	N	P	D	A	O	I	G	T	E	M	P	T
A	D	U	E	M	R	A	L	L	Y	F	J	Y
X	U	G	R	L	P	B	R	E	E	H	C	E

◊ ANIMATE
◊ BRACE
◊ CHEER
◊ ENCOURAGE
◊ ENLIVEN
◊ IMPEL
◊ INCENTIVE
◊ INDUCE
◊ INSTIGATE
◊ KINDLE
◊ MOTIVATE
◊ MOVE
◊ PROMPT
◊ PROVOKE
◊ RALLY
◊ REVIVE
◊ STING
◊ TEMPT

152 WORDS CONTAINING RUM

T	C	A	R	U	M	S	E	L	L	R	U	M
E	E	R	T	N	A	N	I	M	U	R	U	U
P	U	P	U	R	U	M	M	U	R	R	C	R
M	Y	W	M	M	M	A	M	Z	E	B	C	T
U	U	U	S	U	M	U	R	T	S	O	R	C
R	R	R	R	T	R	Y	M	C	L	S	M	E
T	A	O	D	T	Y	C	G	O	M	P	U	L
V	U	J	N	L	U	N	S	D	U	E	R	P
Q	E	E	H	H	I	T	C	E	R	C	B	A
U	C	U	S	L	R	O	R	G	O	T	E	R
M	U	R	B	U	R	I	U	A	C	R	R	U
O	J	M	M	S	P	R	M	M	E	U	E	M
F	U	L	C	R	U	M	L	M	D	M	C	A
R	B	M	U	R	A	X	U	U	R	U	M	B
M	U	R	T	N	E	M	U	R	T	S	N	I

◊ CENTRUM
◊ CEREBRUM
◊ COLOSTRUM
◊ CRUMMY
◊ CRUMPET
◊ DECORUM
◊ FULCRUM
◊ INSTRUMENT
◊ OIL DRUM
◊ PLECTRUM
◊ QUORUM
◊ ROSTRUM
◊ RUMBLING
◊ RUMINANT
◊ RUMMAGED
◊ RUMPUS
◊ SPECTRUM
◊ TRUMPET

153 PLANES

- ◊ AIRSTRIP
- ◊ ARRESTING HOOK
- ◊ BAGGAGE
- ◊ BIPLANE
- ◊ ENGINE
- ◊ HELIPORT
- ◊ INTAKE
- ◊ LANDING
- ◊ PASSENGERS
- ◊ PYLONS
- ◊ RADAR
- ◊ RUNWAY
- ◊ STEWARD
- ◊ SWING-WING
- ◊ TAKEOFF
- ◊ TERMINAL
- ◊ TRANSPORT
- ◊ WRIGHT

```
A Y K J E G N I D N A L P
B I P L A N E S N O L Y P
A R R E S T I N G H O O K
P P U G O E N G Z J Z T J
A P N T B A T V N Z T M F
S S W H T F V U Z E U B P
S O A G E R G X R F M N I
E T Y I B K O M L A S P R
N N E R S A I P H Q D E T
G A S W I N G W I N G A S
E E S G A N V G V L Y L R
R P C L M R T P A P E L I
S J V Y W F D A M G Y H A
A F F O E K A T K R E A J
T R O P S N A R T E P G D
```

154 MORE OR LESS

- ◊ COPIOUS
- ◊ EXCEPT
- ◊ EXTRA
- ◊ FEWER
- ◊ FRESH
- ◊ INCONSIDER-ABLE
- ◊ MASSES
- ◊ MINUS
- ◊ MULTITUDI-NOUS
- ◊ OTHER
- ◊ PLUS
- ◊ RARE
- ◊ REPEATED
- ◊ SCANTY
- ◊ SCARCE
- ◊ SHORT
- ◊ SPARE
- ◊ UMPTEEN

```
E I N G S U O I P O C E E
L T R O H S M A R E W E F
B P L U S K S S U N I M Z
A W R E P E A T E D H U A
R E U E S X R E L E M L A
E U W S C T M S U P L T M
D N A B N R C K T S H I E
I M B E T A A E S C K T R
S C P W N K E C B L E U T
N H H T Y N F Z S R X D I
O U Y D L H R S A C C I D
C T C L O A E P M H E N I
N J H B R B S R L F P O N
I S V E S I H E I S T U O
O M D F R O D E I R A S S
```

155 FARM ANIMALS

S	V	G	O	S	L	E	N	G	S	Z	A	I
T	N	L	I	M	B	L	R	S	T	A	O	G
A	A	S	N	B	S	G	Z	E	A	R	S	M
C	S	K	C	U	D	N	A	J	R	J	X	X
S	E	N	A	L	R	M	E	N	Q	A	I	E
R	E	M	L	L	H	A	S	K	D	C	M	U
A	C	F	V	S	I	F	P	S	C	E	N	S
O	D	G	E	E	S	E	H	T	R	I	R	W
B	U	E	S	O	W	S	E	P	L	K	H	S
S	T	A	L	L	I	O	N	S	L	Q	R	C
L	L	A	M	A	S	S	B	M	A	L	F	D
A	O	G	E	C	U	D	F	T	B	L	S	S
S	G	N	I	L	S	O	G	I	W	E	D	P
V	A	L	P	A	R	E	Z	P	W	I	B	T
J	M	C	S	S	L	E	R	E	K	C	O	C

◊ BOARS
◊ BULLS
◊ CALVES
◊ CATS
◊ CHICKENS
◊ COCKERELS
◊ DUCKS
◊ EWES
◊ GANDERS
◊ GEESE
◊ GOATS
◊ GOSLINGS
◊ KIDS
◊ LAMBS
◊ LLAMAS
◊ RAMS
◊ SOWS
◊ STALLIONS

---

156 CURTAINS AND DRAPES

S	W	I	N	D	A	O	W	J	L	F	V	K
T	W	I	M	D	F	S	I	A	K	S	M	R
I	N	O	K	D	G	M	M	R	B	D	I	E
E	V	V	Q	Z	X	R	N	I	Q	N	N	T
B	E	M	A	T	E	R	I	A	L	I	S	S
A	L	K	K	H	E	X	W	P	T	L	G	E
C	V	J	T	T	Q	W	R	A	E	B	N	Y
K	E	M	T	P	L	E	S	D	L	Y	I	L
S	T	A	G	E	W	X	E	R	G	R	T	O
E	P	H	O	O	K	S	Y	Y	N	E	T	P
H	Z	K	H	Z	O	A	C	C	I	P	I	R
O	R	S	Q	L	F	F	W	L	S	A	F	E
N	T	E	C	X	N	E	D	E	X	R	L	C
W	O	D	N	I	W	T	B	A	A	D	H	C
Y	A	N	D	A	H	Y	J	N	A	R	R	O

◊ BLINDS
◊ CLOSED
◊ DRAPERY
◊ DRY-CLEAN
◊ FITTINGS
◊ HOOKS
◊ MATERIAL
◊ PATTERN
◊ POLYESTER
◊ SAFETY
◊ SATIN
◊ SHOWER
◊ SINGLE
◊ STAGE
◊ THERMAL
◊ TIEBACKS
◊ VELVET
◊ WINDOW

157 BEHIND BARS

◊ BLOCK	◊ HITMAN
◊ CHAPLAIN	◊ HOOLIGAN
◊ CONFINED	◊ LIGHTS OUT
◊ CONVICT	◊ LOCKS
◊ CORRECTION	◊ PAROLE
◊ CROOK	◊ PENAL
◊ DETAINED	◊ THIEF
◊ DOCTOR	◊ TRIAL
◊ FELON	◊ WARDEN

```
K D U T U O S T H G I L E
P O L I N T E R A W H M T
K C O N F I N E D I D C A
C T O R T E R R T V I D S
O O T A C S U M O V E M T
L R R U L R A N N N L E U
B H H R P N I O I E F T T
A O H E E A C A O C B R T
S C N D L C T A A A I P A
E A C P Y E T E Y A A R V
L W A R D E N I L R U F F
O H L N A G I L O O H E L
C C M W R G U L Q N I L G
K T E R P W E C U H Y O E
S P I R A S E S T R A N M
```

158 LINE ENDS

◊ BIKINI	◊ PICKET
◊ BOTTOM	◊ PIPE
◊ BROKEN	◊ PLUMB
◊ CLEW	◊ POWER
◊ FLIGHT	◊ SNOW
◊ FRONT	◊ STARTING
◊ LEDGER	◊ STORY
◊ MASON-DIXON	◊ TIMBER
◊ ODER-NEISSE	◊ WATER

```
S U G R E T A W P W E I B
E N T E G A U S E A E I A
B W B L L S K D O H K L Y
I M M A E F T X S I R E C
M E U A W D L A N L T E A
T O S L S G G I R E W O P
I U T S P O V E G T L M M
M C K T I J N C R H I T E
B A Y T O E S D K E T N X
E R D N E B N B I L P O G
R M O R A K S R G X Y R L
P E D K P J C N E R O F P
R F Y I E I T I O D O N F
C E P X U N P T P W O Z E
D E O V V G S Y A R T U E
```

159 GLACIERS

O V H E K B R H X C X A K
M G N I R T S E O H S Y G
I O O T U L F O M Z C Y Q
R D R T E R K B O V M B S
F B N E I T E B C A J M O
V Q S L N H I C O W E J R
A T A F V C A H D D Z X J
R S R Z U S O X W I O V I
H T B J K T O N N F M M R
O U U S A E J Y N A F E E
S A N D A L E E C E L M J
L L E G N A C H O L S R S
E L A Y C C O H I K E S S
G H I L U I H D F I C X N
R O T C E H E X D C Y R Z

◊ ALETSCH
◊ ANGEL
◊ COMOX
◊ CONNESS
◊ COOK
◊ DILLER
◊ DOME
◊ FLETT
◊ FOX
◊ HECTOR
◊ MACHOI
◊ NUBRA
◊ REID
◊ RIMO
◊ SANDALEE
◊ SHOESTRING
◊ WHITE
◊ YALE

160 RODENTS

J U E S U O M D L E I F H
E M S F R A R D E T M M K
R A F R N B E A V E R C L
B A T H O U S E M O U S E
O R A S T I V P R H C D M
A E R U M A H M C H F U M
P V K D G D D D I R G W I
U C S O G G O N F E G A N
R N U P Y O C U D T E T G
F T M N W H Y T D S R E G
I B Y N I U C R K M B R H
B D U L E C U I K A I V P
M O L E R A T A Y H L O B
H A E L O V K N A B N L I
A I U L P Y R P I G Y E P

◊ AGOUTI
◊ BANK VOLE
◊ BEAVER
◊ CAVY
◊ CHINCHILLA
◊ COYPU
◊ DEGU
◊ FIELDMOUSE
◊ GERBIL
◊ HAMSTER
◊ HOUSE MOUSE
◊ JERBOA
◊ LEMMING
◊ MOLE RAT
◊ MUSKRAT
◊ NUTRIA
◊ WATER VOLE
◊ WOODCHUCK

161 WATCHES

- ◊ BATTERY
- ◊ CHAIN
- ◊ CHRONOGRAPH
- ◊ DIAL
- ◊ DIGITAL
- ◊ DIVING
- ◊ FACE
- ◊ FOB
- ◊ KINETIC
- ◊ LEVER
- ◊ NURSE'S
- ◊ PENDANT
- ◊ POCKET
- ◊ QUARTZ
- ◊ SECOND HAND
- ◊ SKELETON
- ◊ STOPWATCH
- ◊ WINDER

```
S E B C E D I L L D I C A
M O A R A S A F P E H A K
F A E M Y I A A R R V I I
G F D L D R E R O W C E U
G S I E E C E N U I A P R
A E V R J L O T T E N E H
W S I S K G P E T I C N A
I R N E R O N A E A K D Z
N U G A C I F Y F F B A T
D N P K K M A R I N P N R
E H E S M Y S T I P I T A
R T D N A H D N O C E S U
X N O T E L E K S S K Q Q
J N R B S T O P W A T C H
N I A H C L A T I G I D E
```

162 SPYING

- ◊ BETRAYAL
- ◊ BINOCULARS
- ◊ CAMERA
- ◊ CAMOUFLAGE
- ◊ CLASSIFIED
- ◊ COVERT
- ◊ DANGER
- ◊ DEBRIEF
- ◊ EAVESDROP
- ◊ INFILTRATE
- ◊ MEETING
- ◊ RISKY
- ◊ RUSSIA
- ◊ SCRAMBLER
- ◊ SILENCE
- ◊ STEALTH
- ◊ TRAITOR
- ◊ TREASON

```
E F E I R B E D E Z C O S
U G F B Q I E C T J R R R
M E E T I N G T A Z F M R
Q A C I P O P R R J W U N
D V O N V C O B T A S D Y
E E N N E U L R L S Y Y R
I S O S F L E F I M O A E
F D S R K A I A F E R L L
I R P T S R C S N O I Q B
S O E O E S W A I T S Z M
S P N G Y A X H M R K F A
A W I P N A L R V E Y F R
L R O T I A R T G V R V C
C C M Z C I D L H O N A S
E G A L F U O M A C N U I
```

163 WATER

```
T U O P S L A R E S A A Y
O D O O L F E E A L S A E
F A R E S W H N S I R B L
J A M B O E F D N P W C Z
A C H H E T I X S A T A Z
N W S S Y P N A V B H S I
N O I T A S N E D N O C R
U A I R Q L S A R A W A D
E S B T A I P R E R N D G
N W P P A L I S C C O E X
F B L X I G T I A G O T B
K O O R B P I E S E A E F
B R E T J T E R G E B O E
M U R F Q D K S R I V E R
M O F E B U C E C I B P U
```

- ◊ BROOK
- ◊ CASCADE
- ◊ CHANNEL
- ◊ CONDENSA-TION
- ◊ DRIZZLE
- ◊ FLOOD
- ◊ ICE CUBE
- ◊ IRRIGATION
- ◊ OCEAN
- ◊ PIPES
- ◊ RAPIDS
- ◊ RIVER
- ◊ SHOWER
- ◊ SPLASH
- ◊ SPOUT
- ◊ SPRAY
- ◊ TORRENT
- ◊ WAVES

---

164 TRACTORS

```
B W N T E V E W E H N M E
V E R I M H W A L G S E F
X A Y A A S G A R Z Z N A
R X L R S L F I T C H I T
Q J M T E Y M R Y Y I L Y
S W C S R M L T Z V L O T
V A H N E A T E N M E M I
T A A E S Y I C R H P K C
C O K L E K H S R P H D N
A K L L C L G N O J C B I
S U Q I S C H L A B X H W
E B C K V P R O Q G K V T
I O S B A E G F R U U R J
H T K L M Y R M B S X O N
U A D L N N L R S B E X D
```

- ◊ AIRTEC
- ◊ BUKH
- ◊ CASE IH
- ◊ CLAAS
- ◊ EAGLE
- ◊ FITCH
- ◊ GRIMME
- ◊ JCB
- ◊ KILLEN-STRAIT
- ◊ KUBOTA
- ◊ MERLO
- ◊ MOLINE
- ◊ OLIVER
- ◊ SAME
- ◊ TAFE
- ◊ TWIN CITY
- ◊ VALTRA
- ◊ WHEEL HORSE

165 CLEAR

◊ CERTAIN
◊ CLARITY
◊ CLEAN
◊ CLOUDLESS
◊ CRYSTAL
◊ DISTINCT
◊ EVIDENT
◊ GLASSY
◊ LIMPID
◊ LUMINOUS
◊ PATENT
◊ PLAIN
◊ POSITIVE
◊ PURGED
◊ PURIFIED
◊ SHARP
◊ TRANSPARENT
◊ UNMIXED

```
D Y K Q T Q D Y O U J N P
E E S K T C L E A N Y O U
W C G S J D N I X Q S H H
P S E R A Q W I M I M Q C
E R F R U L B P T P M W L
T C A O T P G I N S I N O
N D L H M A V A E C I D U
E E L A S E I S R U C D D
T I U L R M U N A X Z E L
A F M A R I R H P L O V E
P I I T M P T T S O N I S
K R N S A V T Y N I N D S
D U O Y V R G O A E U E R
V P U R Q B B L R A O N P
S Y S C P I P U T A X T K
```

166 FOOT FIRST

◊ BOARD
◊ BRIDGE
◊ FAULT
◊ HILLS
◊ LEVER
◊ LIGHTS
◊ LOOSE
◊ NOTES
◊ PASSENGER
◊ PLATE
◊ PUMP
◊ ROPES
◊ SLOGGING
◊ SOLDIER
◊ SORE
◊ STEPS
◊ TRAFFIC
◊ WEAR

```
R H R S E S S N V S H W A
E E R A O P S O V T K J E
G S L M E L L O R F D P H
N O S T O W D A H J H B U
E O S L R Y F I T M I E R
S L H X O F E Y E E L A D
S O R E I G U I C R L R R
A E P C B J G Y A K S D A
P U U A E G D I R B F L O
M Y E D E R O G N A I A B
R Y T E E N O O U G R I U
H E A D K Y T L H O U T F
R S V T Z E T T P M U P R
B S S E S J S E G P I E D
V E V A L Z S G I E D H E
```

167 DAMS

```
S F L E L F G O S A C Y D
Z D U L M C Q H O W T Z K
L T E T Y T C C M I R B A
H I F N I N I S N X H M N
N U A G I R B I V A K O A
A D N T U S R R K L D H T
W E A G W T P R I R Q A G
S R N C R O A E O A F L N
A I L O S Y L G R X N E O
H N S U S A H L O R G N L
G E M D Z S Z O E K O Z E
I R P L B Z O R R Y G N Q
H P D W V R O M E S G L Z
E Y O S K A O N E V E S E
Z B Q V J Y Q J E X G F D
```

◊ BHAKRA
◊ DENIS-PERRON
◊ DERINER
◊ EMOSSON
◊ GORDON
◊ HIGH ASWAN
◊ HUNGRY HORSE
◊ INGURI
◊ LAXIWA
◊ LLYN BRIANNE
◊ LONGTAN
◊ LUZZONE
◊ MOHALE
◊ SEVEN OAKS
◊ TIGNES
◊ TRINITY
◊ VERZASCA
◊ YELLOWTAIL

168 SUSTAINABLE ENERGY

```
R E N E W A B L E J P F E
E V B E A S T U V J L W L
T X G A M B X E F N U X I
E N P A T U S S D H T L A
M M D X A T L E U F O M R
G D X Q O A E Y D N N H W
L C N R D N U R A N I U M
P L A A G E S H Y I U X G
T G E N M Q T H N W M A A
E N U C L E A R W A S T E
B Q F V L F D B I O G A S
B I O F U E L O H C V S U
D V D D R U U O F L R Y G
A K S T R L L F Q W M X O
I M S O L A R C E L L Z T
```

◊ BATTERY
◊ BIOFUEL
◊ BIOGAS
◊ BUTANE
◊ DAMS
◊ DEMAND
◊ ETHANOL
◊ FUEL CELL
◊ FUEL TAX
◊ GASOHOL
◊ METER
◊ NUCLEAR WASTE
◊ PLUTONIUM
◊ RAIL
◊ RENEWABLE
◊ SOLAR CELL
◊ STORAGE
◊ URANIUM

169 BLACK AND WHITE

◊ CHESS PIECES
◊ CLAPPER-BOARD
◊ DOMINO
◊ ICONS
◊ LEMUR
◊ PANDA
◊ PEARLS
◊ PELICAN
◊ PHOTOGRAPH
◊ PICTURE
◊ POLICE CAR
◊ PRINT
◊ RABBIT
◊ SILENT MOVIE
◊ SKUNK
◊ SOCCER BALL
◊ WHALE
◊ ZEBRA

```
S E C E I P S S E H C A E
J L D D S L M Y P A Y S I
H R R E E R K A G R I P V
P E A R L S N R R X I R O
A V O B H I U B U P A N M
R U B E B A K E M C L N T
G Z R R G I B Z E O L M N
O E E U A K T C L R H U E
T L P T R D I Z C D E V L
O A P C J L N B K O O Z I
H H A I O O E A V M Q C S
P W L P E N D A P I O G B
H C C P E L I C A N M G A
K N U K S A M N S O S O W
K L L A B R E C C O S A B
```

170 *CINDERELLA*

◊ CINDERELLA
◊ CLOCK
◊ COACH
◊ CRUEL
◊ DANCE
◊ DRESS
◊ HANDSOME
◊ HARDSHIP
◊ HEARTH
◊ HORSE
◊ MAGICAL
◊ MIDNIGHT
◊ PALACE
◊ PRINCE
◊ QUEEN
◊ SERVANT
◊ UGLY SISTERS
◊ WICKED

```
N I G H T H H Q E W M F A
S S U W D B E C H B A A L
E R J R N C B A A I G F L
M N E E U Q R S T O I W E
O S T T V D K U C L C I R
S K S H S T O W E F A C E
D G R H G I Y C M L L K D
N P I J C I S D E N C E N
A P A E V X N Y H O K D I
H S N L C U E D L O Y J C
S E R V A N T C I G R R O
N B A C L C I Z Q M U S R
E Y I R T J E R K P R R E
S E W W T T S P P P P B S
O P E R A H E C N A D A K
```

171 FAMOUS AUSTRALIANS

W N K S E Y Z R C O F T G
T M N K W I E A J B N Z R
S T A C O E S I I A Z P K
Q U O L R H F P H M E N C
Y Z T G C A L P J A O A B
W G O H F R I C R S W K A
H H S D E L R C W A C I E
S D I N O R E A N I Q D Q
W I N T O N L H B G O M M
W O H E L D A A E K U A V
B A X E N A C G N Y J N R
H K B A E P M L H D K F E
Y X W A D Y B J J U Z H V
O O U G E I F Y L L E K A
C A N O S R E T T A P D L

- ◊ BONNER
- ◊ CASH
- ◊ COWAN
- ◊ CROWE
- ◊ GREER
- ◊ HELFGOTT
- ◊ KELLY
- ◊ KIDMAN
- ◊ LAVER
- ◊ LAWSON
- ◊ MABO
- ◊ O'DONAGHUE
- ◊ OLIPHANT
- ◊ PATTERSON
- ◊ PEARCE
- ◊ SUTHERLAND
- ◊ WHITLAM
- ◊ WINTON

172 GREECE

J I W A G A N E M M O N E
I K S M P C A U L O J W A
K A E K R K A W E Y U B I
I R K E A C E D O M P Z N
N X T T N L S E V I L O O
O E T H I H A P Z H E Y C
L B L R G N Z L Z S E S A
A A K A E G E A N O A S L
S R D C A U A K R S G P K
S K Y E X C Z A H S F E S
E M A G A M E M N O N R N
H Z V H N A X O S N E T E
T A T U G Q C U W K N A H
A I Y P M M E Q J Z W A T
R U E S J Z A T R A P S A

- ◊ AEGEAN
- ◊ AEGINA
- ◊ AGAMEMNON
- ◊ ATHENS
- ◊ CRETE
- ◊ ITHACA
- ◊ KNOSSOS
- ◊ LACONIA
- ◊ MYCENAE
- ◊ NAXOS
- ◊ OLIVES
- ◊ OUZO
- ◊ PLAKA
- ◊ RAKI
- ◊ SPARTA
- ◊ THESSALONIKI
- ◊ THRACE
- ◊ ZEUS

173 WORDS STARTING ILL

- ◊ ILL LUCK
- ◊ ILL WILL
- ◊ ILL-BRED
- ◊ ILLEGAL
- ◊ ILL-FATED
- ◊ ILL-FED
- ◊ ILL-FITTING
- ◊ ILLIBERAL
- ◊ ILLICIT
- ◊ ILLINOIS
- ◊ ILLNESS
- ◊ ILLOGIC
- ◊ ILL-TIMED
- ◊ ILLUDE
- ◊ ILLUME
- ◊ ILL-USE
- ◊ ILLUSIVE
- ◊ ILLYRIA

I L L A R E W L L I C G C

E L P K H I I L I A I I I

I L L Q C G L L E L E L G

L I D O P U A L L D L L O

L T I C I L L I U W O T L

F B L L I O N L R S I C L

I P L D L O L L L Y I L I

T D N I I I P B G I L V L

T O E S L I B R I L L L E

I U S T F L M E L O E U I

N A S F A L U D R E G I D

G I L L U F G M D A A L E

I L L U S E L W E O L L L

I L L E V D H L L I Y L L

L D E M I T L L I T L L I

---

174 BASEBALL TERMS

- ◊ BATTER
- ◊ CHANGE UP
- ◊ DIRT DOG
- ◊ DUGOUT
- ◊ GLOVE
- ◊ HOME RUN
- ◊ INFIELD
- ◊ MOONSHOT
- ◊ PEPPER
- ◊ PICKOFF
- ◊ PITCHOUT
- ◊ PLATE
- ◊ RUNDOWN
- ◊ SHORTSTOP
- ◊ SINGLE
- ◊ STEAL
- ◊ THROW
- ◊ TWO-BALL

C D A R E T U O H C T I P

H H T T V P C R D A R L R

L L A B O W T D L W U R Y

U L R N L B I G E O S W G

P I U D G R S W I R H A L

U P N W T E F A F H O R U

R A D D F A U L N T R N H

B T O P H E D P I L T M F

D G W I O P E P A P S O N

B U N C M G E E M X T O A

A K G K E S T P T C O N S

T R X O R S O V P O P S D

T T K F U A S T E E L H E

E L S F N T M E L U R O M

R E L G N I S S O O N T S

175 INDIAN RESTAURANT

```
T Y I W E N G A R I A A I
B P T A S I A R E A H J O
A M L B I M I N L T A C V
L K A P T N F A A H R U E
T P B W A Y S R B M E K A
E G D Y P S A G L H E O L
A A R P A P A V A P A E O
L I D M H S E N A M R O K
B D H A C A Y U D Z L D S
J O A T A M L A R A W A L
W P N K A L V L G A R B Q
A I S A F P S A M D I A L
N A A R M J S O A I C T I
M Z K R T E R M U S E A A
B A R E B M A S R P E R A
```

- ◊ BALTI
- ◊ BIRYANI
- ◊ CHAPATI
- ◊ DAAL SOUP
- ◊ DHANSAK
- ◊ DOPIAZA
- ◊ KEEMA NAN
- ◊ KORMA
- ◊ MADRAS
- ◊ MASSALA
- ◊ PARATHA
- ◊ PASANDA
- ◊ PATHIA
- ◊ PHALL
- ◊ RAITA
- ◊ SAG ALOO
- ◊ SAG BHAJI
- ◊ SAMBER

176 TEA

```
G N E S N I G N E R A S P
G I S O B N N D O O A R S
R U S S A I N A B L A C K
C A F E R B N S N O Y Q P
A S S A M I F S H U B E B
M N D S H Z J U E F H L C
O A E C F A T A R U T A M
M P F E S L H M B E E A L
I A T M R A Y S A L T G Y
L J I A R G S J L C S E M
E N N T E R O T H M A B S
E C D R O Y N A A S S E M
T A I W A N U T E N L A Y
U E A N E J N A I S S U R
H E S A I K F E W E S T P
```

- ◊ ASSAM
- ◊ BLACK
- ◊ CAMOMILE
- ◊ CEYLON
- ◊ CHINA
- ◊ DOOARS
- ◊ GINSENG
- ◊ GREEN
- ◊ HERBAL
- ◊ HUNAN
- ◊ HYSON
- ◊ INDIA
- ◊ JAPAN
- ◊ JASMINE
- ◊ MATCHA UJI
- ◊ MATURATA
- ◊ RUSSIAN
- ◊ TAIWAN

177 WARSHIPS

◊ *AKAGI*	◊ *HORNET*
◊ *ALBANY*	◊ *KIDD*
◊ *ALBION*	◊ *LANCASTER*
◊ *ARGUS*	◊ *MARY ROSE*
◊ *BELFAST*	◊ *QINGDAO*
◊ *CHARLOTTE*	◊ *TAYLOR*
◊ *CHICAGO*	◊ *TIGER*
◊ *GETTYSBURG*	◊ *VIRGINIA*
◊ *HOOD*	◊ *ZHUHAI*

```
E T T O L R A H C K Z Q I
G N B E S N O R C I H U G
Y E C Q O Y B G O D U E A
S A T I I E N S A D H R K
V A B T L N B A S C A U A
S L L F Y U G U B I I H U
A R A W W S G D D L H H J
P S N S Y R B D A S A V C
T Z C B A U H U D O I R T
N M A R K O O I R R E O Q
C O S B R T O E G G A L P
B I T N A V D I I M U Y G
T S E F A R N T G R O A I
K T R K Y I W O N O R T Z
O L A Y A E S O R Y R A M
```

178 HETERONYMS

◊ ALTERNATE	◊ NUMBER
◊ ARTICULATE	◊ OBJECT
◊ COMBINE	◊ PERFECT
◊ CONVERT	◊ PUTTING
◊ DEVIATE	◊ RAGGED
◊ DISCARD	◊ SEPARATE
◊ ELLIPSES	◊ SEWER
◊ FREQUENT	◊ SYNDICATE
◊ HOUSE	◊ WOUND

```
T D R A C S I D W W O E R
C S K E W U A T G B S E E
E O U N B I G R F U R I W
J E Y I E M G K O I P A E
B T E B S O U H M S E A S
O A T M J B A N E R R A D
F C C O R R D S H T F D E
R I H C M N P G I A E E T
E D R N U I N C R Z C G A
Q N N O L I U E R Y T G N
U Y W L T L P I P E J A R
E S E T A R A P E S P R E
N A U T E Y C O N V E R T
T P E T A I V E D Y A C L
C L A H D E N L E L S I A
```

179 VARIETIES OF CARROT

I	W	R	Y	L	P	E	R	I	M	O	O	C
B	X	H	A	C	C	A	S	A	S	A	N	L
O	R	E	M	A	O	G	N	U	C	A	A	E
R	D	X	R	S	X	E	R	T	G	E	R	O
I	K	S	Y	U	K	O	N	U	H	S	A	P
A	O	T	H	I	L	W	C	M	A	E	P	A
N	A	O	N	A	C	A	V	N	J	O	R	T
N	C	G	V	Z	R	E	M	K	K	U	V	R
C	T	B	O	P	M	E	T	I	M	U	Y	A
A	E	H	O	H	O	E	L	N	A	S	R	N
B	Y	N	T	L	J	V	N	G	R	E	P	A
R	O	A	B	P	E	O	E	N	I	K	L	I
Q	P	Z	T	S	C	R	V	B	O	Y	K	D
T	U	A	G	Y	A	A	O	C	N	A	F	N
M	U	K	O	M	F	L	Y	A	W	A	Y	I

◊ AUTUMN KING
◊ BOLERO
◊ CARSON
◊ CLEOPATRA
◊ EVORA
◊ FLYAWAY
◊ IDEAL
◊ INDIANA
◊ KAZAN
◊ MARION
◊ MOKUM
◊ NAIROBI
◊ PANTHER
◊ PARANO
◊ SYTAN
◊ TEMPO
◊ VALOR
◊ YUKON

180 SHARP OBJECTS

D	S	Y	Y	F	S	T	L	A	L	T	U	P
C	R	Y	X	X	X	T	F	Y	T	O	M	K
M	A	I	I	Z	D	E	N	O	Y	O	C	D
T	E	P	L	K	N	A	R	I	D	T	L	P
U	H	Z	E	L	S	E	N	R	O	H	A	V
Y	S	G	F	B	L	U	O	N	Q	P	W	D
L	P	L	I	T	O	W	T	Q	K	I	S	M
J	U	C	N	B	S	E	Y	T	A	C	F	K
E	R	A	K	E	N	T	Q	X	I	K	A	Q
D	S	H	B	O	L	U	Y	M	G	X	Z	T
A	U	R	Y	R	X	D	I	X	N	H	Q	M
L	A	A	D	D	V	T	E	A	R	R	O	T
B	B	H	Y	N	A	T	R	E	H	L	Q	E
A	A	P	A	R	Y	H	S	E	N	I	P	S
P	T	E	C	N	A	L	A	U	K	O	F	X

◊ ANTLER
◊ BARB
◊ BAYONET
◊ BLADE
◊ CLAWS
◊ DRILL
◊ KNIFE
◊ LANCET
◊ NEEDLE
◊ POINTS
◊ SCIMITAR
◊ SHEARS
◊ SPINES
◊ SPURS
◊ SWORD
◊ TACK
◊ TOOTHPICK
◊ TUSK

181 WORDS STARTING FOR

◊ FORBADE
◊ FORCEFUL
◊ FOREHEAD
◊ FORELIMBS
◊ FORENSIC
◊ FOREST
◊ FORETELL
◊ FOREWARN
◊ FORGED
◊ FORKED
◊ FORMAL
◊ FORMED
◊ FORMIC
◊ FORMLESS
◊ FORMULA
◊ FORSWORE
◊ FORTRESS
◊ FORTUITY

```
D D A E H E R O F O R E S
L L E T E R O F O R K E D
U N F O R S S E R T R O F
F O R M L E S S M R O F O
E G N S B M I L E R O F R
C E S O R S F P D R O R C
R F R Z B O P Y G F K I F
O O F O R C T E O R M P O
F R H B W I D R F R F R R
R I A G U S S F O R O N L
H D E T R N R F G B R A I
E N R A W E R O F A M D B
R O M A U R S A F R U L R
F O R G N O M E O L L J O
T S E R O F A F O R A E F
```

182 COMPUTING

◊ BURST
◊ BYTES
◊ CACHE
◊ CD-ROM
◊ CRASH
◊ DISPLAY
◊ EMAIL
◊ EXECUTABLE
◊ FILE
◊ INTERFACE
◊ MODEM
◊ OFFICE
◊ RELIABILITY
◊ SCREEN
◊ SHELL
◊ WINDOWS
◊ WORD
◊ WORLD WIDE WEB

```
B T S R U B A Y D W S E N
E M A I L B Q W I H S J Z
W D P F Y R E N S S F S J
E Y K T G S D W P S Q R B
D V E H I O U C L M D I N
I S R S W N X V A B R M E
W E U S H L T F Y C M O L
D W H Y P V I E C O H D B
L A X G K L A S R H V E A
R V F S E R S D A F P M T
O F F I C E C S S P A X U
W U U V D R G H H W P C C
G N E E R C S E A G Y F E
R E L I A B I L I T Y U X
D R O W P X G L X U U N E
```

183 MUSCLES

D	I	O	T	L	E	D	S	E	R	A	T	E
P	C	M	E	S	U	P	I	N	A	T	O	R
E	A	B	E	T	E	P	S	O	L	E	U	S
R	I	E	S	C	S	T	E	B	S	U	R	E
F	D	K	I	O	R	F	R	U	R	R	S	L
O	R	B	A	I	L	I	E	O	H	E	E	A
R	A	S	C	Q	S	T	T	O	F	L	S	E
A	C	E	S	O	U	A	M	Y	O	U	P	N
N	P	G	R	L	N	B	E	U	A	G	L	O
S	E	I	G	I	O	E	U	H	T	N	E	R
L	U	P	C	I	L	I	A	C	U	S	N	E
S	Y	C	D	I	O	Y	H	O	M	O	I	P
E	U	E	E	H	W	G	R	E	C	T	U	S
B	U	C	L	E	S	T	I	O	R	U	S	U
S	N	S	U	X	E	L	P	M	O	C	B	M

◊ BICEPS
◊ BUCCINATOR
◊ CARDIAC
◊ COMPLEXUS
◊ DELTOID
◊ GLUTEUS
◊ ILIACUS
◊ OMOHYOID
◊ PERFORANS
◊ PERONEAL
◊ PSOAS
◊ RECTUS
◊ RHOMBOIDEUS
◊ RISORIUS
◊ SOLEUS
◊ SPLENIUS
◊ SUPINATOR
◊ TRICEPS

184 BREAKFAST

N	B	O	T	O	U	M	D	U	V	N	L	B
P	E	A	W	A	A	A	L	E	T	I	A	U
O	Y	I	C	C	D	H	W	B	S	W	E	C
A	E	L	A	O	E	M	O	E	R	B	M	K
C	C	S	T	M	N	R	O	N	A	E	T	V
H	I	E	R	Q	U	T	E	G	E	I	A	E
E	U	U	U	H	A	F	E	A	P	Y	O	D
D	J	M	G	M	G	L	F	B	L	E	T	A
E	E	U	O	W	S	C	H	I	H	S	J	L
G	G	T	Y	Y	A	B	P	V	N	J	O	A
G	N	F	O	I	E	F	E	W	N	S	I	M
G	A	G	R	A	P	E	F	R	U	I	T	R
W	R	X	N	E	S	A	I	L	S	J	B	A
S	O	S	B	C	Z	T	T	L	E	E	R	M
I	H	O	R	S	E	R	A	D	F	S	O	W

◊ BACON
◊ BAGELS
◊ BEANS
◊ BREAD
◊ CEREALS
◊ GRAPEFRUIT
◊ HAM
◊ HONEY
◊ MARMALADE
◊ MUESLI
◊ MUFFINS
◊ OATMEAL
◊ ORANGE JUICE
◊ POACHED EGG
◊ TOAST
◊ TOMATOES
◊ WAFFLES
◊ YOGURT

185 AGREE

- ◊ ACQUIESCE
- ◊ BINDING
- ◊ COINCIDE
- ◊ CONSENT
- ◊ ENDORSE
- ◊ ENGAGE
- ◊ GRANT
- ◊ MATCH
- ◊ MEET
- ◊ PERMIT
- ◊ PROMISE
- ◊ RATIFY
- ◊ SAY YES TO
- ◊ SQUARE
- ◊ SUIT
- ◊ UNDERSTAND
- ◊ UNITE
- ◊ YIELD

```
T I M R E P A V B S A M R
G H B D Y P Z I Q T E E A
A Y W I K T N U R I D O N
D N E J A D A Z C U T A E
E L Z B I R A F R S S C T
D G A N E F D E E Y S I H
E K G E W F S Y F E M C S
W N E I H I Y I I R T L E
N F D U M A T U E A C W E
M A G O S A Q U M O M E M
U E R R R C O I N C I D E
R P E G A S U S E T I N U
N E Y T U N E N G A G E K
J G C S W N T H P A H S T
V D N A T S R E D N U M E
```

186 SCOTTISH LOCHS

- ◊ ACHILTY
- ◊ AFFRIC
- ◊ CRERAN
- ◊ CRINAN
- ◊ EISHORT
- ◊ ERICHT
- ◊ FREUCHIE
- ◊ GARRY
- ◊ GARTEN
- ◊ HOURN
- ◊ RANNOCH
- ◊ SNIZORT
- ◊ SUNART
- ◊ TIGH NA CREIGE
- ◊ TORRIDON
- ◊ TOTAIG
- ◊ UNAPOOL
- ◊ VATACHAN

```
R S N U R Y N A H M D E H
C A Y A U T A U N W G R V
Q I N C N L R N T I L I B
N W R N R I E Y E G F C L
E T O F O H R R H V U H T
T C E H F C C C V A V T O
R Y T O W A H P N T R A R
A B N R N M A E E A Y E R
G E H H O U R N N C R A I
I K G N A H K U G H R E D
A I T P J I S F W A A S O
T H U V I M R I T N R T N
O L O O P A N U E N D R C
T E F T R O Z I N S E A Y
W R A F R E I H C U E R F
```

187 CIRCUS

```
G N I W O R H T R E T A W
S A F E T Y N E T R H M H
O N B A I Q M S E K Z L T
M G E E C E D A R A P M L
E U Q Z K E T P C E W A U
R W H Z E Q P C U T D A A
S N T O T P Q A R E L I S
A Z H B R O A A I T K T R
S C T S I S M R E N S A E
F T G V M P E N T U T I M
M O I W O C T S D X Z C O
D Y U L V S U W A C R N S
Z B I C T R A T F O L E O
P N Q I A S K B W U I Z G
E N W O L C D D E M E S A
```

◊ CLOWN
◊ CROWD
◊ DOGS
◊ FACE PAINT
◊ HORSES
◊ MAKE-UP
◊ PARADE
◊ RIDERS
◊ SAFETY NET
◊ SAWDUST
◊ SOMERSAULT
◊ STILTS
◊ TENTS
◊ TICKET
◊ TRAMPOLINE
◊ TRAPEZE
◊ TREAT
◊ WATER THROWING

188 V WORDS

```
E V N E E N E V A T E V S
L S I A L C V U V E E R U
U V O V I I O H L I A O O
B E X N E N T C N E V O I
I L E E A R I A H U I V C
T V E M T H V G L K P F A
S E O S E R E V R O Z V R
E T X V O R O R A I V E E
V I T R I O L V P L V C V
L E A V I G M M A V L A O
G E V U I V P A A N H E N
V F W A O A U C V P D C Y
S N H O G T U V U L G A R
I U N C V U U H E V A I L
V A R A M R E P I V E E V
```

◊ VACUUM
◊ VAGUE
◊ VALLEY
◊ VAMOOSE
◊ VANDAL
◊ VEHICLE
◊ VELVET
◊ VENICE
◊ VERACIOUS
◊ VESTIBULE
◊ VIPER
◊ VIRGINIAN
◊ VITRIOL
◊ VOLATILE
◊ VORTEX
◊ VOTIVE
◊ VOWEL
◊ VULGAR

189 BEER

- ◊ BARLEY
- ◊ BITTER
- ◊ BLOND
- ◊ BROWN
- ◊ CASKS
- ◊ CELLAR
- ◊ HOPS
- ◊ KEGS
- ◊ LAGER
- ◊ LIQUOR
- ◊ MALTING
- ◊ MILD
- ◊ OLD ALE
- ◊ PILSNER
- ◊ RICE BEER
- ◊ SMOKED
- ◊ STOUT
- ◊ TEMPERATURE

```
N U S T L U T E R A E T Y
W A R U B A R L E Y U E E
S L U O J Y G Z N V R M Y
M R E T R W A E G S A P A
O H L S E E I J R L L E G
K B A U E S A H T S L R D
E V D U B E T I C I E A T
D D L H E A N W Q K C T W
C L O H C G S U R U S U R
A P I W I B O U E T I R R
S B F M R R O J N Z O E D
K L J O V C U W S K T Y Y
S O W C E N M M L T E C B
L N Y Y M V D Z I B W G E
Z D B Y E D S B P O U W S
```

190 W WORDS

- ◊ WAIVER
- ◊ WALTZ
- ◊ WANTON
- ◊ WATCHWORD
- ◊ WATERWHEEL
- ◊ WEAPONRY
- ◊ WEAVER
- ◊ WEDGES
- ◊ WELSH
- ◊ WELTER
- ◊ WHEEL-BARROW
- ◊ WHEEZING
- ◊ WIDOW
- ◊ WIGGLE
- ◊ WILLOW
- ◊ WITHER
- ◊ WIZARD
- ◊ WOKEN

```
W U R M W E S T W I N A W
Y W E L T E R E W I G S E
R L H W N O W O K E N W H
N O T N A W A H N I I I Z
O W I W I T B G S Z Z L T
P H W E A V E R A L E L L
A E I D W E F R A W E O A
O E W Z R H D X W O H W W
W L W I D O W T B H W I W
W B R A G S W E D G E S A
H A A W R G H H W M K E G
E R I N M P L A C R N A L
G R Y V C G H E W T O R N
W O E S E I W U R H A E A
E W I W Y R N O P A E W W
```

191 WINTER

U	S	A	S	P	M	U	B	E	S	O	O	G
A	G	Z	S	E	L	O	C	R	U	P	B	S
C	N	N	C	G	R	O	T	E	M	U	E	L
H	I	E	E	G	U	W	C	R	E	L	N	L
I	Z	U	D	G	R	S	A	O	M	H	V	A
L	E	L	H	W	Y	W	T	W	A	H	I	B
L	E	F	U	B	P	R	K	Y	F	L	W	W
Y	R	N	S	U	W	R	A	C	P	N	S	O
D	F	I	P	S	I	I	E	U	O	R	N	N
A	R	A	S	B	L	I	N	V	N	T	E	S
C	R	E	A	C	C	E	E	T	I	A	A	L
W	O	O	R	I	A	M	E	X	R	H	J	O
H	Y	L	C	L	B	R	Y	T	T	Y	S	C
I	A	L	D	E	C	P	F	E	A	B	E	R
O	E	S	R	S	B	O	N	F	I	R	E	S

◊ BONFIRES
◊ CHILLY
◊ COALS
◊ COLDS
◊ COUGH
◊ FREEZING
◊ GOOSEBUMPS
◊ GUSTY
◊ ICICLE
◊ INFLUENZA
◊ JANUARY
◊ NOVEMBER
◊ SCARF
◊ SHIVER
◊ SLEET
◊ SNOWBALLS
◊ WINTRY
◊ WRAP UP WARM

192 CRUISING

C	X	L	H	C	M	R	W	R	C	Z	F	E
E	N	G	I	N	E	S	V	I	S	H	X	H
E	L	I	N	S	Z	A	F	E	U	C	N	C
H	F	L	R	I	C	I	N	M	U	U	A	W
L	E	U	Y	A	C	D	O	R	H	B	E	Q
C	P	O	T	A	O	O	S	N	X	Q	G	J
U	I	I	P	F	R	I	S	I	N	G	E	R
Z	O	T	F	L	O	C	E	A	N	F	A	E
N	P	G	L	N	L	X	D	L	J	B	Q	T
W	B	A	S	A	A	Q	U	O	I	T	S	P
A	B	L	X	Q	B	I	R	O	Z	O	I	A
V	R	B	P	H	G	D	P	N	P	H	F	C
E	B	R	E	Z	S	S	E	A	S	I	C	K
S	N	K	U	Q	K	G	V	P	U	F	W	D
G	N	I	H	T	A	B	N	U	S	T	J	I

◊ AEGEAN
◊ BALLROOM
◊ BALTIC
◊ ENGINES
◊ EXCURSIONS
◊ FJORDS
◊ NILE
◊ OCEAN
◊ PACIFIC
◊ PURSER
◊ QUOITS
◊ SEASICK
◊ SEND-OFF
◊ SHIP
◊ SINGER
◊ SUNBATHING
◊ VACATION
◊ WAVES

193 MUSEUM PIECE

◊ ARCHAIC
◊ EXHIBITS
◊ GREEK
◊ GUIDE
◊ HISTORY
◊ KNOWLEDGE
◊ LEARNING
◊ LETTERS
◊ MILITARY
◊ MOSAIC
◊ POTTERY
◊ RELICS
◊ ROMAN
◊ SCROLL
◊ SCULPTURE
◊ STELE
◊ TOURISTS
◊ VICTORIAN

```
K E S K D G N I N R A E L
H U G E N O P A E R H X H
K I K O B O U B M T E H D
S B S H N N W I R O T I F
M C W T C A L L E E R B S
P O U H O I T I E J R I Y
I A S L T R A U N D R T S
T E R A P O Y H I Z G S Y
E O R S I T U K C T S E R
D Y U C G C U R M R A R E
I S J R X I L R E E A L T
U T E O I V E T E L F U T
G E D L A S T R E I N T O
K L K L U E T F A C T C P
B E U A L L B S D S O V E
```

194 VARIETIES OF ONION

◊ AILSA CRAIG
◊ BUFFALO
◊ CENTURION
◊ FORUM
◊ HERCULES
◊ HYGRO
◊ HYTECH
◊ HYTON
◊ JAGRO
◊ JETSET
◊ KAMAL
◊ MARCO
◊ RED BARON
◊ SENTRY
◊ STURON
◊ TONDA MUSONA
◊ TOUGHBALL
◊ TURBO

```
K Y O P P F V W M J S J N
A I L S A C R A I G F L S
M O A N O S U M A D N O T
A T R M Y R T N E S L Q F
L X O G G S V I E A S N H
V L E U Y I T R F O T V E
J N P E G H I F O O U V R
B E O H X H U Z L F R B C
U Z T I Y B B M S A O K U
S O H S R T Z A F R N G L
T M C F E U E A L U K Z E
U Z V R O T T C A L E E S
R E D B A R O N H Y T O N
B Q N P S M U W E V C J L
O R G A J M Z M V C D E Z
```

195 FASHION DESIGNERS

```
L A N E R U A L B C H J N
V E T I A J C G M R H W V
A O U A S H L E Y A U O J
G G O N A L T J G G R U O
M X A N A S Z W U E W U H
L M E I E M Q P H E C P E
Q L Y M C Z E G N N A L T
I K A D J N A E O S P Q U
C J Y M N L E T X Q U N R
C B U E L B T L P U C R E
I I E A Z I F R A C C P N
R R G R U S A G I B I M Y
G Z A V T D H N K M C X A
I F B E A I L N I E L K R
G Y L K W S N T L F R V Z
```

◊ ASHLEY
◊ BALENCIAGA
◊ BEENE
◊ BERTIN
◊ CHANEL
◊ CHOO
◊ EMANUEL
◊ GALLAGHER
◊ GREEN
◊ JAMES
◊ KLEIN
◊ LAUREN
◊ MUIR
◊ PRADA
◊ PUCCI
◊ RAYNER
◊ RICCI
◊ VUITTON

196 READY

```
W E L L S D E S O P S I D
E J A O E O D B R A C E D
L V W S E E T D R R G U Q
A B I A A I I R A E N S N
A O G E M P A M K O I Z C
P E A E A N L H T R N T F
R E L R G L E K I O R W X
F Y R E I G S F I X E D J
P J D C V G B P L Q C H K
T R D T E Q G U E D S C T
O T I P C P N E O E I R P
O E Z M P K T N D U D A E
S U J O E E E I Q O P Y N
D E Q R F D D R V Y U L E
E J T P U D E R A E G T E
```

◊ ARRANGED
◊ BRACED
◊ DISCERNING
◊ DISPOSED
◊ DONE
◊ EAGER
◊ FIXED
◊ GEARED UP
◊ PERCEPTIVE
◊ POISED
◊ PRIMED
◊ PROMPT
◊ QUICK
◊ RAPID
◊ RIGGED OUT
◊ SET
◊ SPEEDY
◊ TIMELY

197 BOBS AND ROBERTS

◊ CRANE	◊ LAXTON
◊ DUVALL	◊ LOWELL
◊ DYLAN	◊ LUDLUM
◊ FORD	◊ MAYNARD
◊ FULTON	◊ MILLIKAN
◊ HAWKE	◊ MOOG
◊ HOOKE	◊ PAISLEY
◊ HOPE	◊ STEVENSON
◊ INGERSOLL	◊ VAUGHN

```
E P A F N N O T X A L K I
C K O H T O E J A U S N G
X R O Z K O T N D F R A M
D P X L H F N L A B B L T
E Y H S N O U E U R T Y L
D E S E A M O E S F C D L
L L J T N F I K X J E E O
D S D E E D L L E W O L S
U I S R U V A U G H N D R
E A G V A C E G H A W K E
Z P A D Q N S N E V U V G
C L H V P U Y G S G V G N
L G I O E B E A A O K E I
H N A K I L L I M O N N A
V M A I H E A F S M E T Y
```

198 WORDS ENDING FISH

◊ BATFISH	◊ OAFISH
◊ BLINDFISH	◊ OARFISH
◊ BLOWFISH	◊ SAILFISH
◊ COWFISH	◊ SELFISH
◊ DOGFISH	◊ SHELLFISH
◊ GRUFFISH	◊ SILVERFISH
◊ JELLYFISH	◊ STANDOFFISH
◊ JEWFISH	◊ STARFISH
◊ MUDFISH	◊ SUNFISH

```
H S I F S V U J H H F H H
H H S I F A R S S J H S Z
S Y S Y J U I I X S I I H
I L S I H F F L I F I F S
F R Y T L R B F F F S T I
R J D L A J D U M I H A F
A B E O Y N R U H S S B R
T H A L I G D Y S H C H E
S S V L L F D O I S O Z V
F I B H I Y N N F I W A L
I F M S S C F F L F F P I
S N H H W I K I E A I E S
H U B L O W F I S H S S L
H S I F W E J A Q H H Y H
H S I F G O D X O F I S H
```

199 TRIBES

```
N A S K C E L O N I M E S
N P C K A A G D P C P E A
H A I R I P M O W E M A P
H O R C T A N C T T Q W C
B A O R B C R S I W T A H
E U P C A C F G N M F T I
N H L U H G N A Z C A T C
O C C T T I A X F S E O K
R E H N L G N N O O T K A
U U U T U C E O S V E E S
H Q P Y R C W E D E K A A
V T A E U C I M O I T Z W
V C E C H I P P E W A T T
A K B U K A G F E B W E S
E E K U S O C C I M B C W
```

- ◊ AZTEC
- ◊ CAYUGA
- ◊ CHICKASAW
- ◊ CHIPPEWA
- ◊ CREEK
- ◊ HOOCHINO
- ◊ HURON
- ◊ MICCOSUKEE
- ◊ MICMAC
- ◊ NARRA-GANSETT
- ◊ NAZCA
- ◊ NOOTKA
- ◊ OTTAWA
- ◊ PICUNCHE
- ◊ PONCA
- ◊ QUECHUA
- ◊ SEMINOLE
- ◊ TLINGIT

200 DOUBLE M

```
E I R H K C I M M I G M A
A T E E T O M M A J G M M
A M A M D I M M E N S E T
E M M L S N M M I S R C N
M E M A U U A M M E U O N
M M Y U N C M M R A M M E
L M M D N I A M M M M M A
A A M E W I J M O O Y E M
M Y U S M E T C M N C R M
M M D M M A N I V I S C A
A M B M R U L K O U M I M
M U Y U M M E S N N M A M
E T A R O M E M M O C L K
A U N Y G O L O N U M M I
N O M M A G K C A B S E L
```

- ◊ AMMAN
- ◊ AMMUNITION
- ◊ BACKGAMMON
- ◊ COMMANDER
- ◊ COMMEMO-RATE
- ◊ COMMERCIAL
- ◊ DUMMY
- ◊ GIMMICK
- ◊ IMMACULATE
- ◊ IMMENSE
- ◊ IMMUNOLOGY
- ◊ JEMMY
- ◊ MAMMAL
- ◊ RUMMY
- ◊ SUMMONS
- ◊ SWIMMING
- ◊ TUMMY
- ◊ UNCOMMON

201 WINNING

- ◊ ACCOLADE
- ◊ AHEAD
- ◊ AT THE FRONT
- ◊ AWARD
- ◊ CONQUER
- ◊ FREE GIFT
- ◊ GRANT
- ◊ LOTTERY
- ◊ MARATHON
- ◊ MATCH
- ◊ MEDALS
- ◊ MONEY
- ◊ PRIZE
- ◊ RELAY
- ◊ SATISFACTION
- ◊ SHIELD
- ◊ TRIUMPH
- ◊ TROPHY

```
N O I T C A F S I T A S A
I N F C R X R X A S D T S
F R E E G I F T L W T R A
J I S R T E U A A H A H G
Y E N O M N D M E A G R D
R J T D X E O F P E R K D
E B K R M K R H O H A A J
T A P L O O N H T E N T I
T C U E N P S E C A T A K
O C C T C H H O X Y R P M
L O I R I H N Y A J E A Q
K L N E I Q T L A Z T H M
E A L C U Z E A I C E E K
D D L E L R J R H W Y A G
A E R E D L P H D E M D E
```

202 DELIVERY SERVICE

- ◊ AIRLINE
- ◊ BOXES
- ◊ CARGO
- ◊ DIRECT
- ◊ DRIVER
- ◊ FIRST CLASS
- ◊ FLOWERS
- ◊ GOODS
- ◊ NETWORK
- ◊ ONLINE
- ◊ PACKET
- ◊ PARCEL
- ◊ POSTAL
- ◊ PRODUCTS
- ◊ ROADS
- ◊ SHIPPING
- ◊ STORES
- ◊ TRUCK

```
R E Y P S Y E P S Z K C I
A U O D S E S R S D R X J
P S A X T E H O A Q O S E
A O T U X U U D L M W O C
R S I O R B N U C Q T O G
S E B G R M R C T E E G B
R R N I S E M T S T N R G
E O P I V W S S R V N A N
W B T I L T K A I U O C I
O P R E C N O I F D C I P
L D A E K P O S T A L K P
F O R R H C H D Y I S K I
U I E U C F A S T L K G H
D P A N S E A P J E A N S
N O F E N I L R I A B J C
```

203 SHAKESPEAREAN CHARACTERS

F	A	S	P	A	I	N	M	U	L	O	V	L
V	A	L	E	N	T	I	N	E	B	U	L	B
I	I	J	A	O	A	I	L	I	G	R	I	V
K	A	F	N	M	O	D	N	A	L	R	O	C
F	P	G	T	E	R	C	D	Q	N	A	L	M
V	E	X	O	D	L	C	X	O	V	E	O	A
J	M	F	N	S	A	N	N	O	I	X	L	M
U	A	O	I	E	Z	M	E	O	N	U	O	I
L	N	A	O	D	E	U	Y	S	S	N	V	T
I	T	V	S	M	L	Z	V	R	T	X	E	E
E	U	S	A	S	Y	J	U	A	H	O	E	L
O	S	G	L	E	E	K	N	G	E	G	R	M
G	A	M	G	A	Y	O	I	D	N	Q	A	A
M	U	S	T	A	R	D	S	E	E	D	N	H
R	N	E	N	H	G	H	C	L	E	B	S	B

◊ AGAMEMNON
◊ ANTONIO
◊ APEMANTUS
◊ BELCH
◊ DESDEMONA
◊ EDGAR
◊ HAMLET
◊ IAGO
◊ LENNOX
◊ MONTANO
◊ MUSTARDSEED
◊ NESTOR
◊ ORLANDO
◊ SNARE
◊ URSULA
◊ VALENTINE
◊ VIRGILIA
◊ VOLUMNIA

204 RECYCLABLE

T	J	R	C	A	R	P	E	T	S	C	B	Z
S	U	U	O	B	I	F	F	L	I	R	O	O
E	N	A	M	C	I	O	A	T	L	E	T	T
G	K	D	P	K	P	C	S	V	B	P	T	L
D	M	K	U	T	I	A	Y	D	A	P	L	Y
I	A	R	T	M	L	G	G	C	A	O	E	A
R	I	U	E	P	Y	L	N	Z	L	C	S	G
T	L	H	R	B	A	M	N	H	S	E	N	L
R	C	L	S	S	M	S	X	E	L	I	S	S
A	S	H	S	B	K	I	X	I	H	R	C	V
C	T	U	K	C	F	O	T	T	T	I	C	S
K	P	E	I	F	B	X	O	I	M	X	M	B
N	O	R	I	Y	E	L	J	O	C	T	Q	G
I	B	N	F	T	C	R	C	H	C	O	O	Z
Z	F	S	E	I	R	O	T	C	E	R	I	D

◊ BICYCLES
◊ BOTTLES
◊ BOXES
◊ BRICKS
◊ CARPETS
◊ CHEMICALS
◊ CLOTHING
◊ COMICS
◊ COMPUTERS
◊ COPPER
◊ DIRECTORIES
◊ GLASS
◊ INK CARTRIDGES
◊ IRON
◊ JUNK MAIL
◊ PLASTIC
◊ TEXTILES
◊ TIMBER

205 CONFUSED

◊ ADDLED
◊ BEDAZZLED
◊ BEMUSED
◊ CHAOTIC
◊ DAZED
◊ DIZZY
◊ DOPEY
◊ FAR AWAY
◊ FLIGHTY
◊ GIDDY
◊ GROGGY
◊ IN A FLAP
◊ LOST
◊ MIXED UP
◊ OUT OF ORDER
◊ UNSETTLED
◊ UNTIDY
◊ WITLESS

O	C	D	X	Z	Y	T	H	G	I	L	F	V
D	L	W	K	D	X	L	M	K	H	R	U	K
G	T	W	I	T	E	M	J	L	O	S	T	D
C	I	T	O	A	H	C	Y	E	Z	W	E	C
P	N	O	B	B	E	D	A	Z	Z	L	E	D
U	T	U	U	G	D	A	D	P	T	I	A	Y
D	P	T	V	I	Y	W	L	T	N	B	E	W
E	J	O	G	G	W	D	E	A	E	P	I	D
X	G	F	G	M	E	S	F	M	O	T	J	Y
I	L	O	I	L	N	L	U	D	L	X	T	P
M	R	R	D	U	A	S	R	E	B	N	Y	L
G	F	D	E	P	E	N	S	Z	Z	Z	E	R
X	A	E	Z	D	M	S	T	W	Z	Y	O	D
F	A	R	A	W	A	Y	Q	I	U	Q	B	K
Y	M	F	D	T	R	M	D	T	F	U	S	J

206 MADE OF WOOD

◊ CHEESE BOARD
◊ CLOGS
◊ COFFIN
◊ EASEL
◊ GAVEL
◊ HUTCH
◊ KENNEL
◊ LADDER
◊ LECTERN
◊ MALLET
◊ PENCIL
◊ PLAYPEN
◊ RULER
◊ SWING
◊ TABLE
◊ TREBUCHET
◊ TRELLIS
◊ VIOLIN

C	A	M	E	L	M	I	S	K	F	D	E	H
N	C	E	U	Q	A	P	Z	P	I	R	E	O
I	I	G	D	Q	L	N	E	P	Y	A	L	P
F	O	L	I	I	L	M	H	L	J	O	E	L
F	U	A	O	U	E	Y	O	Y	Z	B	C	U
O	C	D	V	I	T	L	E	S	A	E	T	Q
C	L	D	Z	H	V	K	F	E	U	S	E	T
S	O	E	T	R	E	L	L	I	S	E	R	J
Y	G	R	P	N	U	B	K	Z	C	E	N	L
H	S	C	N	M	A	L	O	L	B	H	I	Z
F	U	E	S	T	G	H	E	U	E	C	S	F
O	L	T	W	W	Q	A	C	R	N	R	M	C
B	J	K	C	H	I	H	V	E	F	E	V	Z
R	Q	N	D	H	E	N	P	E	F	L	E	P
C	A	R	U	T	C	U	G	A	L	Y	D	S

207 BEDTIME

B	P	E	R	L	F	A	D	E	P	W	A	W
R	G	N	I	R	O	N	S	T	W	V	E	S
N	T	J	E	C	V	Y	E	Y	A	A	S	B
W	H	L	O	C	O	M	F	O	R	T	R	F
O	Y	C	I	O	J	P	S	I	M	H	E	D
G	D	S	O	U	V	Y	N	P	T	W	Y	S
T	O	E	W	V	Q	E	O	I	H	B	A	H
H	L	Y	S	O	S	V	O	L	C	P	R	E
G	G	U	A	S	R	R	Z	L	E	H	P	E
I	Y	N	L	W	E	D	E	O	Y	G	B	T
N	C	P	I	L	N	R	C	W	E	N	T	S
S	R	E	A	H	A	I	D	C	T	I	E	E
E	J	X	P	X	T	B	N	N	E	Z	E	D
B	K	W	Z	V	Q	A	Y	G	U	O	E	U
E	A	L	R	G	A	X	B	P	E	D	O	V

◊ BATHING
◊ COCOA
◊ COMFORT
◊ DOZING
◊ DROWSY
◊ LULLABY
◊ NIGHTGOWN
◊ PILLOW
◊ PRAYERS
◊ QUILT
◊ RELAX
◊ SHEETS
◊ SNOOZE
◊ SNORING
◊ UNDRESSED
◊ WARMTH
◊ WEARINESS
◊ YAWNING

208 AFRICAN TRIBES

C	E	R	D	O	G	N	I	D	N	A	M	G
G	A	D	I	N	K	A	Z	O	F	P	N	G
D	H	I	Z	A	W	K	N	K	Y	O	B	E
C	A	F	Z	T	L	V	S	G	L	T	X	S
M	F	I	K	A	R	A	M	O	J	O	N	G
X	A	M	N	S	W	Y	R	E	U	Y	T	P
L	Z	S	O	I	I	S	T	U	T	M	A	A
I	L	M	A	B	H	N	T	U	D	U	D	E
N	Y	G	R	I	R	Y	E	Y	R	R	N	Z
O	C	H	S	B	S	K	W	U	I	S	A	N
G	H	Z	T	I	O	P	B	K	F	I	G	C
N	J	T	K	O	M	M	X	I	I	Z	F	A
A	S	Y	O	L	A	D	S	K	A	T	C	I
T	E	Y	W	S	L	C	F	F	N	B	N	H
P	P	K	H	O	I	K	H	O	I	D	G	I

◊ ANGONI
◊ DINKA
◊ GANDA
◊ IBIBIO
◊ KARAMOJONG
◊ KHOIKHOI
◊ KIKUYU
◊ MANDINGO
◊ MASAI
◊ MURSI
◊ PYGMY
◊ RIFIAN
◊ ROLONG
◊ SAMBURU
◊ SOMALI
◊ SOTHO
◊ SWAZI
◊ TUTSI

209 RIVERS OF CANADA

◊ ATHABASCA ◊ LIARD
◊ BATTLE ◊ MOIRA
◊ CHURCHILL ◊ NONQUON
◊ FINLAY ◊ PEACE
◊ FRASER ◊ SLAVE
◊ GRAND ◊ SMOKY
◊ GULL ◊ WHITE
◊ HAYES ◊ WINISK
◊ KOOTENAY ◊ YUKON

E	T	F	N	H	A	G	E	L	A	L	C	E
V	U	N	A	O	V	N	L	O	M	I	H	T
A	N	C	E	T	U	I	O	E	U	A	F	I
L	L	U	G	M	H	Q	C	K	R	R	D	H
S	W	Z	O	C	V	A	N	F	U	D	J	W
G	O	I	R	V	E	I	B	O	K	Y	E	A
I	R	U	N	P	H	S	H	A	N	S	E	E
A	H	V	K	I	I	H	A	U	S	M	C	A
C	R	A	W	O	S	V	Y	C	I	C	Y	Y
Y	H	B	E	P	O	K	E	L	T	T	A	B
K	L	E	D	J	J	T	S	W	B	N	L	Y
O	Y	M	S	N	J	E	E	K	E	R	N	Y
M	N	R	D	Y	A	U	Z	N	C	L	I	A
S	C	U	R	T	F	R	E	S	A	R	F	F
V	A	B	A	R	I	E	G	L	A	Y	N	E

210 COMPOST HEAP

◊ BERRIES ◊ ORGANIC
◊ BONFIRE ASH ◊ PEELINGS
◊ DEBRIS ◊ PLANTS
◊ DECAY ◊ SAWDUST
◊ EGGSHELLS ◊ SCRAPS
◊ FEATHERS ◊ STRAW
◊ FERTILIZER ◊ TEA LEAVES
◊ FLOWERS ◊ VEGETATION
◊ MANURE ◊ WORMS

N	O	I	T	A	T	E	G	E	V	D	H	O
F	M	U	Y	R	C	G	W	S	E	S	I	R
P	E	E	L	I	N	G	S	B	A	S	U	G
C	S	B	G	S	M	N	R	E	T	P	T	A
R	E	R	T	G	X	I	R	N	F	A	E	N
Y	E	R	E	Q	S	I	E	K	N	R	A	I
V	A	Z	Z	W	F	H	F	D	E	C	L	C
W	S	N	I	N	O	E	E	R	H	S	E	A
F	M	A	O	L	A	L	U	L	E	C	A	T
S	R	B	P	T	I	N	F	I	L	H	V	S
K	O	Z	H	L	A	T	R	R	Y	S	E	U
L	W	E	T	M	A	R	R	M	T	P	S	D
F	R	F	H	R	E	N	N	E	K	R	M	W
S	D	J	A	B	K	N	T	L	F	N	K	A
T	P	Y	A	C	E	D	Y	S	I	X	B	S

211 COUNTRIES OF EUROPE

```
G R U O B M E X U L A N D
E A R K A D E R A N P U N
R L U E R I S G K O M R H
A A S G R A A E R N E S Q
I U S A O I I T L T T P B
B A I L D Y U N P A S A D
R F A A N G A O E K W I W
E L I V A H L W A V E N T
S A C L O A A E R U D A A
A N O G N D T Y I O E I S
B D C D Q S L O V E N I A
F R A N C E A O F A R E E
O S N P T T M E M A O D N
C R O A T I A O S I Z S I
K F M K E R R Y D F L X A
```

◊ ANDORRA
◊ CROATIA
◊ FRANCE
◊ LUXEMBOURG
◊ MALTA
◊ MOLDOVA
◊ MONACO
◊ NORWAY
◊ POLAND
◊ PORTUGAL
◊ ROMANIA
◊ RUSSIA
◊ SERBIA
◊ SLOVENIA
◊ SPAIN
◊ SWEDEN
◊ UKRAINE
◊ WALES

212 CASINO

```
U T O D Y C B Y E S A R O
S F R F A E O T W O E E R
U H V R C Y Y U I K E G A
N P D U C A I E A M J A G
O S E N R H R E Y D I W N
B D L A C E R R N T U L C
K E S R T T E A E D Y E R
C S K N S K H G T E M I O
E S U D R D U N P P C K U
D O L A R O M I L O O A P
C O M A R C M T A S K I I
C W H J H L N T Y I M E E
H E H I B A R E E T S J R
A S P G E F D B R F O S E
G S A W A G N I S A H C R
```

◊ BETTING
◊ BONUS
◊ CARDS
◊ CHASING
◊ CHIPS
◊ COLD STREAK
◊ COUNTER
◊ CROUPIER
◊ DECK
◊ DEPOSIT
◊ DEUCE
◊ HARD HAND
◊ LIMIT
◊ MARKER
◊ PLAYERS
◊ POKER
◊ ROUGE
◊ WAGER

213 SNAKES

- ◊ ANACONDA
- ◊ CANTIL
- ◊ CASCABEL
- ◊ COBRA
- ◊ DUGITE
- ◊ GRASS SNAKE
- ◊ HERALD SNAKE
- ◊ JARARACUSSU
- ◊ KEELBACK
- ◊ KRAIT
- ◊ LYRE SNAKE
- ◊ MAMBA
- ◊ MUD SNAKE
- ◊ RIBBON SNAKE
- ◊ SEDGE VIPER
- ◊ SONORAN
- ◊ TERCIOPELO
- ◊ YARARA

```
T E R C I O P E L O S K M
G R E W A T Y Y R L E E I
U E C Y I A R W E N K R L
L V K A R E S K I A A A F
S V R A S S A J B H N K U
E K R N N N B M A L S E S
D A A I S S A Z I D S E S
G K D D L M N T H N S L U
E R U E X E N O A E A B C
V M G U G A B R B R R A A
I S I Q C K O A B B G C R
P E T U C N D O C B I K A
E C E A O R C E N S F R R
R R A S E A D N O C A N A
E K A N S D L A R E H C J
```

---

214 PUZZLES

- ◊ ANAGRAM
- ◊ ANSWER
- ◊ BRAIN-TEASER
- ◊ CLUES
- ◊ CODES
- ◊ CROSSWORDS
- ◊ DOMINO
- ◊ FIGURE
- ◊ FITTING
- ◊ HANJIE
- ◊ JIGSAW
- ◊ LOGIC
- ◊ MAZES
- ◊ NUMBER
- ◊ PLAYING
- ◊ POSER
- ◊ REBUS
- ◊ VISUAL

```
U S D R O W S S O R C S R
L I R A T P C E C T J E E
G O I U L G L E R I N Z S
J I G S A W U R Y F S A O
B R A I N T E A S E R M P
P D Y N C L S S N H T X U
G N I Y A L P F E S U Y N
N F K U E G O Z E L W Q R
E X S F Q N R A H H V E F
F I T T I N G A N K B E R
V P A M B G N S M U S Y D
T Y O C J J U S S W E O F
E D Y H I E O R N B D G T
K T J E T I M F E A O T K
S A R R E B M U N C C O W
```

215 SETTING A TABLE

V	E	R	B	V	T	O	R	E	P	P	E	P
E	A	T	U	L	K	E	T	C	H	U	P	S
Z	N	W	A	N	O	O	P	S	A	E	T	T
D	E	S	D	B	L	A	Y	E	R	J	S	N
N	E	F	G	P	L	A	C	E	M	A	T	E
E	A	S	I	S	R	E	W	O	L	F	T	M
D	L	P	S	N	V	P	C	U	J	S	R	I
R	S	T	K	E	K	I	V	L	C	R	P	D
A	O	N	T	I	R	E	N	W	O	F	U	N
T	U	K	B	O	N	T	K	E	O	T	W	O
S	P	N	G	L	B	A	P	A	G	H	H	C
U	B	I	O	A	D	E	J	L	C	A	Y	O
M	O	V	M	D	G	P	N	X	A	S	R	T
W	W	E	G	L	V	K	Z	I	M	T	X	E
X	L	S	N	E	E	R	U	T	W	P	E	S

◊ CAKE KNIFE
◊ CONDIMENTS
◊ DESSERT PLATE
◊ FLOWERS
◊ KETCHUP
◊ KNIVES
◊ LADLE
◊ MUSTARD
◊ NAPKIN
◊ PEPPER
◊ PLACE MAT
◊ SALT
◊ SOUP BOWL
◊ TABLECLOTH
◊ TEASPOON
◊ TUREEN
◊ VINEGAR
◊ WINE BOTTLE

216 BEEKEEPING

S	A	T	O	R	H	V	U	R	L	X	R	I
E	X	E	L	M	U	A	D	R	E	O	P	S
C	A	M	R	A	M	S	I	Y	Y	V	C	R
L	A	A	S	K	E	T	E	A	C	I	O	O
U	W	E	A	V	H	A	L	P	X	T	M	H
S	S	E	O	R	A	J	E	R	A	D	B	Y
T	G	L	M	O	E	O	E	D	W	D	Y	C
E	G	T	T	L	F	S	R	E	W	O	L	F
R	E	M	L	Q	T	A	L	U	H	L	A	H
D	G	Y	N	C	O	I	F	E	S	A	R	P
H	W	Y	E	B	E	O	S	A	S	B	V	P
N	I	S	D	V	E	A	L	S	L	N	A	E
L	N	V	R	E	K	R	O	W	L	Z	E	R
I	G	C	E	N	W	H	T	R	E	E	S	R
F	S	E	N	E	D	R	A	G	C	W	D	N

◊ BOARD
◊ CELLS
◊ CLUSTER
◊ COMB
◊ EGGS
◊ FLOWERS
◊ GARDEN
◊ GLOVES
◊ HIVE
◊ HOVER
◊ INSECT
◊ LARVAE
◊ ROYAL JELLY
◊ SWARM
◊ TREES
◊ VEIL
◊ WINGS
◊ WORKER

217 FLOWERY GIRLS' NAMES

◊ BRYONY	◊ NIGELLA
◊ CICELY	◊ OLIVE
◊ DAHLIA	◊ POPPY
◊ FLORA	◊ SAFFRON
◊ HEATHER	◊ SORREL
◊ HOLLY	◊ TANSY
◊ JASMINE	◊ VIOLA
◊ LAVENDER	◊ WILLOW
◊ MARGUERITE	◊ ZINNIA

```
Y L U W I N T A R R F I N
E R R I N E O H E N E N P
B R Y O N Y A D O A P G J
Y A P P A I N I E F K L A
A T I A P E G S L K F K S
S I W N V O R E E H S B M
I R D A O R P N L V A E I
Y L L O H R Y L D L Z D N
H V D B L W F L R L A C E
E Z I N N I A F E V V H J
A L O I V L V R A C F V M
T A N S Y L R E O S I S A
H F G L P O B J L L R C S
E T A N S W V E N T F V P
R Y U E T I R E U G R A M
```

218 NURSERY WORDS

◊ BABIES	◊ DRINK
◊ BONNET	◊ FORMULA
◊ BOOTEES	◊ HIGH CHAIR
◊ CHILD	◊ MOBILE
◊ COLIC	◊ PACIFIER
◊ COMFORTER	◊ ROCKING
◊ COTS	◊ RUSKS
◊ CRIBS	◊ TALCUM POWDER
◊ CUDDLES	◊ WIPES

```
Z R S G S E E T O O B R L
E C E T N P Z F P C U E L
L X P D R I A H C H G I H
I J I M W H K O Y V T F C
B N W N H O M C E B O I B
O N W J I F P C O L I C J
M T H C O T S M T R A A F
Q V X R D G V W U A I P X
E T T L Z T T I B C M F S
M E I Z E E J Q V E L E Y
R H U W K N K U R K I A C
C L P S S N M N N B G R T
A L U M R O F I A G I H Z
R U S K S B R B P B M F K
A S E L D D U C S O M I I
```

219 IN THE MAIL

M	S	E	I	E	R	U	H	C	O	R	B	R
A	F	H	E	G	T	N	S	U	E	C	E	B
P	I	A	N	O	P	U	O	C	J	T	P	C
T	N	E	S	E	R	P	E	R	T	V	E	R
E	A	D	K	E	A	I	W	E	T	R	F	Y
X	L	P	F	K	P	E	L	D	T	E	S	P
L	N	F	R	T	L	L	V	I	N	T	A	T
I	O	L	T	B	A	O	F	T	E	O	E	A
A	T	A	E	I	U	I	E	C	M	N	V	X
M	I	R	F	C	C	J	H	A	E	R	I	R
K	C	V	H	A	R	K	S	R	T	E	S	E
N	E	E	T	G	M	A	E	D	A	V	S	T
U	R	E	H	E	I	V	P	T	T	O	I	U
J	F	S	A	I	I	F	P	F	S	C	M	R
T	H	E	R	I	N	A	T	F	A	R	C	N

◊ BROCHURE
◊ CERTIFICATE
◊ COUPON
◊ COVER NOTE
◊ CREDIT CARD
◊ FINAL NOTICE
◊ GIFT
◊ JUNK MAIL
◊ LETTER
◊ MISSIVE
◊ OFFER
◊ PARCEL
◊ PRESENT
◊ RECEIPT
◊ STATEMENT
◊ TAX RETURN
◊ TICKETS
◊ VOUCHER

220 BIRDS

Y	R	M	T	N	E	H	R	O	O	M	Q	M
G	E	W	O	H	V	W	E	J	S	P	C	D
M	H	K	O	F	A	P	T	G	T	H	L	E
E	C	U	R	R	D	X	R	G	R	C	Z	T
R	T	J	A	U	C	X	A	V	I	P	E	I
G	A	Y	O	C	T	D	D	L	C	Q	B	K
A	C	I	Y	G	O	Q	E	J	H	C	D	D
N	R	G	F	V	Q	Y	C	D	K	A	M	E
S	E	B	E	G	O	O	S	E	O	G	K	R
E	T	Q	N	M	G	S	H	K	Y	O	P	I
R	S	O	R	V	A	U	P	E	F	P	H	K
R	Y	R	R	A	Q	G	H	R	R	K	O	P
Y	O	R	H	K	G	I	P	I	E	O	Q	Y
T	E	R	G	E	N	F	U	I	R	Y	N	Y
N	I	B	O	R	A	K	Y	G	E	Q	W	F

◊ DARTER
◊ DOVE
◊ EGRET
◊ GOOSE
◊ HERON
◊ HOODED CROW
◊ MAGPIE
◊ MERGANSER
◊ MOORHEN
◊ OSPREY
◊ OSTRICH
◊ OYSTER-CATCHER
◊ RED KITE
◊ RHEA
◊ ROBIN
◊ ROOK
◊ STORK
◊ TURKEY

221 TCHAIKOVSKY

- ◊ ALEXANDRA
- ◊ ANTONINA
- ◊ CHOLERA
- ◊ CONCERTO
- ◊ HAMLET
- ◊ MANFRED
- ◊ MARCHE SLAVE
- ◊ MAZEPPA
- ◊ NUTCRACKER
- ◊ OPRICHNIK
- ◊ PIANO
- ◊ SERENADES
- ◊ SYMPHONY
- ◊ THE TEMPEST
- ◊ VIOLIN
- ◊ VON MECK
- ◊ VOTKINSK
- ◊ VOYEVODE

```
E V A L S E H C R A M N Y
K I N H C I R P O L B U N
E O T H P N E N F E J T O
Y S O A M T A S A X V C H
T A N M A P A R E A O R P
H R I L N P V A R N H A M
E E N E F V P W C D I C Y
T L A T R P O E U R M K S
E O O S E T R Y K A E E O
M H H Z D T R C E K R R V
P C A E O Z E N T V V I P
E M A M C M T E K S O I N
S E R E N A D E S L A D A
T S E O V O T K I N S K E
E T V L R P A N O H A A L
```

222 KITCHEN ITEMS

- ◊ COFFEE POT
- ◊ DRAINER
- ◊ FISH FORK
- ◊ FREEZER
- ◊ GRATIN DISH
- ◊ HOTPLATE
- ◊ JUICER
- ◊ KETTLE
- ◊ LADLE
- ◊ PIE DISH
- ◊ RAMEKIN
- ◊ SHELVES
- ◊ SIEVE
- ◊ STOVE
- ◊ STRAINER
- ◊ SUGAR BOWL
- ◊ TEACUP
- ◊ WHISK

```
K V S K H U L A T O R P L
S U U T S S K L V N A A T
I E G F R H I G X L D L O
H F A J I A E D G L L H S
W H R J M S I L E I S E H
Z S B U Z Q H N V I E E O
F I O I C O F F E E P O T
B D W C P I U P O R S G P
R N L E P U E U T R G A L
A I D R Z H C L X E K E A
M T Y E B K D A T X S N T
E A M E L S W G E T I I E
K R E N I A R D O T E W C
I G D V E S O V U V V K X
N L W R E Z E E R F E R C
```

223 SOCCER MATCH

D	S	E	H	C	N	E	B	P	W	E	U	O
R	O	R	M	K	V	G	E	A	L	S	T	A
A	U	E	Z	R	R	C	S	K	P	R	N	M
C	D	L	E	O	G	D	C	O	M	O	N	O
D	T	S	U	E	N	A	N	N	I	C	E	O
E	E	N	E	A	T	S	E	T	E	E	L	R
R	D	N	T	D	O	Z	A	D	F	I	P	G
S	C	S	R	R	I	M	I	P	N	A	I	N
H	N	A	S	S	R	S	L	E	S	G	T	I
E	H	H	G	O	F	A	S	S	E	R	C	S
O	I	A	F	F	Y	M	I	J	A	R	H	S
P	L	K	O	E	E	N	N	D	O	O	T	E
F	K	I	R	N	G	J	O	W	R	V	W	R
E	F	S	U	M	R	J	D	Y	C	P	W	D
S	L	A	O	G	L	S	I	W	A	V	L	A

◊ BENCHES
◊ CROWDS
◊ DRESSING ROOM
◊ FLAGS
◊ FORMATION
◊ GOALS
◊ GROUNDS
◊ LINESMEN
◊ OFFSIDE
◊ PASSING
◊ PITCH
◊ PLAYERS
◊ RED CARD
◊ RESERVE
◊ SIDES
◊ SPONSORSHIP
◊ STANDS
◊ TACKLE

224 KNITTING

E	B	U	U	E	C	A	I	D	I	G	A	E
D	T	L	N	A	H	E	E	M	A	H	S	S
I	P	U	A	P	U	R	E	U	C	E	W	E
K	T	L	N	N	N	S	G	E	P	A	S	N
O	B	E	A	P	K	E	S	I	I	U	T	N
O	R	D	P	I	Y	E	C	S	E	A	R	A
H	E	L	O	H	N	O	T	T	U	B	E	L
T	T	M	R	A	T	C	X	S	T	F	O	H
E	A	O	W	X	O	B	E	S	H	N	W	L
H	E	H	G	A	W	L	I	U	D	A	S	T
C	W	A	T	E	B	W	E	T	S	Z	W	R
O	S	N	P	A	T	T	E	R	N	B	O	L
R	P	K	C	F	A	H	E	R	I	W	H	Z
C	F	S	A	S	Z	F	E	P	S	S	S	H
G	S	E	L	D	E	E	N	R	R	X	E	R

◊ BLANKET
◊ BUTTONHOLE
◊ CABLE
◊ CHUNKY
◊ CROCHET HOOK
◊ GAUGE
◊ HANKS
◊ NEEDLES
◊ PATTERN
◊ PICOT
◊ PLAIN
◊ PURL
◊ ROWS
◊ SHAWL
◊ SWEATER
◊ TOGETHER
◊ TWIST
◊ WAISTCOAT

225 FLOWERS

- ◊ ANEMONE
- ◊ ANTIRRHINUM
- ◊ CANTERBURY BELL
- ◊ COWSLIP
- ◊ CROCUS
- ◊ DAHLIA
- ◊ DAISY
- ◊ IRIS
- ◊ LILY
- ◊ NIGELLA
- ◊ ORCHID
- ◊ OXLIP
- ◊ PEONY
- ◊ PINK
- ◊ STOCK
- ◊ VALERIAN
- ◊ VIOLET
- ◊ ZINNIA

```
D D C M Y K E L A R A I F
I H A V C N I G E L L A S
H U N O O Q U E S E R S F
C F T M T F C E M O O B Q
R S E Y E H K E X E Q K M
O N R U L A I L H A D U B
A G B N O I I A W R N N P
S N U P I P L U E I S J I
U N R E V K E B H C S Z L
C C Y O G Y O R W I R I S
O B B N A I R E L A V N W
R D E Y A I O C P V M N O
C G L K T E Y S I A D I C
E M L N E S C E N H F A C
T J A H A N S M K Y E R U
```

226 FRUITS AND NUTS

- ◊ ALMOND
- ◊ APRICOT
- ◊ AVOCADO
- ◊ CHERRY
- ◊ COCONUT
- ◊ LEMON
- ◊ MANGO
- ◊ MELON
- ◊ NECTARINE
- ◊ OLIVE
- ◊ PEACH
- ◊ PEAR
- ◊ PECAN
- ◊ PRUNE
- ◊ PUMPKIN
- ◊ RED CURRANT
- ◊ STRAWBERRY
- ◊ WHITE CURRANT

```
Y S J O K H N D G O X D M
R A R O D I N I K P M U P
R D H O O A W G J R G T J
E W H I T E C U R R A N T
B R E R O F Z O J C B W P
W F E N N W N L V J Y E U
A J R D I A J I I A A C T
R P I K C R F V L C H U A
T A Z E O U A E H E N X L
S H P G A M R T R O M X M
A G N R V Q P R C A U O O
Y A A A I R Y O A E O E N
M E P Y U C C C S N N X D
P X M N H N O L E M T C A
N B E I E Y X T H M L D R
```

227 SHOW JUMPING

K	V	E	E	V	H	L	A	S	U	F	E	R
S	H	E	Y	V	E	F	Y	E	J	E	B	M
P	C	I	R	H	M	M	E	N	A	T	Q	O
E	N	O	I	T	A	N	I	B	M	O	C	M
C	Q	W	P	X	I	M	I	C	L	B	T	E
T	O	U	C	H	N	C	A	Q	X	S	N	P
A	N	D	E	A	S	S	A	R	G	T	E	D
T	E	O	O	S	O	I	G	L	T	A	V	B
O	L	H	T	E	T	Z	S	R	Q	C	E	Y
R	B	S	O	N	H	R	A	T	E	L	B	H
S	A	S	A	O	I	I	I	C	S	E	I	P
T	T	R	R	D	L	M	X	A	R	O	S	O
K	S	S	E	E	D	M	D	O	N	F	P	R
A	E	E	R	N	K	L	U	A	B	F	R	T
S	E	B	K	H	A	K	E	E	B	L	Y	O

◊ ARENA
◊ BADMINTON
◊ BAULK
◊ COMBINATION
◊ EQUESTRIAN
◊ EVENT
◊ GRASS
◊ HORSES
◊ OBSTACLE
◊ POSTS
◊ REFUSAL
◊ SADDLE
◊ SPECTATORS
◊ STABLE
◊ TOUCH
◊ TRAILER
◊ TROPHY
◊ VERTICAL

228 MADE OF LEATHER

L	X	I	Q	J	N	T	Y	E	T	L	B	U
E	I	Q	Y	E	R	X	R	S	E	M	C	R
H	H	O	A	I	T	P	H	R	L	E	I	E
C	C	Z	K	H	C	E	O	U	T	C	C	T
T	A	S	U	J	A	N	S	P	N	D	A	S
A	M	E	V	T	E	E	Q	D	U	S	R	L
S	E	G	H	B	O	O	T	S	A	S	S	O
H	R	A	C	H	V	L	T	J	G	E	E	H
E	A	G	S	H	L	R	E	K	L	N	A	K
L	C	G	R	J	A	T	S	A	P	R	T	W
O	A	U	H	P	V	I	A	Y	S	A	W	A
A	S	L	S	M	K	W	R	I	G	H	X	L
G	E	P	B	A	S	K	E	T	B	A	L	L
X	Y	U	A	H	R	B	B	T	T	G	U	E
G	N	I	D	N	I	B	K	O	O	B	F	T

◊ BASKETBALL
◊ BOOK BINDING
◊ BOOTS
◊ CAMERA CASE
◊ CAR SEAT
◊ CHAIR
◊ GAUNTLET
◊ HARNESS
◊ HOLSTER
◊ LEASH
◊ LUGGAGE
◊ PURSE
◊ SATCHEL
◊ SHEATH
◊ SHOES
◊ SKIRT
◊ STRAPS
◊ WALLET

229 TICKETS

◊ ADMISSION	◊ LIBRARY
◊ AIRLINE	◊ ONE-WAY
◊ DANCE	◊ PARKING
◊ DECK CHAIR	◊ PLANE
◊ DRY-CLEANING	◊ RAFFLE
◊ ENTRANCE	◊ RAILWAY
◊ FERRY	◊ RETURN
◊ FUNFAIR	◊ SPEEDING
◊ GALLERY	◊ TRAIN

```
L N E E L A N E P H Y G P
D D R V Y D I E C R P R A
E R G U Y A O R A N E E R
C O Y R T I W R L C A C A
G H R C P E B L N I M D I
B E T O L I R A I P N D N
F P R U L E R R H A H E N
O O A G Y T A N S R R C O
Y R I S N F H N G K T K I
A R N E F I S M I I F C S
W M E L E R D Y H N G H S
E C E L A T E E S G G A I
N A T N L E A U E R K I M
O F U N F A I R G P E R D
E N A L P E G E T A S I A
```

230 LINKS

◊ ADHERES	◊ LIAISES
◊ ASSOCIATES	◊ MERGES
◊ BRIDGES	◊ PARTNERSHIPS
◊ CHAINS	◊ PLUGS IN
◊ CONNECTS	◊ RELATES
◊ COUPLES	◊ SPLICES
◊ FASTENS	◊ TEAMS UP
◊ FUSES	◊ UNITES
◊ JUNCTIONS	◊ YOKES

```
P Q S Y P C U B E T A S S
S A U N R U M A G F E E A
E O R E O S S S Y T S G U
K F R T U I P M A A B D S
O S A G N A T L A R M I N
Y T E S I E E C I E A R I
S C R O T R R D N C T B A
S E N A E E I S O U E A H
E N S S S R N U H T J S C
S N M U R A P S N I E H A
I O E A F L U C R E P U E
A C R S E T A I C O S S A
I H G S E R E H D A Y U T
L B E N I S G U L P I J L
Y P S B O T E A M S P U M
```

231 HOBBIES AND PASTIMES

V	R	I	D	I	N	E	A	S	E	G	K	W
N	O	T	N	I	M	D	A	B	D	N	Z	I
U	Y	E	S	L	U	U	U	A	H	I	S	S
G	N	I	I	K	S	G	N	S	S	V	K	T
R	U	F	G	T	G	C	R	E	W	A	I	A
G	V	F	I	N	I	N	M	B	A	E	P	T
P	N	J	I	N	I	A	I	A	S	W	P	T
M	U	I	G	S	G	N	G	L	G	W	I	I
J	R	Z	V	D	H	N	O	L	I	A	N	N
R	H	F	Z	A	I	I	I	O	J	A	G	G
I	I	E	E	L	C	A	N	W	L	P	S	M
L	F	D	W	S	E	N	U	G	E	L	U	E
I	N	O	I	T	O	S	E	F	E	S	A	N
N	B	R	I	N	D	L	K	R	I	M	R	B
G	E	I	N	A	G	U	B	C	R	O	C	N

◊ BADMINTON
◊ BALLOONING
◊ BASEBALL
◊ BOWLING
◊ CAVING
◊ DANCING
◊ FISHING
◊ JIGSAWS
◊ JU-JITSU
◊ MUSIC
◊ PUZZLES
◊ RIDING
◊ SAILING
◊ SEWING
◊ SKIING
◊ SKIPPING
◊ TATTING
◊ WEAVING

232 HAPPY

Y	D	E	T	A	L	E	T	Y	P	Z	Y	M
U	F	D	C	D	G	U	X	A	R	S	K	R
X	N	O	N	A	F	R	F	K	E	R	R	U
L	T	W	W	U	R	Q	I	R	K	B	E	P
U	N	C	O	N	C	E	R	N	E	D	P	M
F	O	K	V	R	J	O	F	U	N	E	Z	U
E	T	E	R	I	R	R	J	R	H	I	H	X
E	R	E	U	J	J	I	L	Z	E	H	N	C
L	X	Y	P	H	S	O	E	I	U	E	A	G
G	I	F	L	U	C	J	L	D	V	S	K	K
L	C	O	N	T	E	N	T	L	A	E	L	E
U	O	N	P	R	J	M	V	D	Y	L	L	E
C	Y	S	D	I	K	B	L	I	T	H	E	Y
K	O	T	Z	P	M	A	E	H	I	T	D	R
Y	V	A	U	V	T	N	A	Y	O	U	B	W

◊ BLITHE
◊ BUOYANT
◊ CAREFREE
◊ CHEERFUL
◊ CONTENT
◊ ELATED
◊ GLEEFUL
◊ GRINNING
◊ JOCUND
◊ JOLLY
◊ LIVELY
◊ LUCKY
◊ MERRY
◊ PERKY
◊ SUNNY
◊ UNCON-CERNED
◊ UNWORRIED
◊ UPBEAT

233 AIRPORTS OF THE WORLD

- ◊ ATATURK
- ◊ ATLANTA
- ◊ BANGKOK
- ◊ BARAJAS
- ◊ BEN GURION
- ◊ BERGEN
- ◊ DUBAI
- ◊ FRANKFURT
- ◊ GIMPO
- ◊ HANEDA
- ◊ KANSAI
- ◊ LOGAN
- ◊ MIAMI
- ◊ MUNICH
- ◊ NARITA
- ◊ NEWARK
- ◊ PRINCE GEORGE
- ◊ SKY HARBOR

```
T O L W O O N E S T V K C
B E N G U R I O N L E O D
R A G H K P L E O T I K E
H D E R B R G G Q S B G T
A N U U G R A U E I R N T
N M V B E N K W X O A A R
E Y U B A J Z A E T D B U
D A E N L I B G N N A E F
A G O R I W E A H S D R K
N T E V P C L Q G I A R N
A P R I N T H H G I U I A
R L M I A M I N H T M H R
I N R S A J A R A B N P F
T P Z A R G R T I E K A O
A G R O B R A H Y K S E H
```

234 DOUBLE F

- ◊ AFFAIR
- ◊ AFFECTED
- ◊ AFFIX
- ◊ BUFFALO
- ◊ COFFEE
- ◊ DIFFICULT
- ◊ EFFACE
- ◊ EFFLUX
- ◊ EFFORT
- ◊ FLUFFY
- ◊ GIRAFFE
- ◊ MIFFED
- ◊ STAFF
- ◊ STIFFLY
- ◊ STUFFING
- ◊ TARIFF
- ◊ WAFFLE
- ◊ WHIFF

```
D E T C E F F A T O U G F
B E Z A F S A E L J N F F
F F A T S E Q A F I J F A
E E F F O C F K F F A T N
R Z L A I F V F D T A S H
F T P F U F U T A D D C N
F F L B F T O F R R W A E
A F A U S A D F T O I D R
L O F I C E W A I E F G F
W I F F F I R Y F H G F N
C H A F Y I F B F U N A E
J C I P F L U F F Y F C Y
M M R F O C S T I F F L Y
T C F E F E O F I D I F N
T L E F F L U X F S A F F
```

235 E WORDS

```
E X N O I T A C O R B M E
C E E L E K J E E N L E X
T E X G L E X I T E O J T
O E E I A L G M N L E R O
P X E M T H S E I F Y T R
L P S E T S E S L Z S O T
A E D H C E R E R G S G D
S L U E T A P I C N A M E
M K I G Y G E Q W E P E J
E L L N G D N N K Q M U E
V Q O E U B O I I H O G L
E B E T F E N L T G C S T
E O E B M G H T Q A N H E
H H T N E I L L U B E E E
E S S S O B M E S E E P E
```

- ◊ EAGLE
- ◊ EATING
- ◊ EBONY
- ◊ EBULLIENT
- ◊ ECTOPLASM
- ◊ EIGHTH
- ◊ EKING
- ◊ ELKS
- ◊ EMANCIPATE
- ◊ EMBOSS
- ◊ EMBROCATION
- ◊ ENCOMPASS
- ◊ ENGINE
- ◊ EPEES
- ◊ ETUDE
- ◊ EXITS
- ◊ EXPEL
- ◊ EXTORT

---

236 SHORT WORDS

```
E F V S T R O H S T U C C
C U R T A I L E D H G T S
B J H Z E O Y S V J A U Y
C R I S P I B T C N O R V
N G R U F F N R T E X Q P
N E D D U S C C T L R Y T
T D V F H U Y R I L Z C J
T T Q Q R O U H A S E J Y
E J P S V O C C T R I P Z
F X O U C T O K I I P V I
Q R N S R N M D H A P L E
Y J I F I B P B N R P C G
R D R C K L A S C A N T Y
Z X L E S U C C I N C T D
H Z G Z X L T L R B F P R
```

- ◊ ABRUPT
- ◊ COMPACT
- ◊ CRISP
- ◊ CURSORY
- ◊ CURTAILED
- ◊ CUT SHORT
- ◊ DIRECT
- ◊ DIS-COURTEOUS
- ◊ GRUFF
- ◊ INCISIVE
- ◊ LACONIC
- ◊ PITHY
- ◊ SCANTY
- ◊ SHARP
- ◊ SNAPPY
- ◊ SUCCINCT
- ◊ SUDDEN
- ◊ TERSE

237 THINGS THAT CAN BE BROKEN

◊ ARCHES
◊ COMMAND-MENT
◊ COVER
◊ HABITS
◊ HOME
◊ NEWS
◊ PENCIL
◊ PIPES
◊ PROMISE
◊ RELATIONS
◊ RHYME
◊ ROCKS
◊ RULES
◊ SOUND BARRIER
◊ SPELL
◊ TOOTH
◊ TRUST
◊ WINDOW

E	R	E	I	P	A	Y	G	K	F	R	E	M
R	E	V	O	C	M	K	Z	N	Y	E	U	B
S	H	T	O	O	T	P	E	N	C	I	L	H
E	Y	P	S	M	U	W	E	S	T	R	M	W
P	S	C	C	M	S	V	T	A	B	R	E	S
I	K	Q	E	A	E	W	E	D	H	A	R	N
P	C	M	T	N	O	S	A	G	P	B	O	O
L	O	L	M	D	I	I	I	E	I	D	K	I
H	R	Q	N	M	A	S	Y	D	G	N	Y	T
A	E	I	O	E	R	J	B	L	G	U	P	A
B	W	R	O	N	E	E	L	Z	E	O	E	L
I	P	P	I	T	U	E	P	B	H	S	M	E
T	U	I	R	M	P	T	R	U	S	T	Y	R
S	A	E	Z	S	E	H	C	R	A	S	H	M
L	T	E	Y	D	I	E	S	E	L	U	R	A

238 STARTING OUT

◊ OUT-BASKET
◊ OUTBOUND
◊ OUTBUILDING
◊ OUTCROP
◊ OUTFACE
◊ OUTFALL
◊ OUTFIT
◊ OUTFLANK
◊ OUTGREW
◊ OUTGROWTH
◊ OUTLET
◊ OUTRUN
◊ OUTSPOKEN
◊ OUTSTRIP
◊ OUTWEAR
◊ OUTWEIGH
◊ OUTWIT
◊ OUTWORN

E	M	H	O	U	T	A	R	D	T	K	O	O
T	E	L	T	U	O	E	R	O	I	N	U	U
H	G	I	E	W	T	U	O	U	W	A	T	T
N	O	U	T	R	O	U	T	T	T	L	B	I
A	G	O	U	T	C	R	O	P	U	F	A	E
R	W	N	J	O	P	A	G	U	O	T	S	D
N	E	U	I	E	U	I	V	T	T	U	K	N
R	R	R	F	D	C	T	R	C	U	O	E	U
O	G	T	O	L	L	A	F	T	U	O	T	O
W	T	U	U	U	W	I	F	M	S	C	U	B
T	U	O	T	N	T	Q	U	T	T	T	O	T
U	O	D	E	O	F	W	P	B	U	U	U	U
O	U	T	S	P	O	K	E	N	T	O	O	O
T	I	F	T	U	O	L	M	A	T	U	N	D
O	U	T	E	T	T	U	O	M	R	E	O	L

239 BALLETS

```
L A E S M E R A L D A X V
I I A K J P A O U R I N X
Z A A I A F M V D O W O N
D Y T R R L A N O E B Q A
X N U I T O N F F Y O I O
B H Y D U X O A O L L E M
B Z N R O Q N T W E K R G
L O A I H P A H P S D E N
P N L B C N V P T S N D I
I E H E R Y O Q Y I N A L
T G W R R C I L D E A Y R
V I K I D O V N M Q X A E
D N C F L I O R I Q Z B Y
E D K B A W A G I N E A A
E T T E H C O L C A L L M
```

- ◊ *ANYUTA*
- ◊ *BOLERO*
- ◊ *CARMEN*
- ◊ *CHOUT*
- ◊ *COPPELIA*
- ◊ *FIREBIRD*
- ◊ *LA BAYADERE*
- ◊ *LA CLOCHETTE*
- ◊ *LA ESMERALDA*
- ◊ *MANON*
- ◊ *MAYERLING*
- ◊ *ONDINE*
- ◊ *ONEGIN*
- ◊ *PAQUITA*
- ◊ *RODEO*
- ◊ *SWAN LAKE*
- ◊ *SYLVIA*
- ◊ *TOY BOX*

---

240 ENTERTAINERS

```
J R N W O L C R E T S E J
K N A I C I G A M S I O U
R E W O R H T E F I N K G
S I N G E R B U J U S S G
F S R G E U O L K Q J I L
S I K E S D Q B M O L Q E
A T D K M T U M B L E R R
M C E D O R E F U I M D J
K R T D L G O S F R T A F
C F W R O E I F R T L N G
O L X O E O R R R N Z C X
M W T H N S Q N V E I E R
I S V I N O S K G V P R S
C I S K H N A I P S E H T
M T P U P P E T E E R I I
```

- ◊ ACTRESS
- ◊ BUSKER
- ◊ CLOWN
- ◊ COMIC
- ◊ DANCER
- ◊ FIDDLER
- ◊ ILLUSIONIST
- ◊ JESTER
- ◊ JUGGLER
- ◊ KNIFE-THROWER
- ◊ MAGICIAN
- ◊ PERFORMER
- ◊ PUPPETEER
- ◊ SINGER
- ◊ STOOGE
- ◊ THESPIAN
- ◊ TUMBLER
- ◊ VENTRILO-QUIST

241 TROPICAL FISH

◊ ARCHER FISH	◊ OSCAR
◊ DISCUS	◊ OTOCINCLUS
◊ FIREMOUTH	◊ PLECO
◊ FLYING FOX	◊ PUFFER
◊ FRONTOSA	◊ RASBORA
◊ GOURAMI	◊ RED PACU
◊ GUPPY	◊ ROSY BARB
◊ HARLEQUIN	◊ SCISSORTAIL
◊ KRIBENSIS	◊ SEVERUM

```
S U L C N I C O T O S A T
H T U O M E R I F C A H I
F I A S T P M R I E S G N
R N M D D U P S E I E I S
O A P A R I S L F F U R E
N S W E R O D R E Q F R T
T B V P R U E P E C A U I
O E R T E H O L C C O S P
S V A A C R R G S C S U A
A I B R B A E O O E R C R
L M A H H Y L D H A K S O
O J O R E L S S P D B I B
F L Y I N G F O X A V D S
Y P P U G V Q C R F C V A
Z W S I S N E B I R K U R
```

242 AT THE BEACH

◊ CHALET	◊ SEAGULL
◊ COVES	◊ SHELLS
◊ DUNES	◊ SHINGLE
◊ FLAGS	◊ SOFT SAND
◊ MUDFLATS	◊ SPRAY
◊ PARASOL	◊ SURFER
◊ PIER	◊ TIDES
◊ POOLS	◊ UMBRELLA
◊ SANDALS	◊ WAVES

```
T R W I R I T A R E S N S
A E C A E P E R U S B G E
L F T S I S O F T S A N D
L R W I P M P A L L L W K
E U D G D R H I F A M S N
R S U I C E A S E V O C E
B U N W M E S Y W I P S I
M B E Y A U N W P R O S T
U G S P E V D S O P A L E
I S E V O A E F O A C A L
T P U G G A G S L R S D A
S H I N G L E I S A V N H
F A B U V O G L G S T A C
Z S L L E H S N K O P S T
E L W T R M R A S L E L L
```

243 BEAUTY

H	S	I	L	O	P	L	I	A	N	N	E	E
H	A	N	P	R	T	S	M	E	A	R	V	Y
V	S	G	M	E	O	I	R	I	F	E	A	E
V	M	R	A	K	R	R	L	Y	C	S	W	S
T	W	X	E	J	R	F	R	P	O	N	T	H
L	W	A	R	L	I	Q	U	I	S	A	N	A
G	A	J	C	L	L	E	C	M	M	E	E	D
N	W	I	E	K	K	O	S	U	E	L	N	O
I	W	H	C	A	S	E	R	Y	T	C	A	W
B	O	M	M	A	H	H	E	E	I	D	M	M
M	S	E	I	S	F	L	A	A	C	E	R	D
O	E	R	U	C	I	N	A	M	S	F	E	G
C	T	R	X	N	Q	Y	J	H	P	W	P	N
T	B	S	E	S	S	C	I	S	S	O	R	S
I	R	R	R	U	S	H	E	H	B	B	O	E

◊ BRUSHES
◊ CLEANSER
◊ COMBING
◊ COSMETICS
◊ CREAM
◊ EYELINER
◊ EYESHADOW
◊ FACIAL
◊ MAKEUP
◊ MANICURE
◊ MIRROR
◊ NAIL FILE
◊ NAIL POLISH
◊ PERFUME
◊ PERMANENT WAVE
◊ ROLLERS
◊ SCISSORS
◊ SHAMPOO

244 YELLOW THINGS

S	E	N	U	D	D	N	A	S	N	G	I	K
N	S	D	L	T	O	C	D	E	H	R	B	S
E	O	A	R	L	E	R	E	O	I	O	S	U
E	B	M	E	A	A	Y	K	M	C	W	L	C
T	C	M	E	T	T	I	Y	E	B	W	A	O
H	E	E	S	L	G	S	H	L	J	I	T	R
E	A	U	G	R	W	T	U	X	A	C	E	C
S	M	S	H	N	N	V	M	C	S	O	P	H
E	T	H	N	O	O	U	U	N	M	P	D	I
E	U	Y	N	T	S	P	M	T	I	I	A	C
H	Z	R	A	T	H	E	S	U	N	L	O	K
C	O	I	E	U	U	I	W	L	E	S	W	S
C	Y	R	A	N	A	C	C	I	J	W	I	V
X	D	N	B	M	N	I	D	P	D	O	E	E
S	P	U	C	R	E	T	T	U	B	C	T	S

◊ BUTTERCUP
◊ CANARY
◊ CHEESE
◊ CHICKS
◊ CORN ON THE COB
◊ COWSLIP
◊ CROCUS
◊ CUSTARD
◊ JASMINE
◊ LEMON
◊ MAIZE
◊ MELON
◊ MUSTARD
◊ SAND DUNE
◊ SPONGE
◊ THE SUN
◊ TULIP
◊ WOAD PETALS

245 BALL GAMES

- ◊ BANDY
- ◊ BIRIBOL
- ◊ BOWLS
- ◊ CROQUET
- ◊ FIELD HOCKEY
- ◊ FIVES
- ◊ GOLF
- ◊ JAI ALAI
- ◊ LACROSSE
- ◊ PELOTA
- ◊ PING-PONG
- ◊ POLO
- ◊ POOL
- ◊ RUGBY
- ◊ SHINTY
- ◊ SQUASH
- ◊ ULAMA
- ◊ WIREBALL

```
F H F B P Z Y A H T Z L D
R S Z F I T B A N D Y O K
E A D U N V S L F Q R O B
Y U Q I G U M O O I J P O
E Q H J P P S B V L V I W
K S C A O F U I Q O O E L
C I F N N N A R J Q F P S
O X L J G L E I R M E C R
H O O A L L A B E R I W J
D H G I C R O Q U E T N A
L K Y A N R N X K T R L Y
E L G L A T O L E P U P S
I U L A M A B S D O G A A
F U A I G F X M S F B N K
Q U I C K N L E G E Y C U
```

246 BUILDINGS

- ◊ BAKERY
- ◊ CASTLE
- ◊ DEPOT
- ◊ GARAGE
- ◊ HOSTEL
- ◊ IGLOO
- ◊ KIOSK
- ◊ LIBRARY
- ◊ MONUMENT
- ◊ OBSERVATORY
- ◊ OUTHOUSE
- ◊ PLANETARIUM
- ◊ RESTAURANT
- ◊ SCHOOL
- ◊ SYNAGOGUE
- ◊ TEMPLE
- ◊ TOWER
- ◊ WINDMILL

```
E V L O O H C S T R E A S
D U W O M O N U M E N T P
H L L F A E E O T A C Y T
M G S Y N A G O G U E S R
I U Y R O T A V R E S B O
B F I R U N R O F I N L U
O A C R E S A E L P M E T
W O K M A E G E T E N H H
C M R E S T A U R A N T O
H R D H R D E C K P D O U
O E E A E Y B N A S L R S
S W V P A T E G A S O V E
T O O Y R A R B I L T I H
E T L L I M D N I W P L K
L L J T I P A L S A N X E
```

247 AROMATHERAPY

```
J B N P T I B E C W J E W
G H I J L F V T G O A E L
E N S O H O I B H R Q R H
E N R G L V O O R R E T L
S E G C C Q L Z R A H A M
N F Q L D H E N Y Y P E U
L K V S I J T R M Y U T I
E L K C U S Y E N O H L N
R P L I L E H A X P A U A
U Q J N G I S R N P T N R
A M Y N Z D U G O M X N E
L Q A A P A T Q E S V O G
O R N M Q K X G N H E N Q
O S O O D M A N G O G Y N
Q S Y N I M E L E P J W M
```

◊ CINNAMON
◊ CLOVE
◊ ELEMI
◊ ENGLISH ROSE
◊ GERANIUM
◊ HONEYSUCKLE
◊ JONQUIL
◊ LAUREL
◊ MANGO
◊ MYRRH
◊ NEROLI
◊ NUTMEG
◊ ORANGE
◊ PINE
◊ TEA TREE
◊ THYME
◊ VIOLET
◊ YARROW

248 VITAMINS AND MINERALS

```
N A M S U R O H P S O H P
A I N S T V A T O N I U M
D D T E S E N A G N A M P
M V E O U R V Y O O T B L
O C G R I R E F E R A S I
L E M I M B I P Z I B S N
Y N K U P I P N P I R O O
B I R X I V N R S O N P L
D D C G E N I L O H C C E
E O M A G N E S I U M I I
N I C A L O F L T P S T C
U P K D T C T R E C C R A
M E N I M A I H T S A I C
A A S T E R A U I R N N I
A B E R A Y R O M O V L D
```

◊ ADERMIN
◊ ANEURIN
◊ BIOTIN
◊ CALCIUM
◊ CHOLINE
◊ CITRIN
◊ COPPER
◊ FOLACIN
◊ IODINE
◊ IRON
◊ LINOLEIC ACID
◊ MAGNESIUM
◊ MANGANESE
◊ MOLYBDENUM
◊ PHOSPHORUS
◊ SELENIUM
◊ THIAMINE
◊ ZINC

249 SUPERMARKET SHOPPING

◊ AISLES
◊ BAKERY
◊ BASKET
◊ BRANDS
◊ CHECKOUT
◊ CHOICES
◊ COUPONS
◊ DAIRY
◊ DELICATESSEN
◊ DETERGENTS
◊ DRINKS
◊ OFFERS
◊ PRODUCE
◊ REWARDS
◊ SERVICE
◊ SIGNS
◊ VEGETABLES
◊ WINES

L	A	R	P	W	U	Y	O	E	F	E	R	S
S	U	G	E	G	R	H	C	G	S	C	Y	R
T	E	O	O	E	A	H	F	S	E	U	G	E
N	P	E	K	Y	E	D	D	M	N	D	Y	F
E	E	A	K	C	R	R	B	R	I	O	H	F
G	B	S	K	Y	A	I	E	R	W	R	D	O
R	G	O	S	W	T	N	A	A	A	P	S	M
E	U	Z	E	E	R	K	I	D	F	N	B	T
T	N	R	K	T	T	S	A	L	I	T	D	L
E	H	S	C	O	L	A	E	S	I	G	N	S
D	A	U	R	E	S	E	C	I	O	H	C	K
B	N	Y	S	E	R	V	E	I	S	G	L	N
N	M	V	E	G	E	T	A	B	L	E	S	E
E	E	G	J	S	E	R	V	I	C	E	I	T
S	N	O	P	U	O	C	E	A	W	K	D	J

250 ABRUPT

◊ BLUNT
◊ BRISK
◊ BROKEN
◊ BRUSQUE
◊ CRAGGED
◊ DIS-CONNECTED
◊ GRUFF
◊ HARSH
◊ ILL-TIMED
◊ JERKY
◊ QUICK
◊ ROUGH
◊ RUDE
◊ SNAPPY
◊ STEEP
◊ TERSE
◊ UNCIVIL
◊ UNFRIENDLY

U	D	O	Y	Z	Y	U	G	P	J	F	T	H
H	G	I	Y	L	M	Q	G	P	V	X	M	S
G	L	I	S	T	E	E	P	B	H	B	W	R
U	H	Y	A	C	G	E	R	L	Q	B	I	A
O	E	H	P	U	O	O	U	U	Z	L	Q	H
R	I	F	K	P	K	N	I	N	L	Y	V	S
A	L	U	G	E	A	C	N	T	F	X	S	M
K	D	I	N	R	K	N	I	E	K	I	P	M
K	E	Y	V	W	U	M	S	R	C	H	J	B
S	G	W	J	I	E	F	T	S	O	T	X	D
I	G	E	R	D	C	V	F	E	J	D	E	E
R	A	D	L	E	S	N	J	M	C	E	D	D
B	R	U	S	Q	U	E	U	V	K	U	J	E
Y	C	D	Y	L	D	N	E	I	R	F	N	U
E	S	Y	K	R	E	J	A	D	R	S	B	F

251 ABLE ENDINGS

E	L	B	A	E	L	B	A	E	E	E	E	A
P	L	I	A	B	L	E	X	L	L	L	L	E
E	L	B	A	N	U	B	E	B	B	B	B	B
L	L	V	A	A	S	L	A	A	A	A	A	E
W	E	B	V	S	B	S	Q	T	I	B	X	L
O	L	Y	A	A	U	P	F	E	R	E	A	B
R	B	Y	D	C	L	E	Q	M	A	O	T	A
K	A	N	X	E	I	U	R	I	V	A	P	R
A	E	E	A	K	A	L	A	T	E	H	B	A
B	A	B	K	B	Y	K	P	B	M	B	J	P
L	L	A	L	E	L	B	A	P	L	A	P	A
E	R	E	L	I	A	B	L	E	A	E	C	B
T	E	L	B	A	R	U	D	N	E	N	U	L
E	L	B	A	A	B	L	E	E	V	C	I	E
E	L	B	A	O	D	E	L	B	A	R	U	C

◊ BENDABLE
◊ CURABLE
◊ EQUABLE
◊ EXCUSABLE
◊ INAPPLICABLE
◊ PALPABLE
◊ PARABLE
◊ PLIABLE
◊ PORTABLE
◊ RELIABLE
◊ REUSABLE
◊ TAXABLE
◊ TIMETABLE
◊ UNABLE
◊ UNENDURABLE
◊ VALUABLE
◊ VARIABLE
◊ WORKABLE

252 DIAMONDS

R	U	N	L	A	B	E	L	K	B	L	E	M
C	O	V	E	C	A	T	V	K	J	L	Q	W
P	B	S	W	G	P	Q	I	X	B	C	B	E
E	R	N	E	J	M	T	H	A	U	J	V	S
F	L	C	J	C	N	I	U	K	R	N	K	S
A	O	Y	U	A	U	L	N	N	C	A	O	E
C	I	L	D	T	A	T	P	I	Y	B	H	N
E	E	N	W	V	T	U	Q	O	N	C	I	D
T	E	I	E	R	K	E	R	I	R	G	N	R
P	J	F	I	I	C	X	R	O	K	O	O	A
U	E	M	G	N	L	A	W	F	U	A	O	H
N	N	K	H	G	O	N	R	P	B	G	R	T
A	X	C	T	S	V	N	X	A	D	S	H	Y
P	E	R	U	Z	Z	I	C	U	T	F	R	E
U	J	O	O	T	A	Y	T	A	M	S	E	F

◊ CARATS
◊ CROWN
◊ CULET
◊ CUTTER
◊ FACET
◊ HARDNESS
◊ JEWEL
◊ KOH-I-NOOR
◊ MINING
◊ PENDANT
◊ PERUZZI CUT
◊ RINGS
◊ ROSE CUT
◊ ROUGH
◊ TIARA
◊ UNCUT
◊ VALUABLE
◊ WEIGHT

253 WISE WORDS

◊ CAREFUL
◊ CIRCUMSPECT
◊ CLEVER
◊ ERUDITE
◊ INSIGHTFUL
◊ KNOWING
◊ LEARNED
◊ MINDFUL
◊ OBSERVANT
◊ OWLISH
◊ PRUDENT
◊ RATIONAL
◊ SAPIENT
◊ SENSIBLE
◊ SHARP
◊ SHREWD
◊ TUTORED
◊ WISDOM

L	U	P	B	P	C	T	N	E	D	U	R	P
U	C	E	A	P	R	L	R	S	P	B	A	H
F	V	S	A	P	E	A	E	W	I	E	B	H
D	E	Y	M	A	T	P	H	V	W	H	T	D
N	T	N	R	I	K	T	C	S	E	N	T	L
I	Z	N	O	U	N	S	O	M	A	R	C	U
M	E	N	K	E	S	H	E	V	B	H	E	F
D	A	L	I	N	H	R	R	E	G	T	P	T
L	B	P	B	E	O	E	U	I	G	U	S	H
H	A	E	N	I	S	W	D	I	H	T	M	G
S	E	C	Y	B	S	D	I	W	E	O	U	I
S	Y	G	O	H	D	N	T	N	D	R	C	S
L	U	F	E	R	A	C	E	S	G	E	R	N
T	N	E	D	U	R	E	I	S	F	D	I	I
W	A	H	S	I	L	W	O	I	S	H	C	I

254 RED THINGS

◊ APPLE
◊ BLOOD
◊ CAMPION
◊ CLARET
◊ CORAL
◊ CRANBERRY
◊ GRAPE
◊ HEART
◊ KETCHUP
◊ LIPSTICK
◊ LOBSTER
◊ PEPPER
◊ PLUMS
◊ POPPY
◊ ROUGE
◊ RUBY
◊ TOMATO
◊ TRAFFIC LIGHT

P	U	H	C	T	E	K	X	Y	I	X	E	Z
L	E	G	U	O	R	G	B	A	E	Q	Z	L
A	F	P	N	S	G	U	A	O	N	W	N	T
R	L	S	P	Q	R	N	S	T	E	U	T	H
O	A	X	E	E	O	W	M	A	J	U	D	G
C	T	A	C	I	R	X	B	M	P	C	D	I
Y	E	Q	P	D	B	T	T	O	F	O	W	L
G	R	M	U	P	R	P	H	T	O	R	K	C
G	A	R	Z	A	L	O	L	L	E	U	C	I
C	L	Q	E	U	Q	E	B	T	P	M	I	F
B	C	H	M	B	K	E	S	Y	A	A	T	F
D	G	S	E	I	N	B	B	O	R	T	S	A
P	O	P	P	Y	O	A	P	R	G	P	P	R
U	X	O	Z	L	J	O	R	G	M	N	I	T
R	R	E	U	F	Y	T	Z	C	I	I	L	Q

255 HARD WORDS

D	U	K	C	A	R	I	S	M	A	N	E	L
N	J	E	Y	T	N	I	L	F	Z	D	E	B
O	N	E	A	G	X	G	G	U	E	S	J	T
M	F	F	L	U	G	U	N	T	U	O	T	S
A	R	W	L	N	R	F	A	I	J	M	Z	E
I	O	G	I	F	E	C	O	K	Y	Y	H	L
D	N	R	B	E	I	G	Y	Y	K	R	N	B
R	I	G	L	L	X	R	O	C	K	Y	T	A
T	I	I	P	E	O	B	I	V	V	V	A	R
Y	N	M	Y	B	K	R	L	T	T	H	U	U
G	O	I	M	L	T	A	I	R	P	Y	S	D
C	T	U	S	C	E	V	I	G	N	T	T	T
I	N	E	E	B	I	E	N	O	I	M	E	N
H	E	A	V	Y	T	J	T	F	L	D	R	O
R	I	Y	S	T	Y	S	F	S	S	C	E	C

◊ AUSTERE
◊ BRAVE
◊ COMPLICATED
◊ DIAMOND
◊ DURABLE
◊ FLINTY
◊ HEAVY
◊ NUMB
◊ RIGID
◊ ROCKY
◊ STEELY
◊ STIFF
◊ STONY
◊ STOUT
◊ TIRING
◊ TRICKY
◊ TRYING
◊ UNFEELING

256 SAILING

T	C	U	Z	B	I	C	S	D	H	R	J	T
E	B	I	N	N	A	C	L	E	Z	E	Y	N
K	B	T	O	W	I	N	G	J	D	H	M	B
C	N	B	L	E	U	T	E	Q	F	I	T	Q
A	X	I	I	Q	R	G	I	L	F	G	T	E
J	L	I	V	N	D	C	N	N	N	J	T	T
E	S	K	L	I	G	S	B	I	H	N	A	A
F	H	B	R	F	X	A	S	H	G	U	C	T
I	M	B	R	H	S	I	C	L	E	G	K	D
L	V	A	X	N	U	T	B	S	Y	C	I	H
V	H	O	I	R	I	L	R	P	E	F	N	R
W	T	B	C	P	H	U	F	R	Q	D	G	V
Y	A	C	H	T	O	E	W	A	R	G	S	T
C	R	N	A	C	H	A	L	Y	A	R	D	I
H	D	N	Y	W	U	M	A	M	C	A	V	J

◊ BINNACLE
◊ BRIDGE
◊ CABINS
◊ COURSE
◊ CRUISING
◊ EBBING
◊ HALYARD
◊ HELM
◊ LIFE JACKET
◊ PITCH
◊ RIGGING
◊ SPRAY
◊ TACKING
◊ TIDES
◊ TOWING
◊ WHARF
◊ WRECK
◊ YACHT

257 BODIES OF WATER

- ◊ ADRIATIC
- ◊ ARABIAN SEA
- ◊ ARAL SEA
- ◊ BAFFIN BAY
- ◊ BASS SEA
- ◊ CORAL SEA
- ◊ FLORES SEA
- ◊ IRISH SEA
- ◊ KARA SEA
- ◊ KIEL BAY
- ◊ KORO SEA
- ◊ LOCH NESS
- ◊ NORTH SEA
- ◊ PANAMA CANAL
- ◊ RAMSEY BAY
- ◊ RED SEA
- ◊ TASMAN SEA
- ◊ WHITE SEA

```
L A N A C A M A N A P E N
K Y K I E L B A Y E S K K
F A E S H S I R I E L I S
R B L A K F O A A N A R S
O Y A E S S E R O L F Y E
A E E R E W T R O X H A N
E S A A A A T H A K R B H
S M K E E H R A S A E N C
A A E S S S A B B A R I O
R R T E N L E I S F T F L
A E A V A A A T E A B F Y
K D D L M N Y R I E L A C
M S B E S I J R O H L B V
E E S E A E D E L C W F H
R A A D T A A U E S E A M
```

258 THINGS WE LOVE

- ◊ BUTTERFLIES
- ◊ CAROLS
- ◊ CHILDREN
- ◊ CHOCOLATE
- ◊ DANCING
- ◊ FRIED ONIONS
- ◊ FRUIT
- ◊ GRANNY
- ◊ HOT DOGS
- ◊ JELLY
- ◊ LAUGHING
- ◊ MUSIC
- ◊ OLD MOVIES
- ◊ POETRY
- ◊ PUZZLES
- ◊ ROSES
- ◊ SLEIGH BELLS
- ◊ THE BEACH

```
E T A L O C O H C N P W J
B D T M I C J U T U H W S
G U L Y R E S T Z F Z J L
M G T N O I C Z Q C K E L
C N F T S L L A H E Y L E
I I R Q E E D I R N D L B
S C I T S R L M N O P Y H
U N E E I D F A O O L X G
M A D Z R U R L E V Q S I
I D O E R G R T I D I Q E
E T N F J X R F T E D E L
L Y I E A Y Z W K C S C S
S G O D T O H I N P U K H
G B N V F G N I H G U A L
D C S H C A E B E H T I B
```

259 SPRING BOUQUET

```
M L X Y T Q X G S T Y R G
L A A W W J V E Z T C U G
I M R L B F A B J X S E N
R B R C F D N F U T A E K
P S D D H H A E Y N F Y N
A V S M Z H W F E V N W D
H J I X O K Y M F R I Y W
S T O O H S O A V O G U I
C Q M J L N S F C K D T D
P A N R E E Z O E I K I W
D M T H A H T L L V N Q L
N B Z K O W S S W B E T Q
A K Y H I R A E X A T R H
S I K I R N D R R B Z S T
L M Z E F G S F G F N W F
```

◊ ANEMONE
◊ APRIL
◊ BLOSSOM
◊ BUNNY
◊ CATKINS
◊ DAFFODIL
◊ FEVER
◊ FRESH
◊ GREEN
◊ GUSTY
◊ HYACINTH
◊ LAMBS
◊ MARCH
◊ MAY
◊ NESTS
◊ SHOOTS
◊ VIOLETS
◊ WARMTH

260 GARDENING

```
S I R N X N S L A T E P L
I F V A C N O V G Z S T E
A E L L I V N I A G U O B
A F A I O F I H N Y O D A
A L E H O V N W E O M Q L
N K I O K A A N J N R M B
T O I O H L O G O V M A C
I G E A S E T M E O O R D
R N F K O G M B R L S G R
R I I K T I K Z O E S U O
H N G S S E P T A M O E R
I U S R D W F E J K L R N
N R E A L X Q L A M B I W
U P T E L U A Z T C V T J
M X P P S E S O R P H E K
```

◊ ANTIRRHINUM
◊ BLOSSOM
◊ BOUGAINVIL-LEA
◊ FIGS
◊ FLAX
◊ LABEL
◊ LAWN
◊ LOVAGE
◊ MARGUERITE
◊ ONION
◊ PEACH
◊ PEARS
◊ PERSIMMON
◊ PETALS
◊ PRUNING
◊ ROSES
◊ SOIL
◊ WEIGELA

261 PHOTOGRAPHY

- ◊ APERTURE
- ◊ CABLE
- ◊ CAMERA
- ◊ CASSETTE
- ◊ DEFINITION
- ◊ FILTER
- ◊ FOCUS
- ◊ MEMORIES
- ◊ MONOCHROME
- ◊ PICTURES
- ◊ PINHOLE
- ◊ PRINT
- ◊ SEPIA
- ◊ SHOTS
- ◊ SPOOL
- ◊ STOP BATH
- ◊ STROBE
- ◊ STUDIO

```
S E R U T C I P U H S V M
T E T D E F I N I T I O N
S L G T C H A S U A G Y S
E B L D E T E D Z B I U A
E A I H A S I C T P C O E
L C T E A O S W J O I G R
O O L F M E V A F T F G U
H A O T O O J H C S R A T
N R A P C A R U A E E S R
I E F R S S U H M I T G E
P M C I G H B S C R R Y P
S A O N L O N E O O J H A
A C I T B T R B M M N N U
T A I P E S E O O E T O V
T D M E T A R R J M E P M
```

262 STRAITS

- ◊ BANGKA
- ◊ BASS
- ◊ BELLE ISLE
- ◊ BERING
- ◊ BOSPORUS
- ◊ CANSO
- ◊ COOK
- ◊ DOVER
- ◊ GIBRALTAR
- ◊ HECATE
- ◊ KARA
- ◊ KERCH
- ◊ MAGELLAN
- ◊ MENAI
- ◊ ORESUND
- ◊ OTRANTO
- ◊ PALK
- ◊ TARTAR

```
O H E C A T E O X V V A E
K A P L X X S S X B O T W
W E K H S N R S M Q P H F
H Q R G A I W I A N E M Z
W R X C N F E T G O Z A K
A A B C H A P L E R V R N
B T K O O C B A L G G A O
R R C K S E H W L E I K F
N A O O R P C R A K B H P
B T I I T J O H N D R X T
B A N M K N L R Q Y A D E
N G S Q U I A H U G L O U
O G C S Y Y E R H S T V R
M A K C U O J Q T I A E D
M G B D N U S E R O R R H
```

263 RIVERS OF BRITAIN

```
I R A S D C J R O R A X E
T E D E S T A S S N D L X
A B J B W M I Y J G C Y B
W M M U A N O R R A C A L
I U N T L K I R I R O W N
D H Y K E D B F I K W D H
O A L C S E A F I S O E A
V J I S U S G I D E T M S
E M H G O K E N N E T O E
Y A D J T Q M D B S E N N
E H B R A W P H Q V R W H
W T Z T E U Q O C I E D T
O I X A R N P R A O A R N
F W R Q G E A N E A G Y V
C T N E W R E D Z E D U A
```

- ◊ CARRON
- ◊ COQUET
- ◊ DERWENT
- ◊ DOVEY
- ◊ FINDHORN
- ◊ FOWEY
- ◊ GREAT OUSE
- ◊ HUMBER
- ◊ KENNET
- ◊ MEDWAY
- ◊ MORISTON
- ◊ NAIRN
- ◊ SWALE
- ◊ TAMAR
- ◊ TEIFI
- ◊ TWEED
- ◊ WEAR
- ◊ WITHAM

264 INDIAN TOWNS AND CITIES

```
A R U P H D O J A U R R M
F A R I N A E M L V U E A
B L A D L L U Y U P E T L
J A J S P M L E D R A M E
G Y R U B L N E U L D T G
A J N A I D H T I V L G A
R E I E B S S P O A K F O
I R R B M A A T P E G J N
D A U A H R N O K R R O I
B X J P A N H K O O E B T
S D G M Z B P J I D C M F
U Z B D F E A A W N H H E
R A S C H C T R E I E R I
A E E G P A N A J I O R X
T J A I S N A H J O L S A
```

- ◊ BARABANKI
- ◊ BAREILLY
- ◊ BHOPAL
- ◊ INDORE
- ◊ JAMSHEDPUR
- ◊ JHANSI
- ◊ JODHPUR
- ◊ KOCHI
- ◊ MALEGAON
- ◊ MEERUT
- ◊ MUMBAI
- ◊ PANAJI
- ◊ PATNA
- ◊ PUNE
- ◊ RAJKOT
- ◊ SURAT
- ◊ TALIPARAMBA
- ◊ TEZPUR

265 PLAN

◊ FORMULA
◊ FRAME
◊ ILLUSTRATION
◊ INVENT
◊ MASTERMIND
◊ MEANS
◊ METHOD
◊ OUTLINE
◊ PATTERN
◊ PROCEDURE
◊ PROJECT
◊ RECIPE
◊ ROAD MAP
◊ SCHEME
◊ SHAPE
◊ SKETCH
◊ SYSTEM
◊ WAY

```
W H I N O D H C T E K S W
M K E S A L U M R O F A M
G A H N T N V I S O Y J E
I P S Y E R U D E C O R P
L L R T I E M A R F M N I
S C L O E N J G E A E R C
Y A F U J R V G E X T U E
S E V J S E M E G W H A R
T Y S I L T C I N L O G O
E E X H X T R T N T D H A
M M J B A A A A X D T D D
E E E E I P C G T O N L M
M Z A H J K E M M I T D A
W T C N C U V Y O Q O Z P
E C A R S S O U T L I N E
```

266 US STATE NICKNAMES

◊ BEAVER
◊ EMPIRE
◊ EQUALITY
◊ GOLDEN
◊ GRANITE
◊ GREEN MOUNTAIN
◊ KEYSTONE
◊ LONE STAR
◊ OCEAN
◊ OLD LINE
◊ PEACH
◊ PINE TREE
◊ PRAIRIE
◊ SHOW-ME
◊ SILVER
◊ SOONER
◊ SUNFLOWER
◊ TREASURE

```
A R E K W I E G M E L F G
V M T E S I G Y E E B P I
E M R S R Z R R E V M R U
U X E I O T E R I P M E R
H C A E P O E O F M I W U
N R S R E R N N Y N B O Y
P R U E W N M E I C E L Y
E A R V B G O J R P A F T
M U E L Y R U T U E V N I
W N E I G A N W S A E U L
O W A S O N T I M Y R S A
H C C R L I A B E D E A U
S Z E U D T I E M S T K Q
Y G E A E E N I L D L O E
E M L O N E S T A R Y E N
```

267 AUCTION

A	G	G	T	N	P	P	E	G	S	L	G	A
G	W	U	R	E	Q	A	D	D	E	N	S	S
Q	S	I	M	P	N	T	E	C	I	R	P	U
T	T	D	T	I	I	R	Y	W	T	U	V	A
N	Y	E	H	H	A	C	E	A	S	U	Y	Y
E	L	C	J	R	D	I	T	T	B	V	E	T
M	E	X	I	T	V	R	O	U	N	P	H	M
E	D	T	S	B	V	L	A	G	R	I	M	E
T	Y	E	A	J	B	A	O	W	T	E	G	D
I	H	R	A	W	E	L	M	Y	N	L	C	A
C	T	V	I	L	N	U	A	F	U	E	E	L
X	H	A	M	M	E	R	O	W	J	V	D	S
E	W	E	R	D	A	R	E	T	B	A	L	J
O	S	I	J	R	O	S	R	A	P	G	R	F
G	R	E	E	N	O	I	T	C	U	A	E	S

◊ AUCTIONEER ◊ JARS
◊ CHEST ◊ LOTS
◊ CHINA ◊ MEDALS
◊ DEALER ◊ PICTURE
◊ EXCITEMENT ◊ PRICE
◊ GAVEL ◊ RARITY
◊ GUIDE ◊ STYLE
◊ HAMMER ◊ VIEWING
◊ INTERNET ◊ WITHDRAWN

268 BAD PEOPLE

S	U	J	H	R	E	L	Z	Z	E	B	M	E
L	E	V	A	N	K	U	T	A	N	N	C	W
I	R	A	L	J	R	A	L	G	R	U	B	E
E	D	L	C	S	I	U	M	E	R	K	C	S
R	L	U	H	N	S	E	S	D	T	N	Q	L
R	E	K	L	A	T	S	Y	T	E	H	C	S
C	O	E	H	E	A	H	L	F	L	Y	U	S
L	R	V	U	P	Y	X	L	M	X	E	G	G
R	V	O	S	G	V	M	U	G	G	E	R	P
J	V	E	O	T	O	F	B	Z	B	E	J	M
C	R	J	H	K	E	R	O	B	B	E	R	U
T	H	I	Z	L	R	O	T	I	A	R	T	S
E	E	E	O	G	H	S	R	Q	A	H	B	O
F	C	N	A	V	B	B	F	F	W	Z	Q	I
M	R	I	N	T	G	C	Y	V	H	F	Y	B

◊ BRIBER ◊ MUGGER
◊ BULLY ◊ ROBBER
◊ BURGLAR ◊ ROGUE
◊ CHEAT ◊ RUSTLER
◊ CROOK ◊ STALKER
◊ EMBEZZLER ◊ THIEF
◊ FELON ◊ THUG
◊ FENCE ◊ TRAITOR
◊ KNAVE ◊ TRESPASSER

269 PHONETIC ALPHABET

- ◊ ALPHA
- ◊ BRAVO
- ◊ CHARLIE
- ◊ DELTA
- ◊ FOXTROT
- ◊ HOTEL
- ◊ INDIA
- ◊ JULIET
- ◊ NOVEMBER
- ◊ OSCAR
- ◊ QUEBEC
- ◊ ROMEO
- ◊ SIERRA
- ◊ TANGO
- ◊ UNIFORM
- ◊ VICTOR
- ◊ WHISKEY
- ◊ YANKEE

```
P E P R A R A J U L I N Z
T E I L U J T B A N F E A
F U P A H D E L T O N T H
S H E N R V I C T V K A U
A I D N I R A T L E D N R
B U E C E B E U Q M Z G O
E T P E D U W I R B C O A
I I U A K Y E R S E E Y I
L W Y P H N R Z O R A E N
R A C S O C A F W T J K D
A N D V W H I Y W U C S E
H E A X O H O T E L D I T
C R M R O F I N U U B H V
B F C H Z B O E M O R W U
P G T O R T X O F O M E O
```

270 FISHING

- ◊ ANGLERS
- ◊ BAIT
- ◊ BARNACLE
- ◊ BEACH
- ◊ CATCH
- ◊ ESTUARY
- ◊ FLOATS
- ◊ LOACH
- ◊ MACKEREL
- ◊ MARKS
- ◊ MULLET
- ◊ NETS
- ◊ PATERNOSTER
- ◊ RAGWORM
- ◊ SHARK
- ◊ SQUID
- ◊ TRACE
- ◊ TROUT

```
O D C E S A R E E T R E T
W I I F U I C S T I A B H
U U M R A A D R N E S C U
S Q R E R E B E D E T R G
T S O T J S L L C A R L G
E P W S R C K G C R M S N
N Q G O A O D N D I S E A
N H A N C M U A G H H T L
S C R R S D V T C A A E E
K A G E S T U A R Y R L M
B O M T P D E B D E K L A
F L E A T B S A K C A U N
I T T P R U M C O J S M A
C A Y Z G K A R M E S N D
P A R P C M S S T A O L F
```

271 BRITISH MONARCHY FIRST NAMES

```
Z A N S E N M E M H A N E
S P E D A I H S O G O K M
A E E E R L N E A R A Z B
U D S T D R O E N E L E H
F Z U R E C D H G R I G C
M I H R S R Q B C U Y R X
A Q L E A D H N B I E O B
R N M W L O U I S E N E X
Y A D A V I D M N H A G N
J E S R Q E L N W T D W A
E A R D E Y A G R E F R A
R J M F N W B I O A T V N
M E G H A N C K W H T V G
M J E D P E S Q U G W I U
P I L A N F A R U H C S S
```

◊ ANDREW ◊ HELEN
◊ ANGUS ◊ HENRY
◊ ANNE ◊ JAMES
◊ ARTHUR ◊ LOUIS
◊ BEATRICE ◊ MARY
◊ DAVID ◊ MEGHAN
◊ EDWARD ◊ NICHOLAS
◊ EUGENIE ◊ PETER
◊ GEORGE ◊ ZARA

272 IRONING

```
I W I N U P E H A C C D F
S T A N D R L W E Y R Z K
A N B Y O G F E O A E Q L
Y E Y H J L R Y O R T J I
E S C L A A H B U I C E S
A Y C T O M G T R J L Z D
N W T O S N A S N E M S N
E E D W I R H E C A P E A
N H O N E S P T T R H A G
I E O P A G R E A S Y M E
L R M H I I R Y D A R S C
I E A L C I W M L R A E U
T A N I A T E O I P O P F
I T T L U K A R O E T C F
O Y T H G I L T O L I P S
```

◊ CHORE ◊ NYLON
◊ CORD ◊ PILOT LIGHT
◊ CUFFS ◊ SEAMS
◊ ELECTRICITY ◊ SILK
◊ FLATTEN ◊ SPRAY
◊ HEATED ◊ STAND
◊ IRONING BOARD ◊ STEAM
◊ LINEN ◊ TEMPERATURE
◊ MATERIAL ◊ WOOL

273 PETERS

- ◊ COOPER
- ◊ CUSHING
- ◊ FALK
- ◊ FINCH
- ◊ FONDA
- ◊ GREENE
- ◊ HANDKE
- ◊ MANSFIELD
- ◊ O'TOOLE
- ◊ PIPER
- ◊ ROGET
- ◊ SARSTEDT
- ◊ SEEGER
- ◊ SHAFFER
- ◊ SKELLERN
- ◊ STUYVESANT
- ◊ TORK
- ◊ YARROW

```
S A K E G R A S K L A F E
F T L M E R A U P E L N R
I R U P A R E M R I O R E
N V I Y D P W E P U R E F
C P T Y V K G H N S O L F
H A O F N E D I M E Y L A
C O O P E R S A S A R E H
A A H S F T N A R E O K S
R E S O A S K R N K G S F
T A N J F H O O F T E A N
P D V I A W A J T K T E R
A B E Z E R F N C S R K C
G L S A R S T E D T Y O V
D E L O O T O S G K D D T
H P C U S H I N G J E T E
```

274 ORCHESTRAL MUSIC

- ◊ CHAMBER
- ◊ CHORUS
- ◊ COMPOSER
- ◊ CONCERT
- ◊ CONDUCTOR
- ◊ DINNER JACKET
- ◊ INTERVAL
- ◊ KETTLEDRUM
- ◊ LEADER
- ◊ LITHOPHONE
- ◊ PERCUSSION
- ◊ PICCOLO
- ◊ ROSIN
- ◊ SCORE
- ◊ SOPRANO
- ◊ STRINGS
- ◊ TROMBONE
- ◊ TUNING

```
C N E E A S T R I C T I O
T O A W N E N A R S O S U
E Y N G R O F I O W G U D
K R I C R G B E S N I E Q
C E F N E O M M I O N U L
A S T O T R T R O O R E N
J O U T O E T C H R A M O
R P C R L S R P U D T G I
E M A M O E O V E D N O S
N O R I B H D R A I N L S
N C E M T S C R N L U O U
I P A I C D K U U H E C C
D H L O C G T J D M R C R
C V R P E T R A C T M I E
E E K S O N A R P O S P P
```

275 QUICK WORDS

G	N	O	H	C	T	A	C	O	T	S	A	S
N	S	E	Z	O	R	F	M	B	V	S	R	Q
I	E	N	R	D	D	E	R	C	S	D	E	O
R	A	Y	A	T	E	E	L	E	P	C	F	E
I	R	L	R	Q	A	T	T	E	O	P	G	Z
F	O	I	A	K	D	S	H	T	A	Y	T	E
W	C	Z	T	P	Z	G	R	G	I	S	F	E
K	E	A	H	J	S	Z	R	E	I	W	E	R
T	V	G	I	N	R	U	T	E	R	S	J	F
G	L	A	N	C	E	V	L	H	V	M	W	A
Y	G	L	K	A	R	E	D	A	O	L	N	S
G	U	U	I	T	H	O	R	E	I	R	I	R
K	K	N	N	V	L	C	K	H	O	E	T	S
F	Y	C	G	O	P	T	D	H	E	A	G	S
D	E	H	C	R	A	M	T	R	E	E	Z	E

◊ ASSETS
◊ BREAK
◊ CHANGE
◊ FIRING
◊ FREEZE
◊ GLANCE
◊ LOADER
◊ LUNCH
◊ MARCHED
◊ RELEASE
◊ RETURN
◊ SIGHTED
◊ SILVER
◊ THINKING
◊ THORN
◊ TO CATCH ON
◊ TRICK
◊ WITTED

276 TASTES

B	I	M	T	P	S	A	R	I	E	N	R	C
Y	A	C	E	R	I	A	E	M	Y	M	E	O
U	U	T	H	A	T	Q	A	N	Y	S	T	L
I	P	M	S	Y	T	I	U	R	F	P	T	E
R	S	L	M	A	T	Y	D	A	E	R	I	Y
Y	B	L	O	Y	E	N	N	I	N	D	B	A
G	C	I	K	O	U	S	A	T	C	T	R	I
N	M	C	Y	A	F	I	L	N	O	N	S	A
A	E	L	A	T	S	G	B	T	P	I	A	O
T	N	T	Y	T	T	U	N	E	I	N	G	R
S	T	R	I	H	S	N	P	O	G	N	E	Q
S	A	P	I	D	S	P	D	I	R	C	A	U
Y	S	H	A	C	E	I	I	Y	C	T	R	A
Y	M	A	E	R	C	R	F	C	E	D	S	N
N	I	S	Y	E	L	A	M	P	Y	E	L	T

◊ ACRID
◊ BITTER
◊ BLAND
◊ CREAMY
◊ FISHY
◊ FRUITY
◊ MEATY
◊ NUTTY
◊ PEPPERY
◊ PIQUANT
◊ RANCID
◊ SAPID
◊ SMOKY
◊ SPICY
◊ STALE
◊ STRONG
◊ TANGY
◊ YUMMY

277 FAMOUS FRENCH PEOPLE

- ◊ BARDOT
- ◊ BINOCHE
- ◊ BRAILLE
- ◊ CALVIN
- ◊ CHAGALL
- ◊ COMTE
- ◊ CRESSON
- ◊ DE GAULLE
- ◊ DELORS
- ◊ DIOR
- ◊ DUMAS
- ◊ FRANCK
- ◊ LACOSTE
- ◊ PIAF
- ◊ RODIN
- ◊ SARKOZY
- ◊ VALLS
- ◊ VERNE

A	R	G	R	O	L	F	A	V	M	U	L	E
I	K	O	O	S	Y	L	S	P	A	M	P	N
E	S	A	I	D	E	G	A	U	L	L	E	F
L	N	E	D	E	T	Q	M	G	W	J	L	D
L	F	I	T	O	Q	V	U	I	A	J	F	S
I	W	R	D	F	W	S	D	X	R	H	A	O
A	F	R	A	O	N	O	S	S	E	R	C	A
R	A	C	H	N	R	K	B	O	K	K	A	D
B	P	Z	H	O	C	I	S	O	E	V	L	R
G	F	I	N	S	N	K	Z	T	H	V	V	U
E	E	Y	A	O	R	Y	S	C	T	C	I	A
B	U	N	C	F	C	O	M	T	E	T	N	M
O	R	H	D	D	C	M	L	E	N	R	E	V
R	E	R	N	A	N	Y	B	E	D	C	J	P
I	M	Y	L	S	E	R	S	Y	D	Y	A	T

278 ARCHERY

- ◊ BRACER
- ◊ CHESTED ARROW
- ◊ CHRYSAL
- ◊ DRAWING
- ◊ DRIFT
- ◊ FAST
- ◊ HOLDING
- ◊ HORNS
- ◊ KISSER
- ◊ LOWER LIMB
- ◊ MARK
- ◊ NOCKS
- ◊ RELEASE
- ◊ SAP WOOD
- ◊ SHOT
- ◊ SLING
- ◊ TARGET
- ◊ YEW

U	K	J	O	T	G	H	T	B	H	G	G	X
I	I	J	O	J	R	F	M	W	B	N	W	V
E	S	H	S	E	I	I	E	O	Q	O	Z	C
F	S	K	C	R	L	R	L	R	R	L	J	M
J	E	A	D	R	G	F	T	R	N	M	A	V
W	R	D	E	P	A	E	A	H	O	R	M	F
B	E	W	V	L	G	D	G	J	K	C	S	O
G	O	Y	F	R	E	N	R	Q	S	F	O	H
L	W	J	A	T	I	R	F	A	P	T	P	E
E	E	T	S	D	G	D	O	O	W	P	A	S
N	L	E	L	P	S	P	J	E	V	I	F	D
O	H	O	R	N	S	L	Z	W	F	V	N	Z
C	H	R	Y	S	A	L	I	A	X	M	N	G
K	I	U	L	R	G	Y	S	N	M	A	R	E
S	O	L	D	C	D	T	L	S	G	A	R	H

279 BONES OF THE BODY

P	O	R	A	S	P	O	I	C	E	O	N	O
H	K	E	U	P	E	C	E	I	F	E	W	N
A	T	L	G	I	Z	S	L	A	S	R	A	T
L	N	W	S	N	R	I	A	S	M	E	J	R
A	H	W	P	E	U	U	U	R	E	D	L	I
N	R	A	B	M	O	I	M	K	W	Y	L	Q
G	M	O	M	T	D	S	K	E	N	U	U	U
E	S	U	L	A	T	I	S	H	F	W	K	E
S	T	I	R	L	T	H	Q	I	J	N	S	T
S	H	I	N	S	N	E	F	A	C	X	X	R
B	I	X	H	P	O	I	Y	K	L	L	K	A
I	E	H	I	P	B	O	N	E	Z	P	E	L
R	O	L	S	U	D	I	O	H	P	A	C	S
P	H	E	L	B	I	D	N	A	M	Z	Q	O
E	A	A	Q	U	A	F	S	R	N	O	T	W

◊ FEMUR ◊ RIBS
◊ FIBULA ◊ SCAPHOID
◊ HAMATE ◊ SHINS
◊ HIPBONE ◊ SKULL
◊ ILIUM ◊ SPINE
◊ MANDIBLE ◊ TALUS
◊ OSSICLE ◊ TARSALS
◊ PHALANGES ◊ TRIQUETRAL
◊ RADIUS ◊ ULNA

280 CEREMONIES

D	T	N	E	M	A	R	C	A	S	S	H	M
B	A	R	U	T	R	H	S	U	L	U	B	U
E	R	F	T	N	S	C	I	M	A	Y	K	R
D	O	G	I	A	O	T	O	I	C	O	E	T
B	F	I	R	E	W	A	L	K	I	N	G	S
M	A	D	O	G	S	L	P	A	V	A	Y	U
A	S	P	P	A	X	T	H	N	C	H	N	L
R	D	E	T	P	Z	O	A	O	H	C	O	M
R	R	O	M	I	R	P	W	I	U	T	M	A
I	H	G	G	E	S	T	B	T	P	E	I	T
A	P	E	T	D	A	M	A	C	P	M	R	S
G	Z	P	S	N	E	N	G	U	A	D	T	U
E	I	B	G	O	E	R	E	D	H	T	A	R
N	G	I	S	I	D	Y	D	N	U	A	M	I
N	O	I	T	A	C	I	F	I	R	U	P	Q

◊ BAPTISM ◊ MATRIMONY
◊ CHANOYU ◊ MATSURI
◊ CHUPPAH ◊ MAUNDY
◊ DOSEH ◊ NIPTER
◊ FIESTA ◊ PAGEANT
◊ FIRE-WALKING ◊ POTLATCH
◊ INDUCTION ◊ PURIFICATION
◊ LUSTRUM ◊ SACRAMENT
◊ MARRIAGE ◊ TANGI

281 *STAR TREK* ORIGINAL

◊ ANDROID
◊ ARCHON
◊ COMPUTER
◊ DEATH GRIP
◊ DR NOEL
◊ GOTHOS
◊ HYPERSPACE
◊ KLINGON
◊ KOLOTH
◊ MR CHEKOV
◊ NURSE CHAPEL
◊ OUTPOST
◊ PHASER
◊ ROMULAN
◊ UHURA
◊ VULCAN
◊ WARP FACTOR
◊ YEOMAN

M	Z	W	Z	A	J	L	R	V	D	D	E	G
Y	M	N	J	R	W	E	Y	U	E	V	D	R
I	R	O	Y	W	I	P	V	A	U	N	I	S
P	C	G	S	E	H	A	T	O	K	P	O	R
L	H	N	I	T	B	H	R	K	O	H	R	R
O	E	I	O	W	G	C	Z	R	T	A	D	O
A	K	L	W	R	H	E	L	O	R	S	N	T
K	O	K	I	C	L	S	G	U	I	E	A	C
K	V	P	J	E	B	R	H	D	O	R	V	A
L	T	S	O	P	T	U	O	N	J	U	L	F
R	K	N	I	S	Z	N	A	M	L	Z	N	P
W	R	E	T	U	P	M	O	C	U	Y	F	R
D	A	R	C	H	O	N	A	X	M	L	P	A
U	Z	C	A	E	T	N	J	I	M	O	A	W
E	L	H	Y	P	E	R	S	P	A	C	E	N

282 WASHING A CAR

◊ BRUSH
◊ BUCKET
◊ CHROME
◊ CLEANING
◊ DRIVEWAY
◊ DRYING OFF
◊ GARDEN HOSE
◊ GRIME
◊ HUBCAPS
◊ LIGHTS
◊ POLISH
◊ RINSING
◊ SHINE
◊ SOAP
◊ SPONGE
◊ VEHICLE
◊ WATER
◊ WHEELS

N	D	E	G	S	S	R	W	E	A	R	A	A
E	W	O	J	L	L	J	V	L	I	C	H	D
U	M	C	A	R	W	E	U	C	S	L	Y	R
L	B	O	L	F	V	A	E	I	V	A	P	J
D	G	E	R	E	E	Y	T	H	W	L	O	S
B	R	U	S	H	A	A	B	E	W	I	L	U
R	I	Y	P	O	C	N	V	V	R	G	I	L
E	M	H	I	H	H	I	I	A	N	H	S	A
G	E	R	Y	N	R	N	E	N	H	T	H	H
N	L	I	N	D	G	S	E	U	G	S	B	B
O	R	N	S	B	C	O	B	D	D	L	U	U
P	L	S	R	O	O	C	F	O	R	C	T	A
S	H	I	N	E	A	O	G	F	K	A	S	E
P	U	N	K	P	V	P	O	E	H	F	G	I
E	R	G	S	K	E	M	T	I	C	T	A	B

283 *SNOW WHITE*

E L T S A C G E N T R I L
G S T E P M O T H E R H A
L L E N O R H T L D E S A
Y H E V S U O H L B C K F
U P G H E G A A E A J R Y
D Y E K D N Q A P K A M E
E Z Y E B W U P S W Z I E
K A H A L T E P D Y Y N S
C Z K E I S E L D E P I I
I R K F I D N E N P M N R
W S U R M R P E G O U G E
O L A R F J E V Z D R U S
I S P D R D U S C I G A M
G P A Y L N D E S F L E R
A I Y E N S I D R U S E P

◊ APPLE
◊ BEAUTIFUL
◊ CASTLE
◊ DISNEY
◊ DOPEY
◊ DWARF
◊ GRUMPY
◊ HEIRESS
◊ MAGIC
◊ MINING
◊ NEEDLE
◊ QUEEN
◊ SEVEN
◊ SLEEPY
◊ SPELL
◊ STEPMOTHER
◊ THRONE
◊ WICKED

284 ON VACATION

G S A G G N I T U O U E E
N P U I S M T B E R A E M
O A P A R T M E N T A E B
I M E S U P S V U P T S I
T O M S P C O Y I N X I K
A U N U G P T R E E U E I
N Y I P U H B G T J W W N
I P A O C G A G A T A S I
T Z R A F L E W C O A C H
S G E L E T O H P S U C E
E B M V T A Y W I A S K D
D H A U E L P V E X R E I
N R C H A R R E I S A A U
T U N O I S R U C X E T G
E R O T A R E P O R U O T

◊ AIRPORT
◊ APARTMENT
◊ BEACH
◊ BIKINI
◊ CAMERA
◊ COACH
◊ DESTINATION
◊ EXCURSION
◊ GROUP
◊ GUIDE
◊ HOTEL
◊ MAPS
◊ OUTING
◊ TAXI
◊ TOUR OPERATOR
◊ TRAVEL AGENT
◊ VIEWS
◊ VISA

285 HISTORICAL DIG

- ◊ AMPHORA
- ◊ BOWLS
- ◊ BURIAL SITE
- ◊ CAIRN
- ◊ COINS
- ◊ COLUMNS
- ◊ EARTHWORKS
- ◊ END SCRAPER
- ◊ FOSSILS
- ◊ HENGE
- ◊ HILL FORT
- ◊ HOARD
- ◊ HUT CIRCLE
- ◊ IRON AGE
- ◊ MOUND
- ◊ PREHISTORIC
- ◊ RUNES
- ◊ SURVEY

```
D A L N H S N M U L O C A
I S S F K I B O R N C M E
E D N U O M L C O I N S L
B A J Z Z S B L R O P E C
B U R U N E S O F R T S R
C U C T U D T I E O E M I
D A R A H S T P L Y R D C
R Y S I I W A E S S E T T
A E E H A R O M H R G E U
O E E S C L N R D E A T H
H R A S U A S Y K C N B E
P D D R E R N I U S O G V
Y N N E A N V E T W R C E
E T A M E E M E L E I A U
A R O H P M A S Y A E N S
```

286 GOLFING TERMS

- ◊ BLADE
- ◊ BOGEY
- ◊ BOUNDARY
- ◊ BRASSIE
- ◊ BUNKER
- ◊ DORMY
- ◊ EAGLE
- ◊ FLIGHT
- ◊ GROOVES
- ◊ HOLE OUT
- ◊ ROUGH
- ◊ SLICE
- ◊ SOLID
- ◊ SPOOL
- ◊ STANCE
- ◊ STROKE
- ◊ STYMIE
- ◊ TEE OFF

```
S L U E E F L M Q F K Z U
E D B U R O F B E D A L B
B I T U O E L O H Y Z B G
O L P P N A H T E R G R A
U O S E C K A A B E W A S
N S T Y M I E G N A T S E
D E F B A R S R C E E S V
A E L O N E A P R Z K I O
R I X G U B O B E O C E O
Y A E E A T A T E W U L R
D E K Y E E H C U I E G G
A O O E R A N G J C D N H
M Z R X K A M D I B G B V
R R T M T K Y L E L E L U
E D S S Y W S O N Y F D K
```

287 CLASSICAL MUSICIANS

```
T T Q F U Y S K S A G H I
N S W E F L K B C S C P C
W F V I Y H A S H P H O G
T I V E L L F A I E P I C
X S N L S L U M F A L H N
O C A O Y S I C F E M R A
D H M S E N S A L K E I V
R E T R O S T S M T D N D
S R U C W E A H S S Y L M
E U G F D B R K L A U V Z
D U H A P A K E S O H B I
U W J A N S E N G S B T J
P G M A Y E R A E N L H A
R D Y O J D V Z I O N J G
E X Y Q X P R Y S H K V A
```

◊ ASHKENAZY
◊ BALSOM
◊ DU PRE
◊ FISCHER
◊ GILELS
◊ GOULD
◊ GUTMAN
◊ HAUSER
◊ JANSEN
◊ LEVIT
◊ MAISKY
◊ MAYER
◊ PAHUD
◊ SCHIFF
◊ SOLTI
◊ STARKER
◊ STERN
◊ WILLIAMS

288 ANTONYMS

```
D A P L A I C I F I T R A
S R I N C O M I N G M Q X
D D A N Y W S Y A W L A D
I K F W T F Z G Y M E N E
A N M J R E Q G P A E R N
G C T L I O N W A I D A Z
D A C E D I F T R E E E X
R R Z I R E R F I L A L D
W I A O D E M E C O A N E
H O B W B E S Y V R N M Q
X X R R K L N T U E T A C
Z O O R W C T T I E N D L
W A J O A R A R A N R Y W
D U A A D N H B C L G B T
E G T D G N I O G T U O R
```

◊ ACCIDENTAL
◊ INTENTIONAL

◊ ALWAYS
◊ NEVER

◊ ARTIFICIAL
◊ NATURAL

◊ BACKWARD
◊ FORWARD

◊ BORING
◊ INTERESTING

◊ BROAD
◊ NARROW

◊ CLEAN
◊ DIRTY

◊ ENEMY
◊ FRIEND

◊ INCOMING
◊ OUTGOING

289 NATIONAL EMBLEMS

◊ BAOBAB
◊ BULLDOG
◊ DAHLIA
◊ FALCON
◊ HARP
◊ JAGUAR
◊ LEEK
◊ LLAMA
◊ MAPLE LEAF
◊ OLIVE
◊ POPPY
◊ RHODO-DENDRON
◊ ROSE
◊ SALTIRE
◊ SHAMROCK
◊ SNOW LEOPARD
◊ SOUTHERN CROSS
◊ TULIP

```
Y N E Z E R I T L A S F H
U Y O U G D L L E I S A Q
Q M F C P L E D O L O E D
N R R F L E U X O H R L R
Q Y H C K A S F D A C E A
B A O B A B F R V D N L P
G T D Y N A M A L L R P O
O V O X P X E P B S E A E
D G D R O S E V J C H M L
L Y E K P U I C I J T Z W
L T N O P R S J A L U T O
U E D X Y N A G I S O U N
B A R Q N E U H E D S L S
K C O R M A H S W T D I H
M W N Q R Z I X K M U P E
```

290 SMALL

◊ ATOMIC
◊ BANTAM
◊ CLIPPED
◊ CONTRACTED
◊ DIMINUTIVE
◊ DWARF
◊ ELFIN
◊ INSUFFICIENT
◊ KNEE-HIGH
◊ LITTLE
◊ MIDGET
◊ PALTRY
◊ PEEWEE
◊ PETTY
◊ POKY
◊ SHRIMPY
◊ TRIVIAL
◊ YOUNG

```
R B E V I T U N I M I D C
D Y Y O R S A K G T A L E
E F T O P M C O N J Y A C
T N E I C I F F U S N I S
C Y G U I S A L O J I D H
A A D R K E V I Y P F L R
R E I A D S Y T R V L A I
T E M X Y R D T D K E I M
N W L T T E D L N W B V P
O E T L P A M E P S A I Y
C E A P T K E O O Z R R C
P P I O C H K K N G T T F
K L M A I Y F T A J A E E
C I V G E M I R A H M Y Z
C X H I X M A T N A B E E
```

291 SIGNIFICANT

```
Q C G R V D K C R B W G E
L N Z M E J F N A S N A V
L A I K J I V C Z O A W E
L U R F B L P U R B U Z N
Z A F G O C L T V J U G T
M O T R E R S A X W L N F
A A M O E Q E H R B E I U
E D O I V W S M H T Q S L
F J M E N I O A O Q N S C
L O F T Y O P P L S T E R
Q T N E G R U W F I T R C
V N G D E C I S I V E P T
E M I T G I B V O B H N W
N F M F E M I R P Q U B T
H L A I T N E U L F N I O
```

- ◊ BIG-TIME
- ◊ CENTRAL
- ◊ DECISIVE
- ◊ EVENTFUL
- ◊ FOREMOST
- ◊ INFLUENTIAL
- ◊ LARGE
- ◊ LOFTY
- ◊ MARKED
- ◊ OMINOUS
- ◊ PIVOTAL
- ◊ POTENT
- ◊ POWERFUL
- ◊ PRESSING
- ◊ PRIME
- ◊ SALIENT
- ◊ STRONG
- ◊ URGENT

292 FRIENDLY WORDS

```
R W Y E T N A D I F N O C
E O O T E D A R M O C K T
H L M S S G O N J R G I V
T L Z T A I O R E J R U A
O E S E R I L T K I P T W
R F E I P O S A P K C S C
B C T M D I H S Y C F I O
N I A Q S E D O T O C N M
Q H M P I E K S C T L O P
C M I P R U B I H L O G A
S I T D Q K C U C S V A T
X V N E B R G L D K E T R
G I I R O E Z E Z D R O I
K R E N T R A P O L Y R O
G M Y R A I L I M A F P T
```

- ◊ BROTHER
- ◊ BUDDY
- ◊ CHAMPION
- ◊ COHORT
- ◊ COMPATRIOT
- ◊ COMRADE
- ◊ CONFIDANTE
- ◊ CRONY
- ◊ FAMILIAR
- ◊ FELLOW
- ◊ INTIMATE
- ◊ KINDRED SPIRIT
- ◊ LOVER
- ◊ LOYALIST
- ◊ PARTNER
- ◊ PROTAGONIST
- ◊ SIDEKICK
- ◊ SISTER

293 THINK ABOUT IT

◊ CONSIDER	◊ PONDER
◊ ENVISAGE	◊ REASON
◊ EXAMINE	◊ REGARD
◊ EXPECT	◊ REVISE
◊ FOCUS ON	◊ SOLVE
◊ IDEATE	◊ STUDY
◊ INFER	◊ SURVEY
◊ JUDGE	◊ UNDERSTAND
◊ MUSE	◊ WONDER

```
E R S P Z S E E U L T S Y
E E M U O S T A Y C U A D
N N E L U N C G E R A K U
V X V M O A D P V E S S T
I E C T R S X E L F V R S
S R E A F E Y F R N A P W
A M T R I P S T R I N Y R
G C A E N O S U C O F D E
E A E U N D E R S T A N D
G E D J O C R A J S Y J I
E N I M A X E F K S O Y S
R D G B E R D R A G E R N
D J U R A N N H A N J W O
E G D U J N O V E B S T C
E S I V E R W R E S T I F
```

294 IN THE SHED

◊ ANT KILLER	◊ SACKS
◊ BOW SAW	◊ SHOVEL
◊ BUCKET	◊ SIEVE
◊ CHARCOAL	◊ SPADE
◊ CHOPPER	◊ STRING
◊ DIBBLE	◊ TOOLBOX
◊ HAMMER	◊ TRESTLE
◊ LADDER	◊ TROWEL
◊ OILCAN	◊ TWINE

```
P A R F I S S E K K E S P
W J L P E B D B X K L H A
N A C L I O U O S N T E S
G N S B C C B T L I S P T
P T J W K L R N E R E A V
A K A E O I B D V B R V L
H I T O N B E U O M T A E
F L T G E M D C H W D L I
R L S U O I E H S D A E E
B E D K B Z A A E R N W F
D R M B C A U R E H H O I
D V L M S A I C Y N C R R
V E E D A P S O I Y I T F
R E P P O H C A V C X W E
U M B E L A C L A U S G T
```

295 NORSE DEITIES

K	A	P	L	E	C	S	A	R	L	H	K	A
O	S	T	A	R	A	C	D	Y	U	K	K	O
A	D	E	L	L	I	N	G	R	N	R	E	F
M	H	I	C	L	I	R	J	Y	K	E	Y	Y
B	I	T	N	R	Y	V	G	O	Y	N	U	S
R	A	I	E	P	L	I	S	B	R	M	K	A
A	O	I	S	R	S	A	U	L	R	D	F	T
P	A	H	S	F	H	R	N	W	K	A	T	U
H	A	R	T	O	F	S	N	N	J	O	G	P
N	O	L	N	E	C	T	A	H	N	L	Y	I
T	S	I	N	T	H	G	U	N	T	Y	P	R
V	W	K	A	N	H	M	B	A	S	T	Q	A
H	I	C	A	W	N	S	E	K	B	O	Y	N
E	B	L	Z	D	O	G	M	E	T	X	S	R
A	R	B	I	L	I	D	P	E	T	E	B	Y

◊ BRAGI ◊ SIGYN
◊ DELLINGR ◊ SINTHGUNT
◊ HRETHA ◊ SKADI
◊ NJORD ◊ SOL
◊ NOTT ◊ SUNNA
◊ ODIN ◊ THOR
◊ OSTARA ◊ TYR
◊ RAN ◊ UKKO
◊ RINDR ◊ VILI

---

296 FAMOUS PICTURES

G	V	A	E	B	E	N	E	O	H	E	L	O
S	U	F	C	E	R	A	S	M	U	S	W	R
H	V	E	C	C	E	H	O	M	O	Y	A	R
D	I	J	R	D	W	O	T	U	R	L	C	T
U	A	V	Y	N	D	C	B	T	O	A	A	N
T	D	D	E	E	I	A	N	N	G	D	I	S
C	Y	E	L	I	C	C	E	A	N	E	T	A
H	S	O	E	C	B	C	A	D	I	M	T	L
F	T	X	H	P	A	N	O	E	W	O	S	L
A	Y	U	M	L	S	G	F	L	S	R	F	E
M	S	E	V	E	L	D	L	F	E	D	D	R
I	L	A	D	B	A	F	O	J	H	N	U	B
L	R	T	E	K	N	N	R	G	T	A	N	M
Y	H	C	A	T	I	C	A	R	U	S	E	U
S	L	E	S	G	S	V	U	D	R	A	S	E

◊ *ALONE* ◊ *FLORA*
◊ *ANDROMEDA* ◊ *GOD SPEED*
◊ *BACCHUS* ◊ *GUERNICA*
◊ *CALVARY* ◊ *ICARUS*
◊ *DANAE* ◊ *LEDA*
◊ *DUNES* ◊ *SALOME*
◊ *DUTCH FAMILY* ◊ *THE SWING*
◊ *ECCE HOMO* ◊ *TOLEDO*
◊ *ERASMUS* ◊ *UMBRELLAS*

297 PLAYING CARDS

◊ ACE HIGH
◊ AUCTION
◊ BLUFF
◊ BRIDGE
◊ CHANGE
◊ CHEAT
◊ CLUBS
◊ CONTRACT
◊ COURT CARD
◊ CRIBBAGE
◊ DEALER
◊ DEUCE
◊ KNAVE
◊ OPPONENT
◊ POINTS
◊ ROYAL
◊ RUMMY
◊ THREE

```
H T E U E I G H T A M N E
R N V C H N J T R C S C C
C E A M H M C J U B U D O
C N N K J A N G S E N B V
O O K T R O N O D H K R D
U P O T I D Q G X P H I H
R P N T W Y E T E Y U D E
T O C L E S A C E H I G H
C U Y D T G B V H S N E P
A A O N E B A U N B N E U
R K I A B A V B L P K R Y
D O C J I U L D B C O H I
P E Y M M U R E F I L T N
S H Z A F N X K R A R C R
Y C A F L G J T A E H C C
```

298 ISLANDS OF THE ATLANTIC

◊ AZORES
◊ BIOKO
◊ BOA VISTA
◊ BRAVA
◊ CORVO
◊ DISKO
◊ FALKLANDS
◊ FAROES
◊ FERRO
◊ FOGO
◊ FUERTEVEN-TURA
◊ GOMERA
◊ MAIO
◊ ORKNEY
◊ PICO
◊ RAGGED
◊ SCILLY
◊ ST HELENA

```
B G P J F R W I S W U A W
F W S E L I X D Z M V A C
T U R T C F N A A A G R Q
A R E O H A C I R S C E R
O P R R L E O B U E O M A
P V A K T S L S H R G O T
O S L M N E E E T O O G S
Z A D S C T V O N Z F O I
F B O I H O T E R A E E V
I L L G S P R Y N A I O A
K G Y E N K R O L T F B O
P K V G B I O K O L U Z B
Y I U M M T V V G R I R J
N G C D E G G A R O O C A
T L W O B Q O K A A F J S
```

299 ISLANDS OF BRITAIN

P	D	T	D	N	A	L	S	I	Y	L	O	H
Y	B	I	S	K	O	M	E	R	I	V	Y	N
E	X	R	G	T	S	F	K	S	O	L	E	A
Z	S	E	B	L	L	R	M	C	D	W	N	M
R	M	E	X	A	H	O	H	M	M	R	R	F
U	S	T	M	A	R	T	I	N	S	U	E	O
F	A	B	N	E	B	D	J	Y	K	G	D	E
Q	N	Y	H	Y	W	R	S	Q	F	G	L	L
Y	D	G	S	N	G	T	O	E	P	R	A	S
D	A	O	R	N	T	F	C	W	Y	B	D	I
N	I	C	A	D	S	T	A	G	N	E	S	Q
U	G	S	M	Q	T	T	E	W	U	S	C	D
L	A	E	S	R	E	M	Y	E	S	R	E	J
Z	N	R	E	V	D	T	T	D	F	Q	Q	A
Y	Q	T	Y	E	S	N	R	E	U	G	E	Z

◊ ALDERNEY
◊ BARDSEY
◊ BROWNSEA
◊ FURZEY
◊ GUERNSEY
◊ HOLY ISLAND
◊ ISLE OF MAN
◊ JERSEY
◊ LISMORE
◊ LUNDY
◊ MERSEA
◊ RAMSEY
◊ SANDA
◊ SKOMER
◊ ST AGNES
◊ ST MARTIN'S
◊ TIREE
◊ TRESCO

300 CELL PHONE

I	P	H	N	Y	R	O	T	C	E	R	I	D
S	S	T	U	D	E	N	K	E	E	S	A	T
I	P	B	A	P	I	R	M	R	E	N	Z	C
C	F	E	O	S	O	I	I	M	N	C	O	S
A	A	N	A	W	T	N	N	E	O	N	P	R
F	O	L	T	K	G	A	T	F	V	E	O	A
L	E	E	L	T	E	N	N	E	N	L	P	G
A	N	A	O	E	A	R	R	D	I	P	T	S
N	T	N	T	L	R	S	X	A	B	I	K	A
G	E	S	A	U	A	I	M	B	K	Y	E	R
I	A	R	M	T	R	E	D	R	G	P	J	S
S	M	M	I	A	C	E	A	U	A	P	N	A
E	D	O	E	I	R	C	S	T	R	I	R	I
F	N	N	O	S	T	T	P	O	K	C	B	S
J	O	V	R	C	R	E	A	S	E	S	C	S

◊ ALARM
◊ ANTENNA
◊ CALLER ID
◊ CAR KIT
◊ CONVERSA-TION
◊ DIRECTORY
◊ FEATURES
◊ GAMES
◊ GPRS
◊ NETWORK
◊ RINGTONE
◊ SIGNAL
◊ SKINS
◊ SMART
◊ SPEAKER
◊ STANDBY
◊ TALK TIME
◊ VOICEMAIL

301 LOOK

- ◊ BEHOLD
- ◊ CONSIDER
- ◊ DISCERN
- ◊ EYE UP
- ◊ GLANCE
- ◊ GOGGLE
- ◊ NOTICE
- ◊ PERCEIVE
- ◊ PERUSE
- ◊ REGARD
- ◊ SIGHT
- ◊ SNOOP
- ◊ SPY ON
- ◊ SQUINT AT
- ◊ STARE
- ◊ STUDY
- ◊ TAKE IN
- ◊ WATCH

```
E E G A R S T E R A T C I
T C C B I E H A Q O O N E
A H I N L E D I S C E R N
T R E T A I H I W H X E W
N B E H O L D C S P P V B
I F S B T N G D T N C I A
U A F H S I A E R A O E D
Q E G S I T E S Y A W C Z
S I E P E R U S E E G R R
S G E Y J I S D Y M U E O
Y N F O E S H O Y R S P R
E A U N N S M Y F N T R C
B N I E K A T N O Q A Z S
O Y S E L G G O G Y R D S
E M B R I L P Y A B E W L
```

302 COLLECTIBLES

- ◊ CAMEOS
- ◊ COINS
- ◊ DOLLS
- ◊ FLAGS
- ◊ FOSSILS
- ◊ GAMES
- ◊ GLASSWARE
- ◊ INSECTS
- ◊ JIGSAWS
- ◊ MEDALS
- ◊ ORNAMENTS
- ◊ PAPER-WEIGHTS
- ◊ PHOTOS
- ◊ ROCKS
- ◊ SHELLS
- ◊ SPOONS
- ◊ STAMPS
- ◊ TEDDY BEARS

```
K O L L D S I V S E R P T
A R P I Q N L F W Z T S E
P O C H S E P I A V T P D
C A M E O S N S S H H U D
H F C T B T N W G S G L Y
E T O Q S I O I I N O H B
S R Y R O U E S J S S F E
S L H C N W L U A H G D A
S A T R R A U M K E A T R
N R L E D T M D O L L S S
O I P E Y O G E V L F K D
O A M C Y F A A N S Z C I
P A D E E F M V E T V O E
S T A M P S E Z U H S R N
Q S E R A W S S A L G O S
```

303 HIKING GEAR

```
E N O H P L L E C A R G W
O T R E K K I N G P O L E
J O P E N A F O O D B E J
F A V J M Z R S E S F A N
F I L A Z A F A O J C N K
R T R M C M T C B K G C S
A E E S L U K C E I A K E
C K L S T S U T H S N E A
S N Z T E A R M K E T E A
E A G O S N I C F K S R R
V L P O N I U D N L E L M
O B W B A R H I K M A J A
L U O M A T F W A I S S T
G L D O R E G C Z G T H K
G E S F O O R P R E T A W
```

◊ BLANKET
◊ BOOTS
◊ CAMERA
◊ CELL PHONE
◊ FIRST-AID KIT
◊ FOOD
◊ GLOVES
◊ JACKET
◊ KARABINER
◊ KNIFE
◊ MATCHES
◊ RUCKSACK
◊ SCARF
◊ SOCKS
◊ TREKKING POLE
◊ VACUUM FLASK
◊ WATERPROOFS
◊ WHISTLE

304 INTERNET

```
S R E V R E S R R F E J B
P M S V B H O F E P H E I
F A M N B Q P R D D C I E
D I G O O R T E L L A U X
R I L Z D C O E O I C E I
O K R E S E I W F I P A H
T Q D E T F M A S E I S B
I D A E C R Y R Q E R D P
D B O Y K T A E E E R E H
E L L E U Z O N F L T E R
L O P P S Z R R S P X F A
M G U P X E E K Y F Q S S
T S U K X S D S O O E S E
H L V E H R U O H L R R Y
W A U Q N K S M C R Y D J
```

◊ BLOGS
◊ BROWSER
◊ CACHE
◊ CODES
◊ DIRECTORY
◊ FIELD
◊ FILE TRANSFER
◊ FOLDER
◊ FREEWARE
◊ HEADER
◊ HTML EDITOR
◊ ICONS
◊ MODEM
◊ PHRASE
◊ REFRESH
◊ RSS FEEDS
◊ SERVERS
◊ UPLOAD

305 GOOD START

◊ AS GOLD
◊ AS NEW
◊ BOOK
◊ CHEER
◊ CONSCIENCE
◊ DEEDS
◊ ENOUGH
◊ FAIRY
◊ FAITH
◊ FEELING
◊ FELLOW
◊ GRIEF
◊ HEALTH
◊ LOOKING
◊ NATURED
◊ OLD DAYS
◊ TASTE
◊ VALUE

```
D A Y F A X E B W V K N V
A Y G N I L E E F V F A H
D E R U T A N A D E E T W
X H R I M S I Z C Y L P G
K D V P A T U N B A L Y C
B E A P H F E N E A O H Z
N E L X V I G H S Q W G F
R D U F C R D G Y O I U X
E S E S I J X T A U P O G
E B N E A F A O D T N N U
H O F Y I S W K D S I E K
C C S B T S G G L K L Y I
K I O E O J H O O N M J F
F O N B O J N O L C X E U
K L Z Q T Z L D Y D P M E
```

306 U WORDS

◊ UBIQUITY
◊ UDDER
◊ UKULELE
◊ ULNAR
◊ ULTRAMARINE
◊ UMBER
◊ UNABLE
◊ UNBORN
◊ UNCOIL
◊ UNEASY
◊ UNFAIR
◊ UNHURT
◊ UNITED
◊ UNTIED
◊ UPWIND
◊ USURY
◊ UTOPIA
◊ UTTERLY

```
U N A E R U P S E O K F U
K N U E L R U M N U R A V
S X B N U B I Q U I T Y E
Z M W Y B M A S Y U S U U
U U S A L O U N A F E N M
D R E D Q R R Y U L U H Y
E A U N Y L E N S I B U E
T D E I T N U T Y A T R L
I D P W U Y U N T O E T E
N U V P D I R N P U W N L
U I D U O I Z I C B U R U
S V E D L U A R A O V A K
A L O G E E R U F F I N U
E U I L V R O W M T N L B
S E N I R A M A R T L U U
```

307 COATS

```
L W F T L N P P R T H A U
K G C C E O F E P U E S T
A A F J Q K D L P X R Y E
T S R Z E I C O D E U B K
C P P O N R N A T D S O N
F O N G N C K A J O O D A
J R O Z H A E I A Q S Y L
W T O O Z H R F N M N W B
E S S V C A G O U L E A A
K C F D E H Q D W J B R T
Q Z N S A R E Z A L B M O
G I C N L J C S M O J E C
W G K N O S U O L B E R I
P R E F E E R K A O L C D
D T M M A C K I N T O S H
```

◊ AFGHAN
◊ ANORAK
◊ BLANKET
◊ BLAZER
◊ BLOUSON
◊ BODY WARMER
◊ CAGOULE
◊ CLOAK
◊ JACKET
◊ JERKIN
◊ MACKINTOSH
◊ OVERCOAT
◊ PONCHO
◊ REDINGOTE
◊ REEFER
◊ SPORTS
◊ TUXEDO
◊ WINDCHEATER

308 RETIREMENT

```
H P G Y Y E P R D Y E R A
A H N N D E R D E V X T S
R U A I I O E A E J S S T
K N R D B D A Q S S Y C E
G P N X V Y A T S T K I B
H Y J G O E I E E E X M V
A N W T N E N F R L A O T
B A E B A I A T S U Y N S
I P S F O S R W U A W O S
T M E R Q R I U G R C C S
S O S G T M E E O I E E E
A C C O M M O D A T I O N
S G N I V A S L O R R A T
Y G N I N N A L P M J E I
D G E K L S E C N A N I F
```

◊ ACCOMMODA-TION
◊ ADVENTURE
◊ BOREDOM
◊ COMPANY
◊ ECONOMICS
◊ FINANCES
◊ FITNESS
◊ HABITS
◊ PLANNING
◊ PRIDE
◊ READING
◊ SAFETY
◊ SAVINGS
◊ SENIORS
◊ SOCIAL
◊ SWIMMING
◊ TOURING
◊ VOYAGE

309 MONEY

- ◊ ASSETS
- ◊ CHANGE
- ◊ CURRENCY
- ◊ GRANT
- ◊ INTEREST
- ◊ MEANS
- ◊ NOTES
- ◊ ORDER
- ◊ PAYMENT
- ◊ PENSION
- ◊ PETTY CASH
- ◊ PITTANCE
- ◊ PROSPERITY
- ◊ READY MONEY
- ◊ RICHES
- ◊ SAVINGS
- ◊ SUBSIDY
- ◊ WEALTH

```
P I R E C N A T T I P K Y
O E N R I C H E S T E O C
E P T T J M H H E N A M N
S N B T E J E A C A P N E
S H Y C Y R B A N R C O R
G C N T Y C E T N G K T R
N T A V I Q A S T S E E U
I B B Y Q R N S T C A S C
V U P V T O E Z H D T W G
A D W T I E K P Y E E A R
S U B S I D Y M S A A E S
H K N O N M O S L O D N E
E E A E B N A T S R R T E
P O N R E J H J O B D P S
O K F Y P A Y M E N T W O
```

310 SLOT MACHINE

- ◊ BELLS
- ◊ BONUS
- ◊ COINS
- ◊ COLLECT
- ◊ COMBINATIONS
- ◊ DOUBLE
- ◊ EXCHANGE
- ◊ FRUITS
- ◊ LEMONS
- ◊ LEVER
- ◊ LIGHTS
- ◊ MELONS
- ◊ NUDGE
- ◊ PAYLINE
- ◊ PAYOUT
- ◊ PLUMS
- ◊ SOUNDS
- ◊ START

```
S C I U F S Y E L D E K S
A J O A O R O N U S N L E
R T I M B M U A A B I E V
S C U E B I E I E T L X E
O E L L A I R L T U Y C C
E L B U O D N E O S A H C
S L E X R S E A U N P A E
T O A V T O A B T Y S N C
A C U H E P P J A I F G A
R Y G N W R F L E O O E N
T I B C D H S A U R D N E
L E M O N S E T T M P O S
B A R I N A E G B E S F E
L A Z N E U S E G D U N I
N A Y S F P S T U O Y A P
```

311 GO

```
P E Y L G K J D R U V E Q
P A L P R D H Y W A G B U
C K U A A I L E A V E S I
K P B C A S V M F W E B C
C M R B L A S S W T A F K
E S G O M P R O O A A O V
S A Q O C P M U N B L A G
E C O Y G E T A S F N T W
D S R G N A E C K I M F I
E W E A L R O D S E C F T
P X T S M N Q H V E F B H
A N R E D R U N O O F O D
R W E Y Q U I G N D Y V R
T T A K X F G U W A Y H A
Y M T E V I R D E S E G W
```

◊ ABSCOND ◊ PROCEED
◊ DEPART ◊ QUICK
◊ DISAPPEAR ◊ RETREAT
◊ DRIVE ◊ RUN OFF
◊ EMBARK ◊ SCRAM
◊ GO AWAY ◊ SET OUT
◊ LEAVE ◊ VAMOOSE
◊ MAKE FOR ◊ VANISH
◊ PASS ON ◊ WITHDRAW

312 CATTLE BREEDS

```
A R U Y Y E N R E D L A J
D N K R E S A T O A N B E
P A R R O S I A H I N X N
K G A E E H L I S B E L I
C R I K W L G U A O O J E
A U N L N H O O C N L E T
L K I L L M T K D S S W S
B O A A I O Y O N M T A L
H V N L U E P N B A E L O
S D O G S Z D D A R I T H
L D M R H S I E E A N R R
E U E B Y O V T A R L T A
W J I V P A R H E R E N S
D T V N O F A N I B M A F
S D A N G N T H A R K E C
```

◊ ALDERNEY ◊ KERRY
◊ ANKOLE ◊ KURGAN
◊ BETIZU ◊ LIMOUSIN
◊ BONSMARA ◊ LONGHORN
◊ DEVON ◊ LUING
◊ HERENS ◊ RED POLL
◊ HIGHLAND ◊ UKRAINIAN
◊ HOLSTEIN ◊ WELSH BLACK
◊ JERSEY ◊ WHITE

313 CHANCES

◊ ACCIDENT
◊ BREAK
◊ DESTINY
◊ FLUKE
◊ FORTUNE
◊ FREAK
◊ GAMBLE
◊ GODSEND
◊ HUNCH
◊ KARMA
◊ KISMET
◊ LIKELIHOOD
◊ OPENING
◊ POT LUCK
◊ PROVIDENCE
◊ RANDOM
◊ UNFORESEEN
◊ WINDFALL

```
S R A I J T R I N L E A S
R A M E G O D S E N D E D
U Z R S C D P H E S D I G
L K A F T O Y E U A U S D
R I K K N N S O N N W A E
F S A J Y E E F B I C I S
R M X R R G O D B W N H T
E E I O A R U M I R X G I
A T F W T N F N X C E L N
K N O U P B D A G F C A Y
U I N J I F U O A L D A K
A E E S A A R Y M U S E F
P O T L U C K E B K L D D
F E L D O O H I L E K I L
Y W P R O V I D E N C E T
```

314 HARD TO SEE

◊ CLOUDED
◊ CONFUSING
◊ DARK
◊ DUSKY
◊ FADED
◊ FAINT
◊ FOGGY
◊ GLOOMY
◊ HAZY
◊ ILL-DEFINED
◊ MUDDY
◊ MURKY
◊ NEBULOUS
◊ OPAQUE
◊ PALE
◊ SMOKY
◊ UNCLEAR
◊ VAGUE

```
O A J Z U E P V U H G I P
S C S U O L U B E N Y L R
Q V K U X P S G I O K L G
R H E M A M A S A V R D L
A A R B O Y U Q F V U E G
L Z M K Q F D E U A M F O
U Y Y U N H O D L E I I U
H N T O M U L J U A C N U
N C C L O U D E D M P E T
I U U L U Q Z F A D E D B
O C A O E K F N H T H Y Y
N Q S Z I A I O K L A K S
D J D E T L R N G R N S I
Y M O O L G S Z C G A U S
U C G O T C F Q T I Y D P
```

315 LANDLOCKED COUNTRIES

S O N I R A M N A S K X F
I C E Y A N A W S T O B O
Z P M S R A V Z G E E X H
J Z D L K A Z J W D I F T
X E C O B M G B D S O Y O
S A R V L E A N N G H A S
E G Q A N B L Z U E A U E
R T Q K M I O A O H P G L
B J J I W M N V R F U A U
I O Z A B N O B R U Y R L
A N L X F S Z L H E S A U
S A M I O U H T D U G P A
M D A K V U Y Z M O T I L
B X L A A I B M A Z V A N
N J I X O N A J K T W A N

◊ BELARUS
◊ BHUTAN
◊ BOLIVIA
◊ BOTSWANA
◊ HUNGARY
◊ KOSOVO
◊ LESOTHO
◊ MALAWI
◊ MALI
◊ MOLDOVA
◊ NEPAL
◊ NIGER
◊ PARAGUAY
◊ SAN MARINO
◊ SERBIA
◊ SLOVAKIA
◊ ZAMBIA
◊ ZIMBABWE

316 SOCIAL MEDIA

V M E E T U P O S T I N G
I V Y U R W A S T E R C S
H E K B S F E J H E H A V
O R M D L M R E Z A B E P
O Z E F L O R I T N E S O
S E S S A I G E E S F L D
F I N U M C N G E N I S C
S R E T O A E K I A D A A
P R E A N I S B E N U S S
R U G T T H C H O D G E T
A I O S T F D I U O I E S
M H L R K I H Q L P K N R
U T E L G T W D A E I G R
G N I K R O W T E N D F A
I O S R E W O L L O F O F

◊ BLOGGING
◊ CHAT
◊ DELICIOUS
◊ FACEBOOK
◊ FEEDS
◊ FOLLOWERS
◊ FRIENDS
◊ GROUP
◊ LINKEDIN
◊ MASHUP
◊ MEETUP
◊ NETWORKING
◊ ORKUT
◊ PODCAST
◊ POSTING
◊ STATUS
◊ TWEETS
◊ TWITTER

317 END INSIDE

◊ ADDENDA
◊ AGENDA
◊ AMENDED
◊ APPENDAGE
◊ CALENDAR
◊ COMMENDABLE
◊ FENDED
◊ FIENDISH
◊ GENDER
◊ HORNBLENDE
◊ MENDER
◊ OFFENDER
◊ RENDER
◊ SLENDER
◊ SPENDING
◊ TENDENCY
◊ TREMENDOUS
◊ TRENDY

```
A T E G A D N E P P A G E
I D E V E V E N D A C E R
M Y N R E N D E R A D N E
Y D N E R T D U L E N D N
S B S A G D N E P L E I D
U H E N D A N D R B E R H
O N S H R D A Y E A M O B
D A C I A E C D S D R S R
N E M R D N D L N N N P J
E N I E E N E N B E I E N
M D A D N N E L E M D N F
E W N N D D E I Q M T D I
R E R E D N E F F O B I A
T K R W D S L D X C Z N N
E N D E O D N E Z C W G D
```

318 MAGICAL

◊ APPARITIONAL
◊ CREATIVE
◊ DREAMY
◊ EERIE
◊ ELDRITCH
◊ ELFIN
◊ FAIRYLIKE
◊ FASCINATING
◊ GHOSTLY
◊ INVENTED
◊ LEGENDARY
◊ PRETEND
◊ ROMANTIC
◊ SPECTRAL
◊ SPIRITUAL
◊ UNCANNY
◊ UNREAL
◊ WEIRD

```
R D K W F I R D Y S Y S A
G T E E O P C A T T W P O
N V I N V E N T E D P E M
I L C H L Z T D K A Y C M
T A B R N E N R R Y M T C
A E S N O E G I D I A R U
N R Q P T M T E E I E A N
I N L E I I A W N C R L C
C U R I O R E N R D D O A
S P F N E R I E T E A I N
A G A I L E A T H I L R N
F L R V F T T V U I C U Y
E E E K I L Y R I A F S G
E Y O V N G H O S T L Y P
J B E H C T I R D L E N S
```

319 ROMAN DEITIES

L	L	V	L	E	N	A	S	M	A	O	P	E
L	S	M	E	R	S	F	S	E	J	U	P	K
A	A	A	Z	P	E	U	J	A	R	C	B	C
S	W	P	L	B	N	L	E	T	L	E	V	S
Y	H	C	R	A	U	R	O	R	A	V	C	S
E	C	U	V	O	C	S	R	O	M	E	R	E
L	U	L	E	V	V	I	D	M	J	N	N	J
S	I	L	V	E	A	I	A	P	M	U	S	E
S	E	B	S	H	E	T	D	V	L	S	N	O
D	A	T	I	U	Q	U	I	E	D	U	P	O
J	A	L	E	T	U	R	I	K	N	J	T	A
O	H	L	U	A	I	A	Z	N	S	T	E	O
V	K	S	N	S	T	N	W	R	U	M	I	H
I	P	U	R	S	A	F	A	E	J	U	V	A
M	L	A	R	K	S	M	T	W	F	P	S	E

◊ AEQUITAS
◊ AURORA
◊ CERES
◊ FEBRUUS
◊ INUUS
◊ JUNO
◊ LIBITINA
◊ LUNA
◊ MARS
◊ MORS
◊ MORTA
◊ PLUTO
◊ PROVIDENTIA
◊ SALACIA
◊ SALUS
◊ SILVANUS
◊ VENUS
◊ VESTA

320 FREE

D	N	D	E	H	C	A	T	E	D	A	P	H
G	E	V	A	C	A	N	T	Y	M	F	O	A
O	R	N	C	E	R	F	I	F	E	P	E	I
E	S	A	I	H	H	T	F	V	H	E	T	T
M	S	V	T	A	A	P	L	O	V	H	A	Y
A	E	A	H	I	R	O	J	E	T	E	Z	L
N	L	I	I	K	S	T	I	M	A	E	I	G
C	T	L	D	B	J	L	S	T	D	B	L	N
I	S	A	A	W	E	Y	L	E	E	I	N	I
P	O	B	O	R	C	A	V	R	R	S	A	K
A	C	L	F	N	R	O	A	A	S	N	N	C
T	T	E	G	G	I	L	I	E	G	H	U	A
E	R	T	E	D	E	X	I	F	T	O	N	L
D	B	T	Y	A	W	A	E	V	I	G	I	I
G	H	D	E	I	P	U	C	C	O	N	U	N

◊ ABSOLVE
◊ AT LARGE
◊ AVAILABLE
◊ COSTLESS
◊ DETACHED
◊ DEVOID
◊ EMANCIPATED
◊ EMPTY
◊ GIVEAWAY
◊ GRATIS
◊ LACKING
◊ LET OFF
◊ LIBERAL
◊ NOT FIXED
◊ RELIEVE
◊ UNOCCUPIED
◊ UNRE-
STRAINED
◊ VACANT

321 BOOKS

◊ BIBLE
◊ BIOGRAPHY
◊ CRIME
◊ ENCYCLOPEDIA
◊ ENDING
◊ FICTION
◊ HORROR
◊ LIBRARY
◊ MYSTERY
◊ NOVEL
◊ PAPER
◊ PLOT
◊ REVIEW
◊ ROMANCE
◊ STUDY
◊ TEXT
◊ TOME
◊ VOLUME

```
W S O G N N O O R Y V T K
Y M T Z N C A Y A E Y X B
X R M U L I I V W L R E T
T H A E D Q D P D O E T A
E O V R T Y E N R V T Y N
E O L K B A P R E P S H B
N M F P B I O T F L Y P N
M E U E R H L I O E M A N
O S F L B E C N A M O R A
J T T I O T Y R L S E G E
O U B S I V C E E V E O S
O L W O L N N P A V M I P
E W N Y N F E A J Z I B A
S T T C F C F P F C R E F
K E Y I N G A L E W C H W
```

322 STARS

◊ ACAMAR
◊ ALDERAMIN
◊ ALPHA CENTAURI
◊ ANTARES
◊ BELLATRIX
◊ BETELGEUSE
◊ ELECTRA
◊ MEGREZ
◊ MERAK
◊ MIZAR
◊ POLLUX
◊ PROCYON
◊ RASALGETHI
◊ RIGEL
◊ SCHEAT
◊ SHAULA
◊ SHEDIR
◊ VEGA

```
S T A E H C S E A R C H R
E M C M B O E S G P A M Q
A P B E M E R A K G P D E
L R A M A C A I E Z B S E
P O T Q N M T V D I U A I
H C H C K S N A H E L W X
A Y Q U E P A T G D H I P
C O A Y C L E L E C R S A
E N T V T G E R N T Y Z L
N K U I L T A P A X E L U
T I S A E M I L U R E S A
A H S B I C L L G G O Z H
U A X N S E L E I E I F S
R T M Y B O M R Q N H U C
I N B L P T A T R A Z I M
```

SOLUTIONS

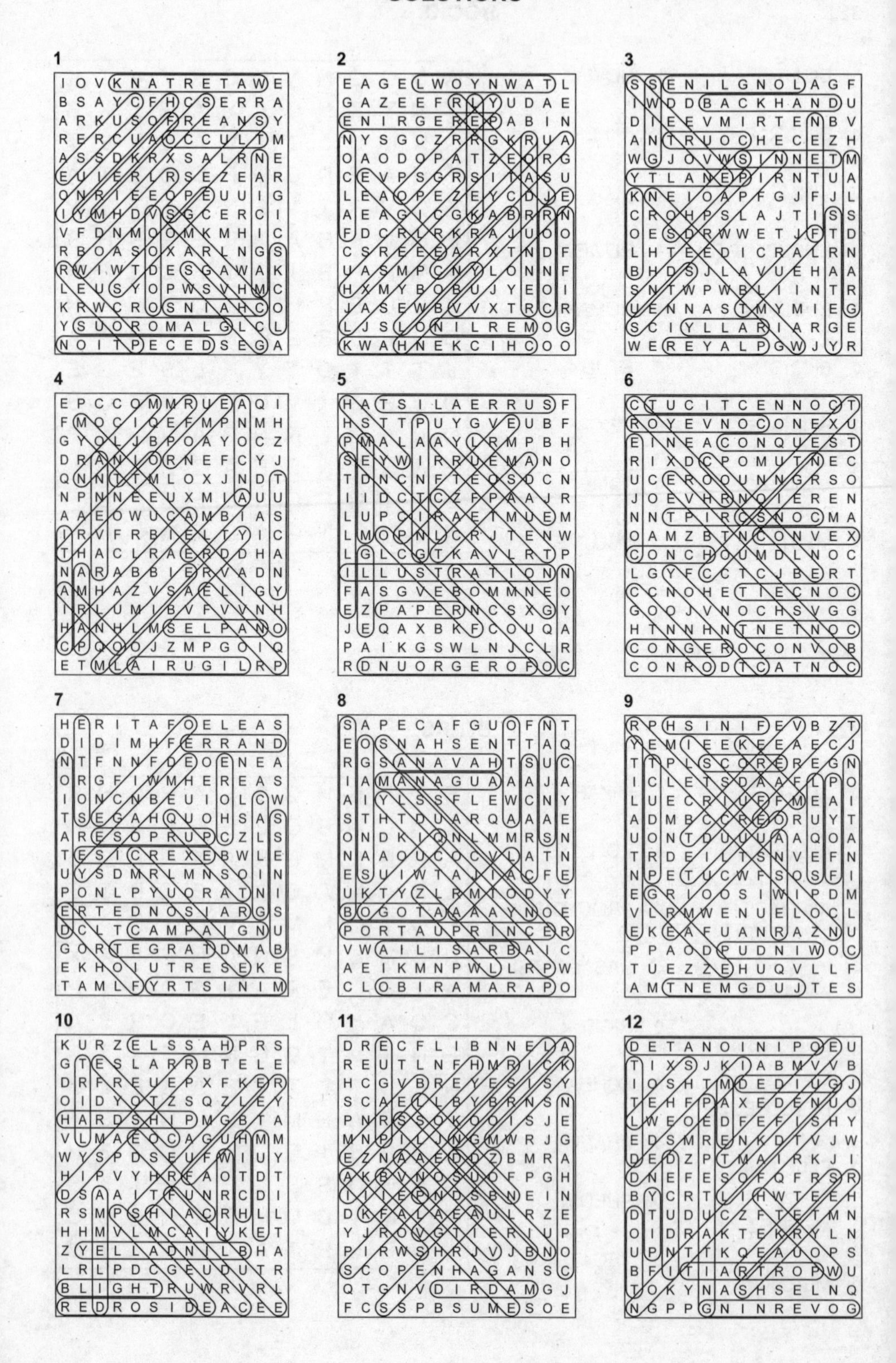

SOLUTIONS

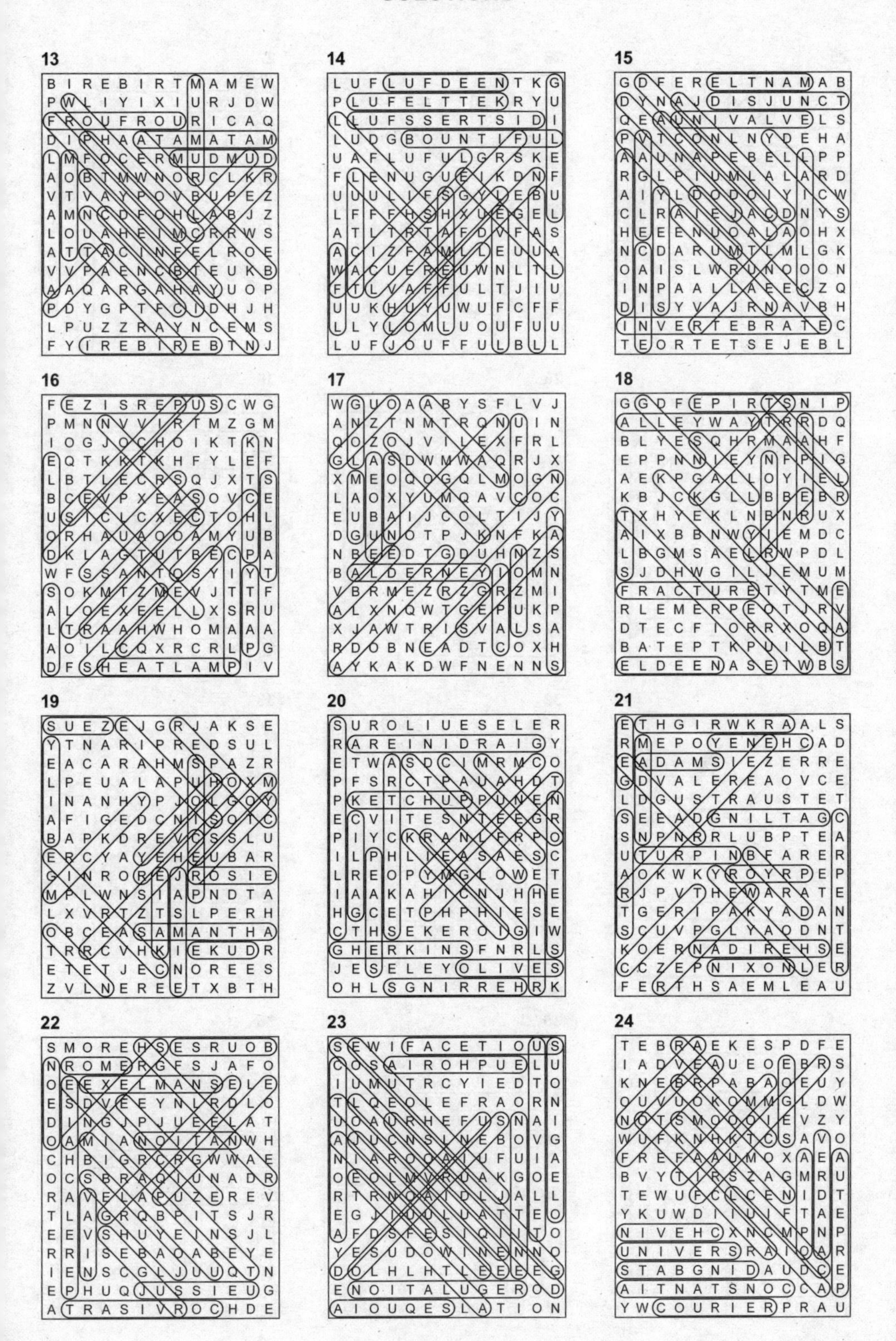

SOLUTIONS

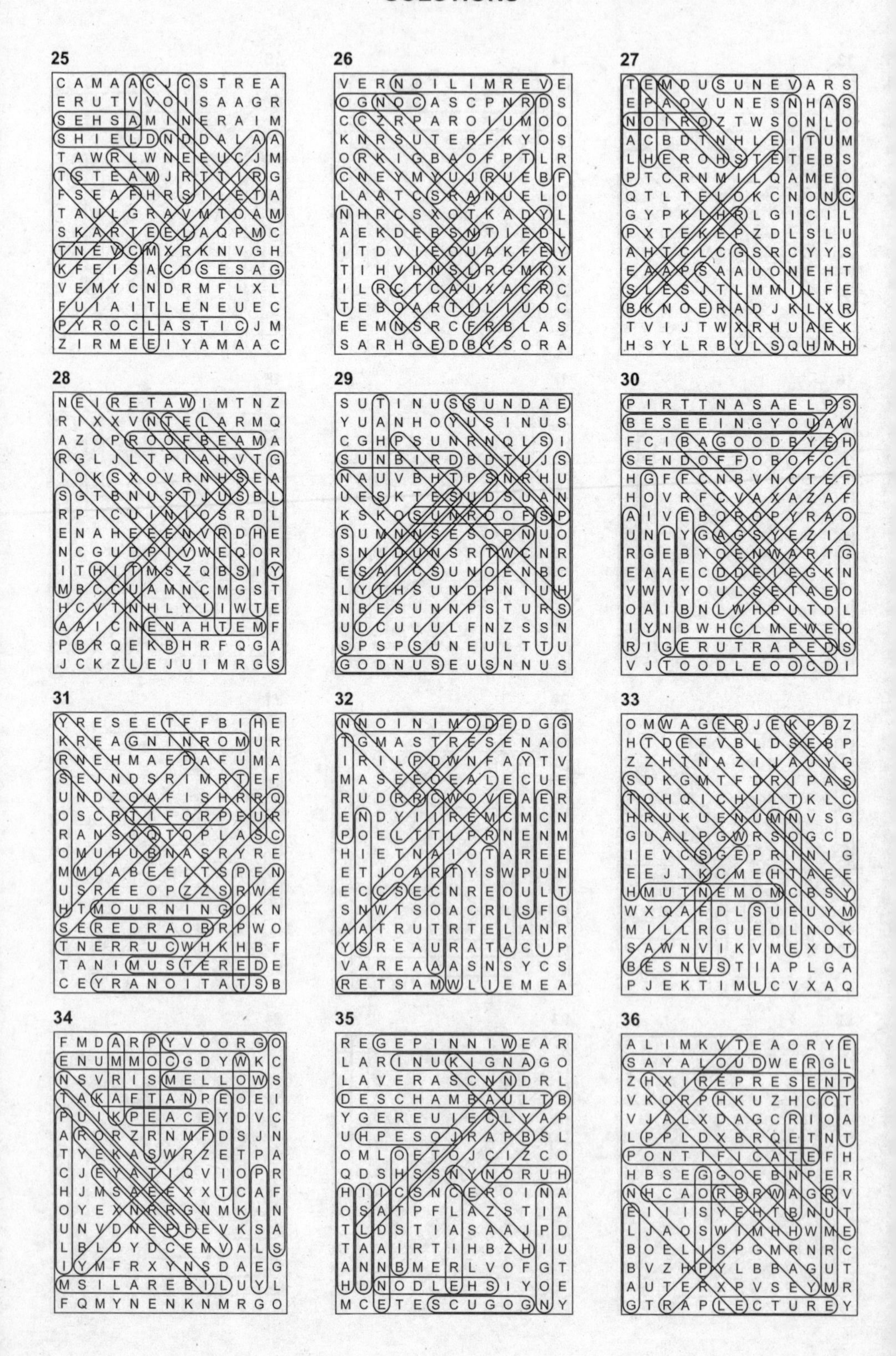

SOLUTIONS

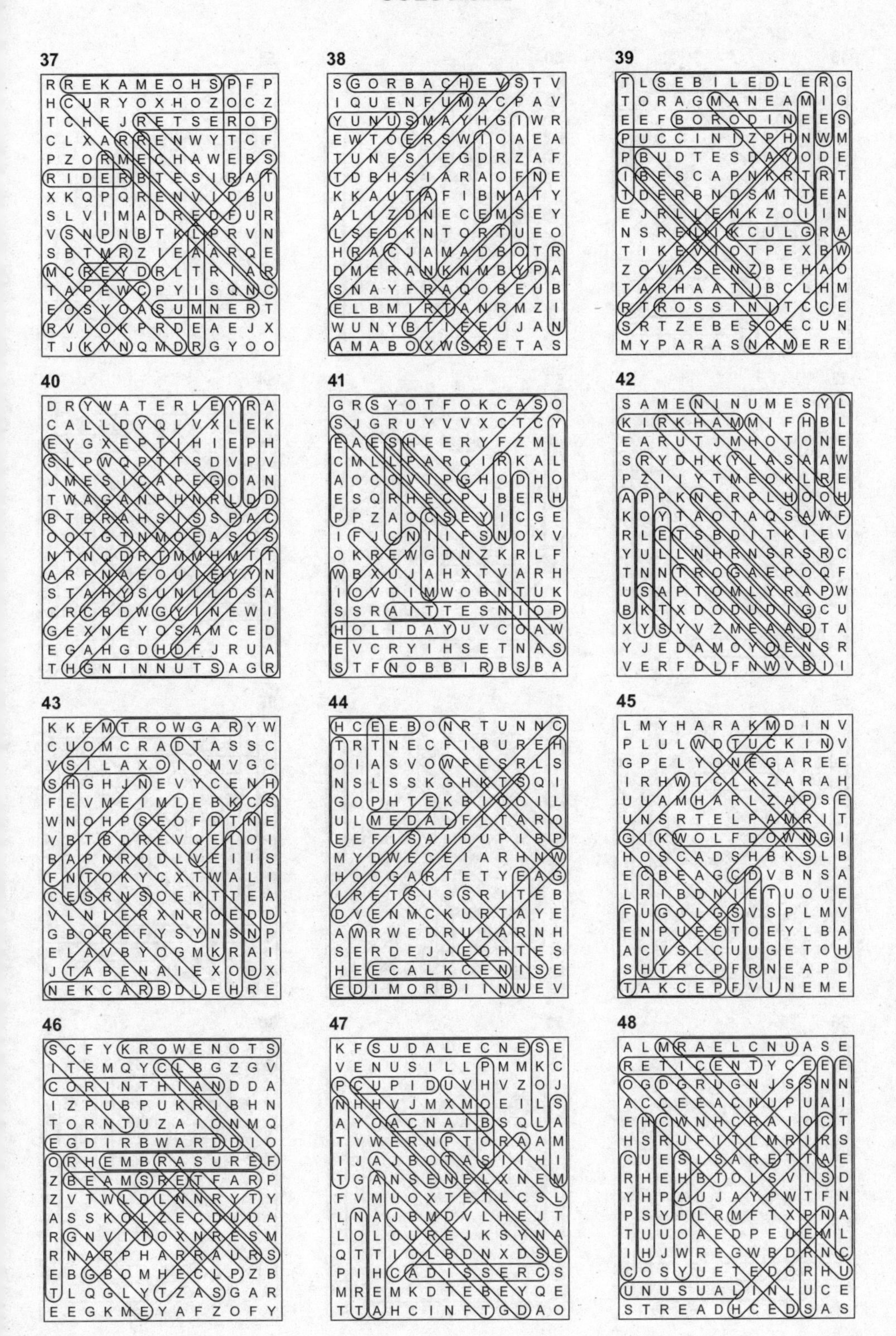

SOLUTIONS

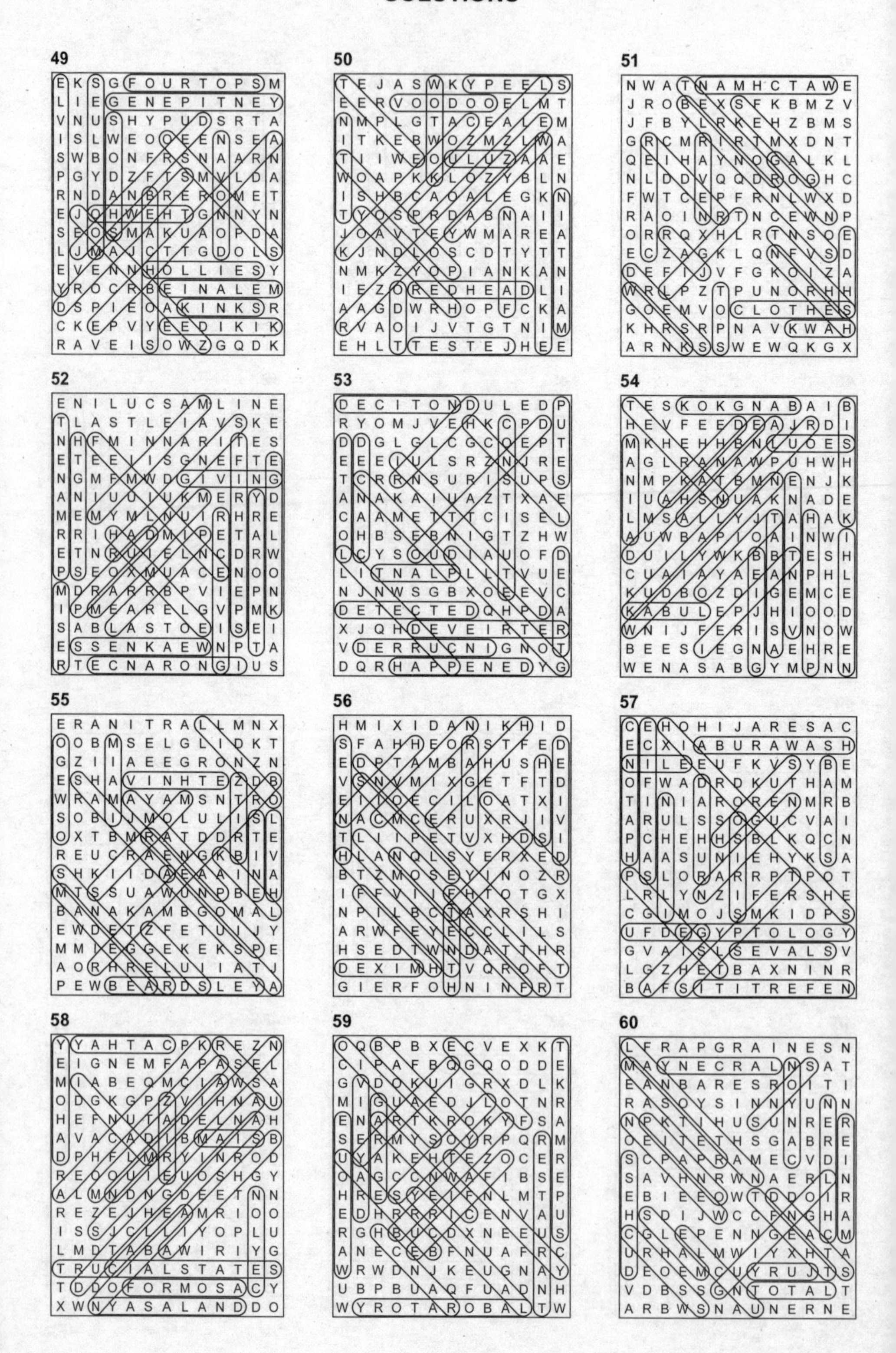

SOLUTIONS

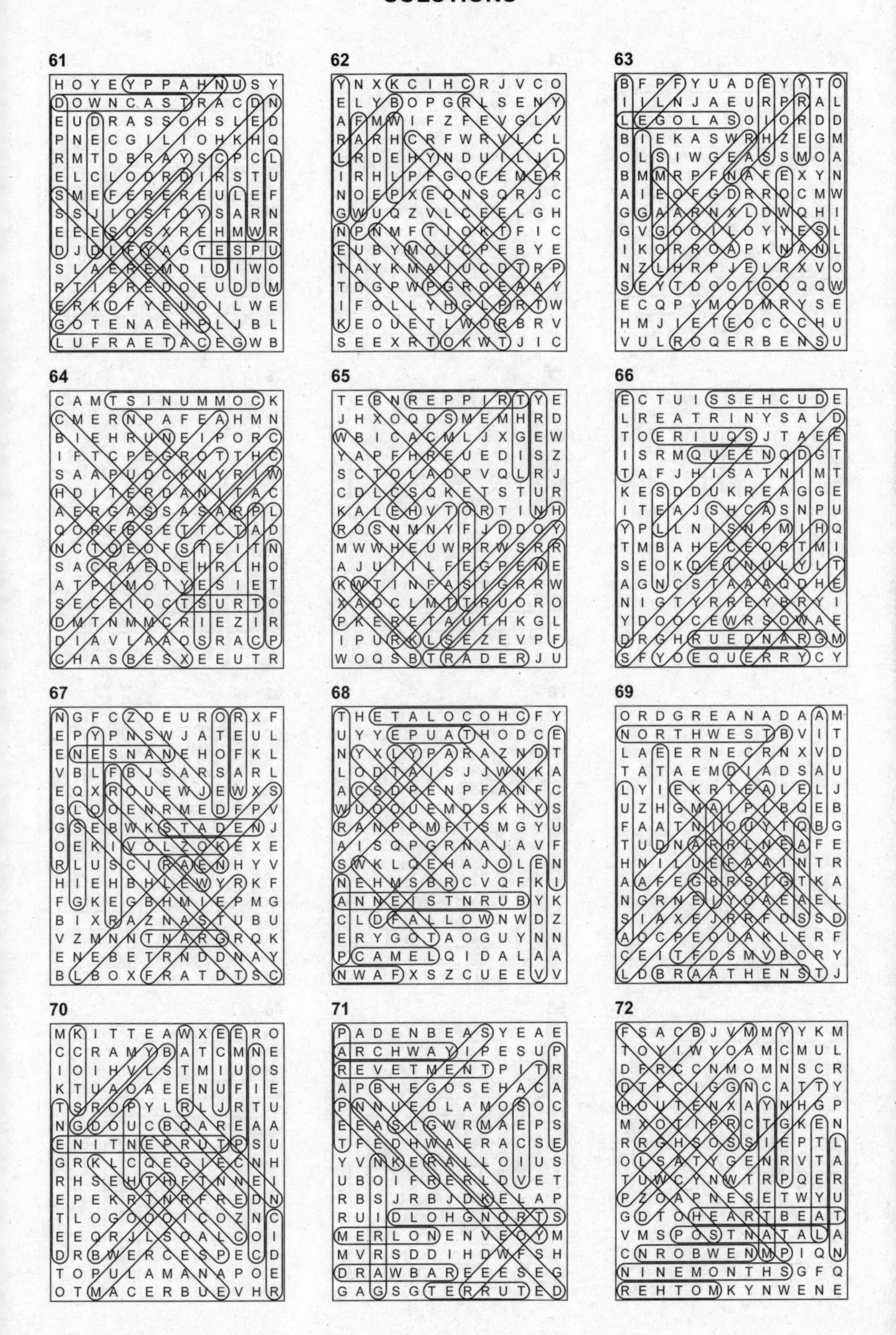

SOLUTIONS

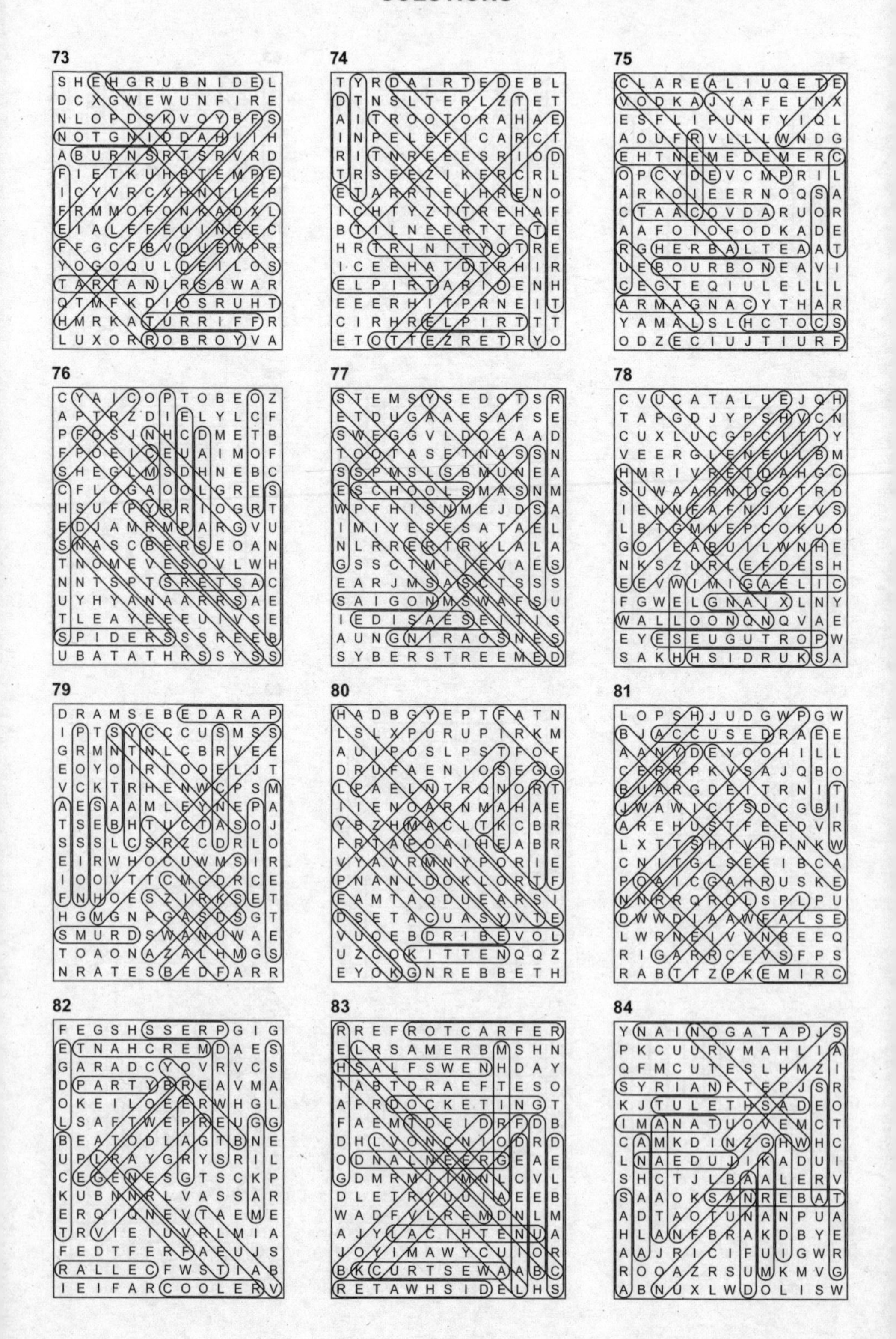

SOLUTIONS

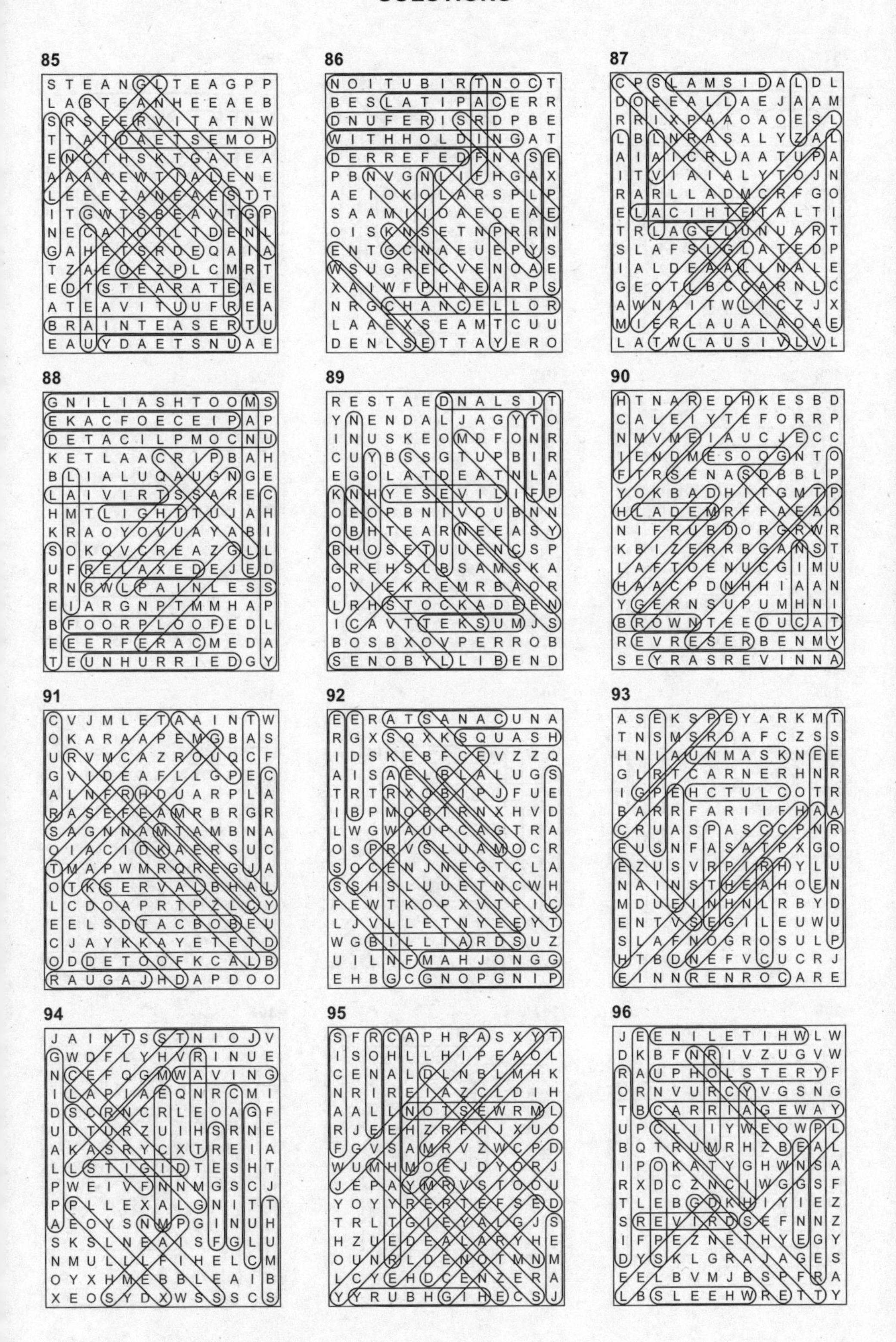

SOLUTIONS

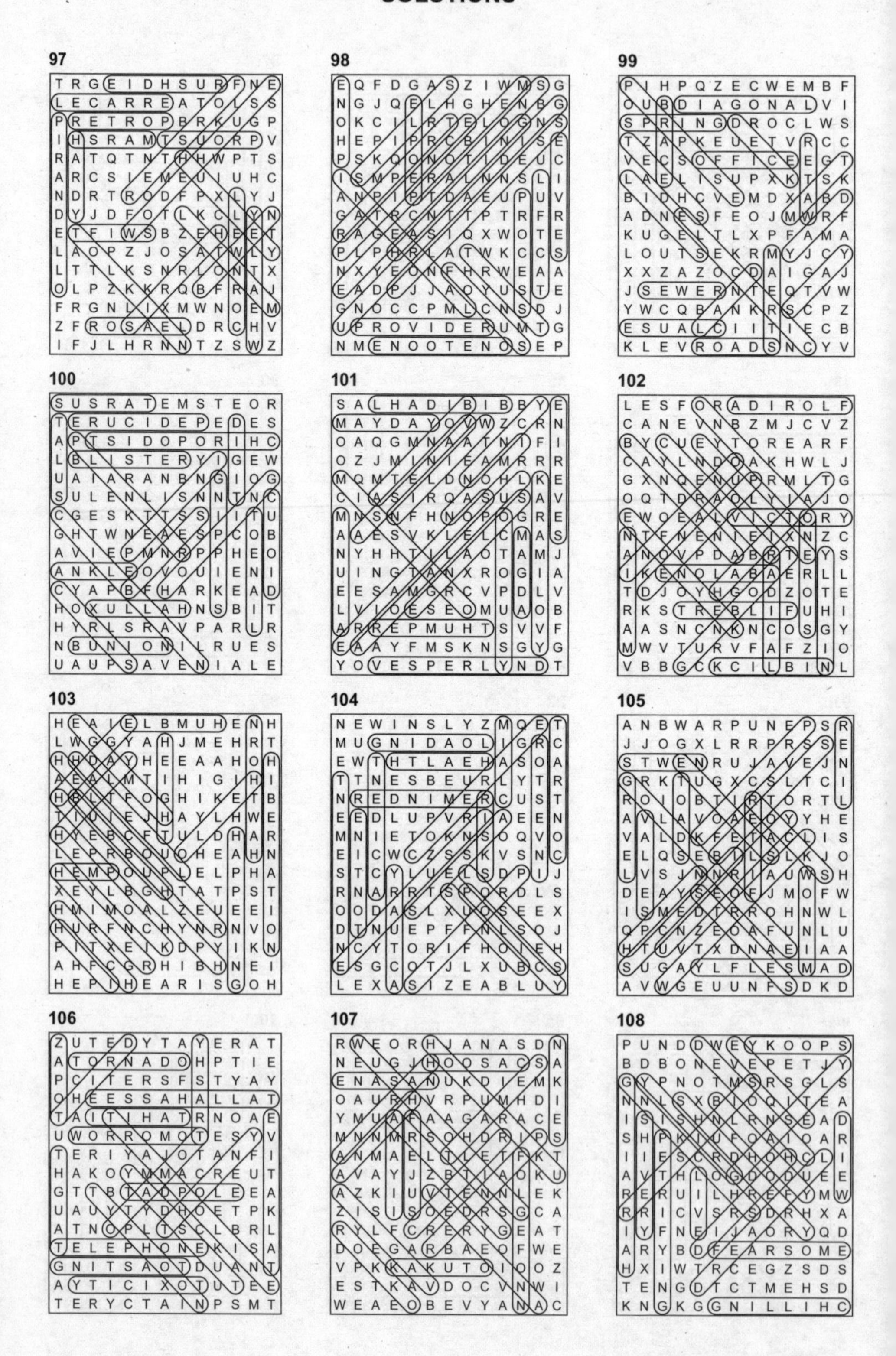

SOLUTIONS

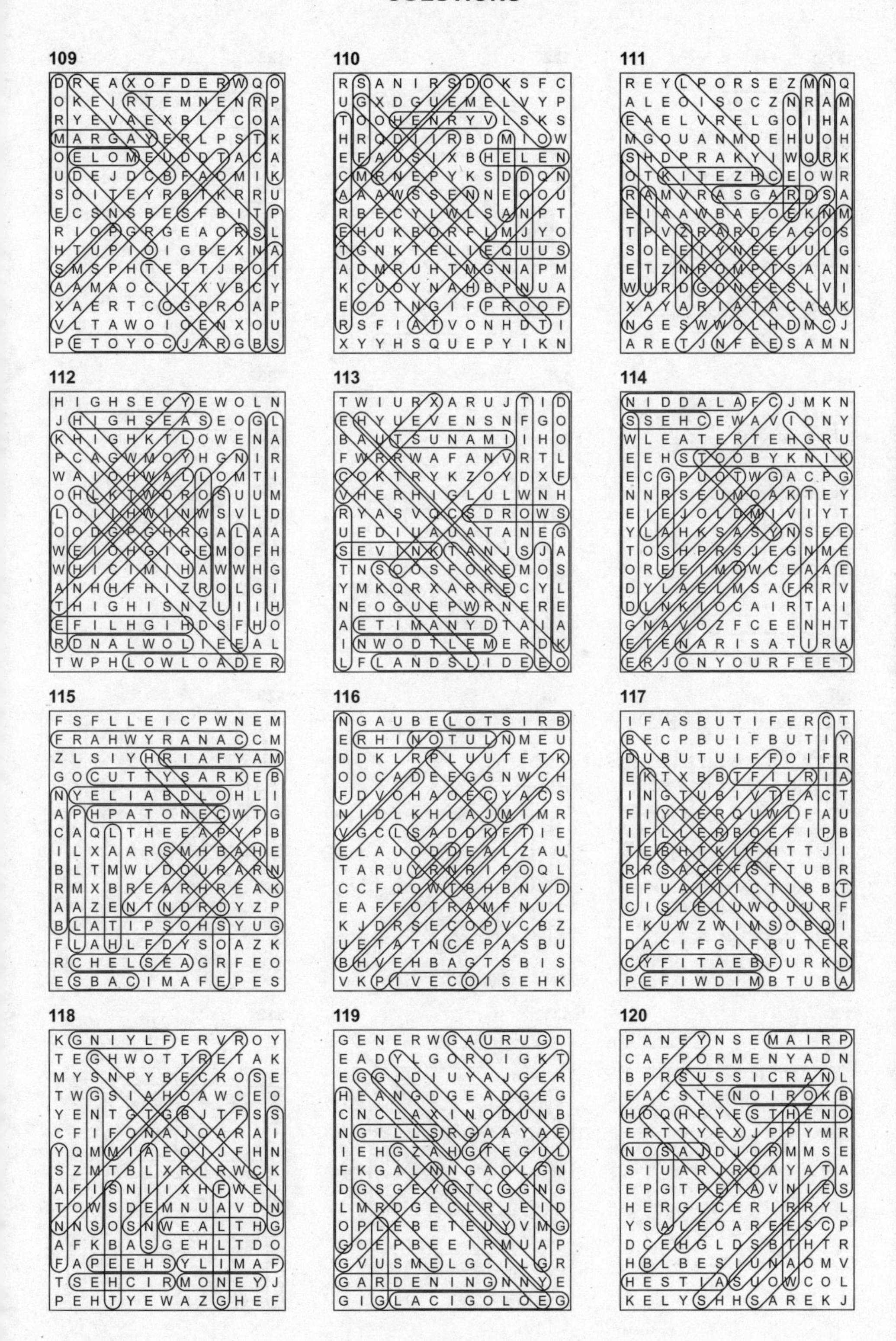

SOLUTIONS

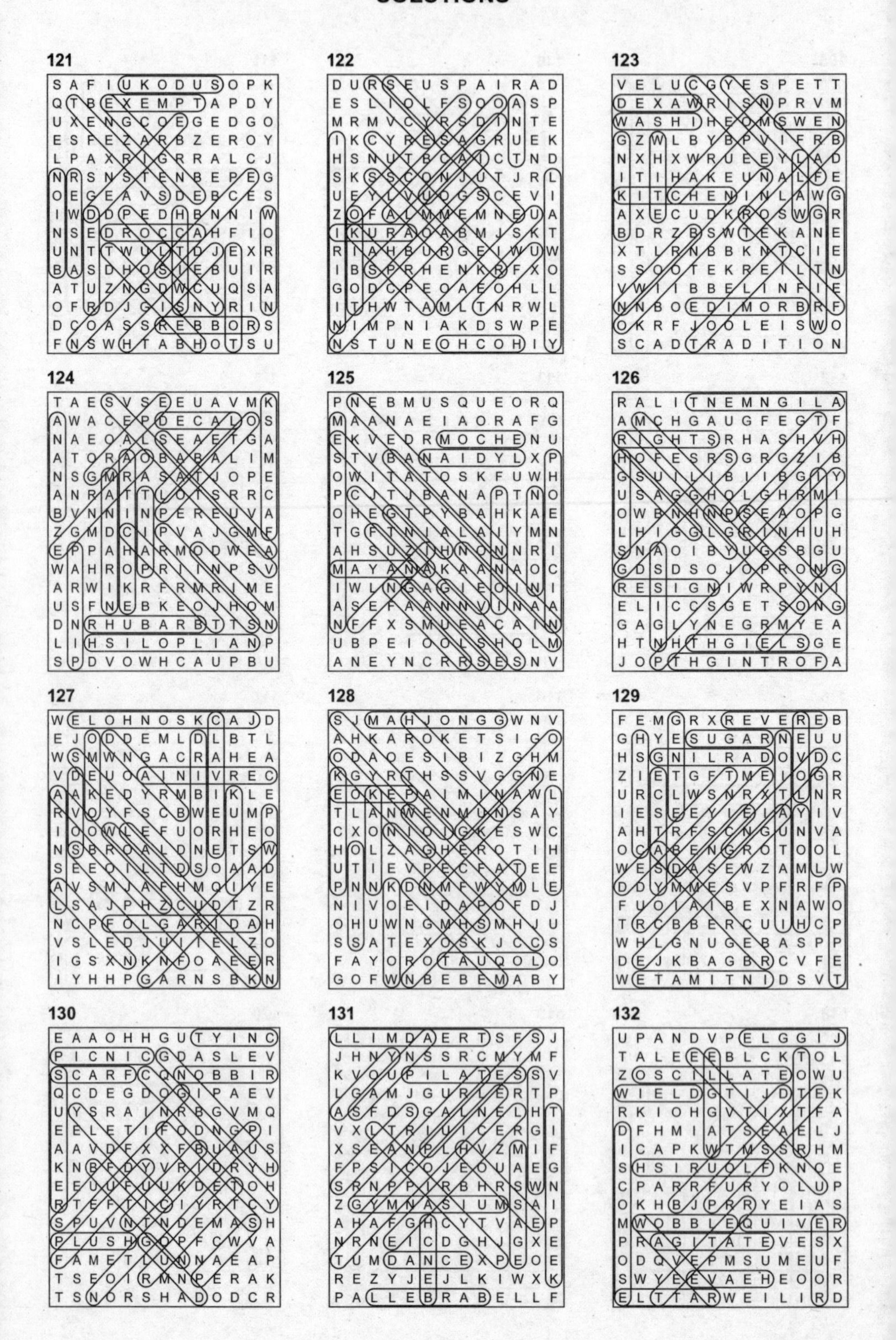

SOLUTIONS

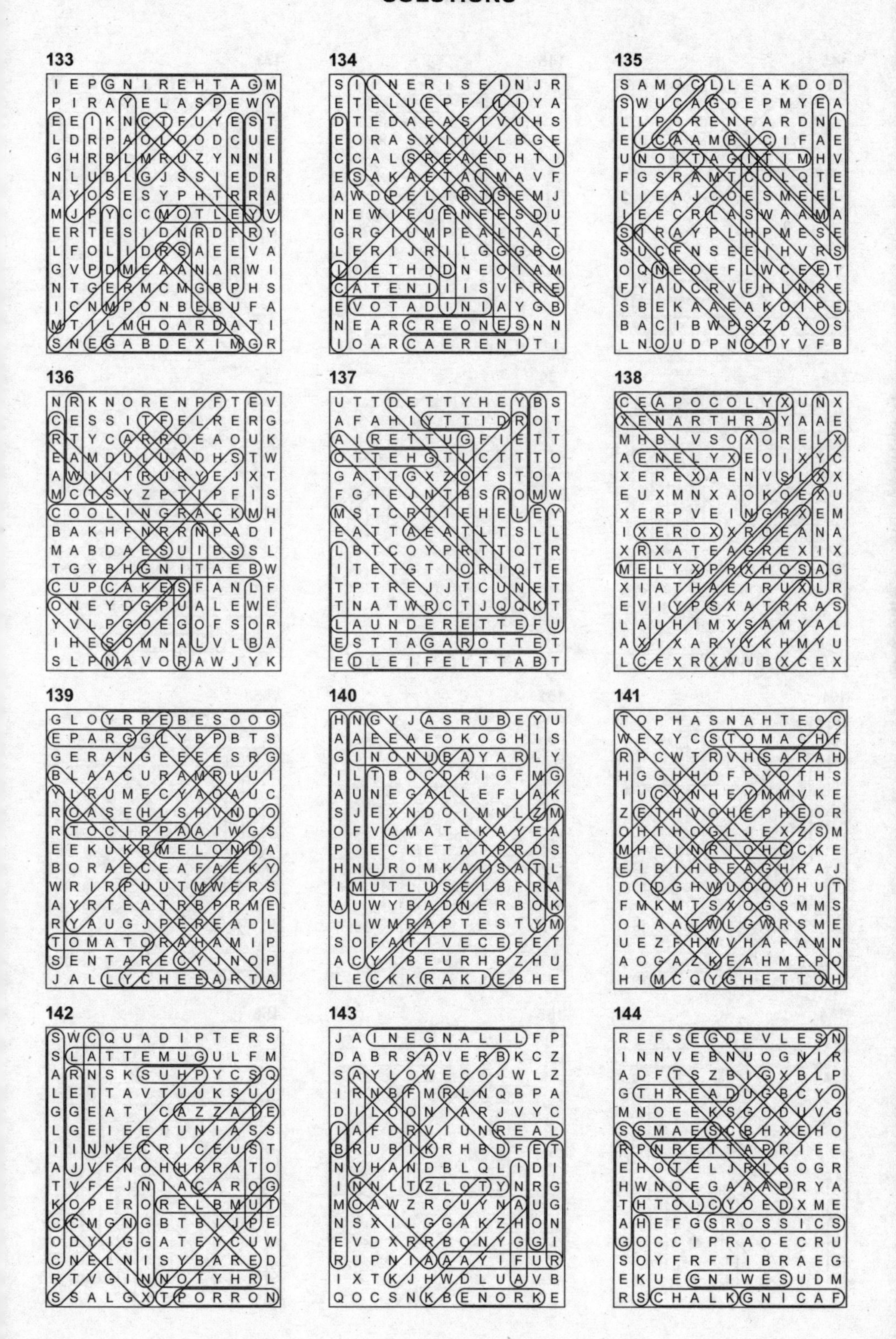

SOLUTIONS

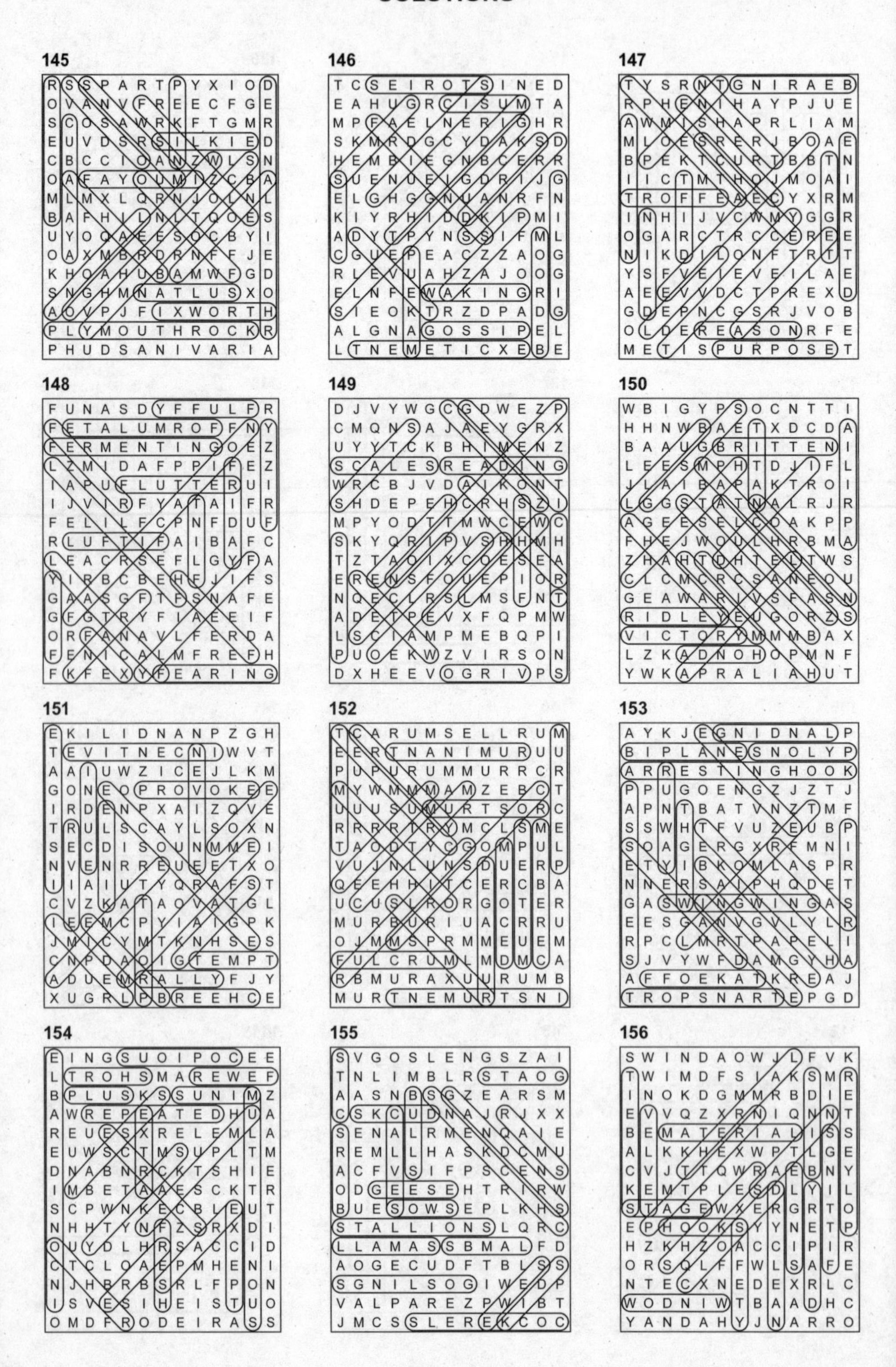

SOLUTIONS

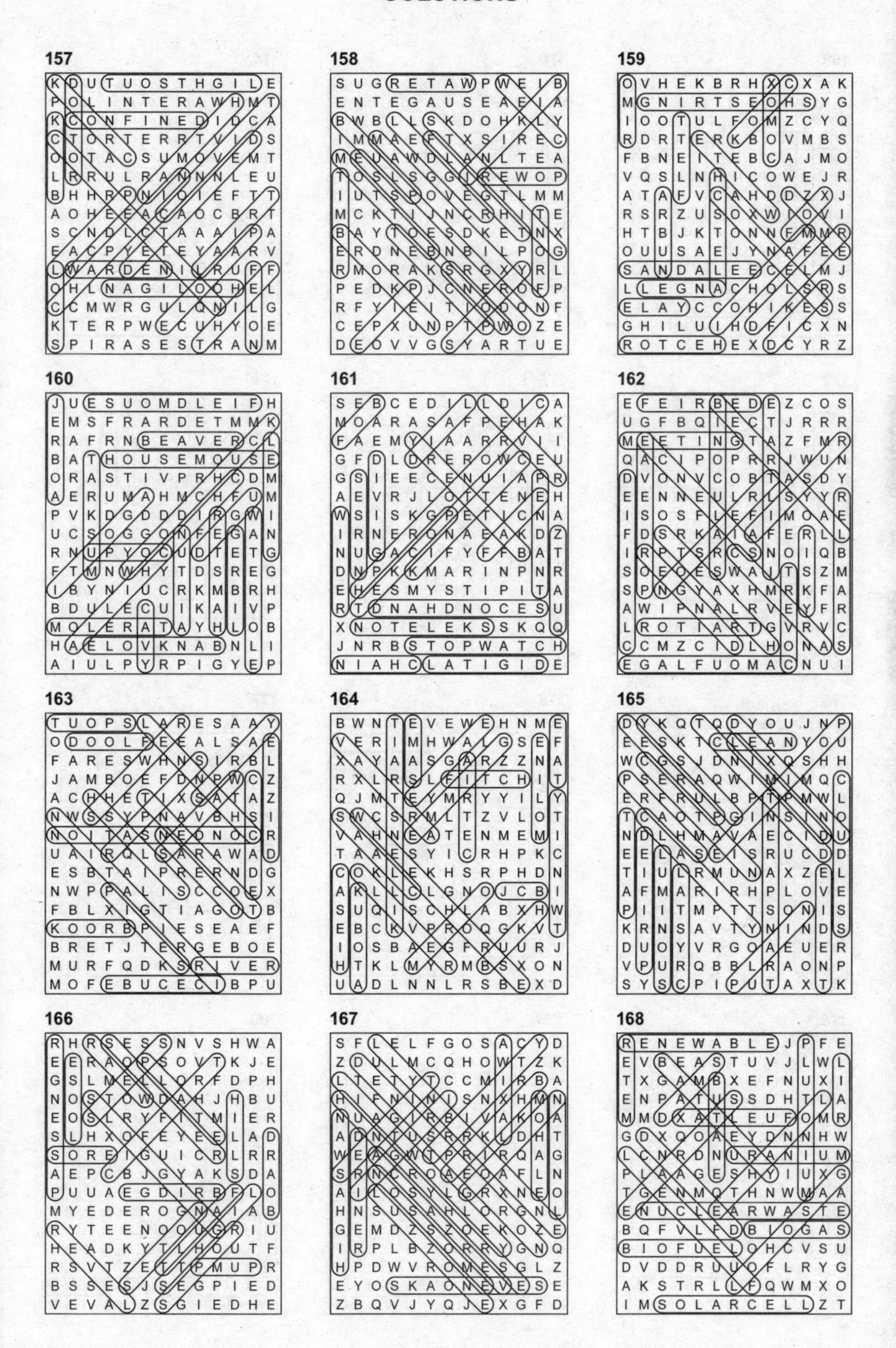

SOLUTIONS

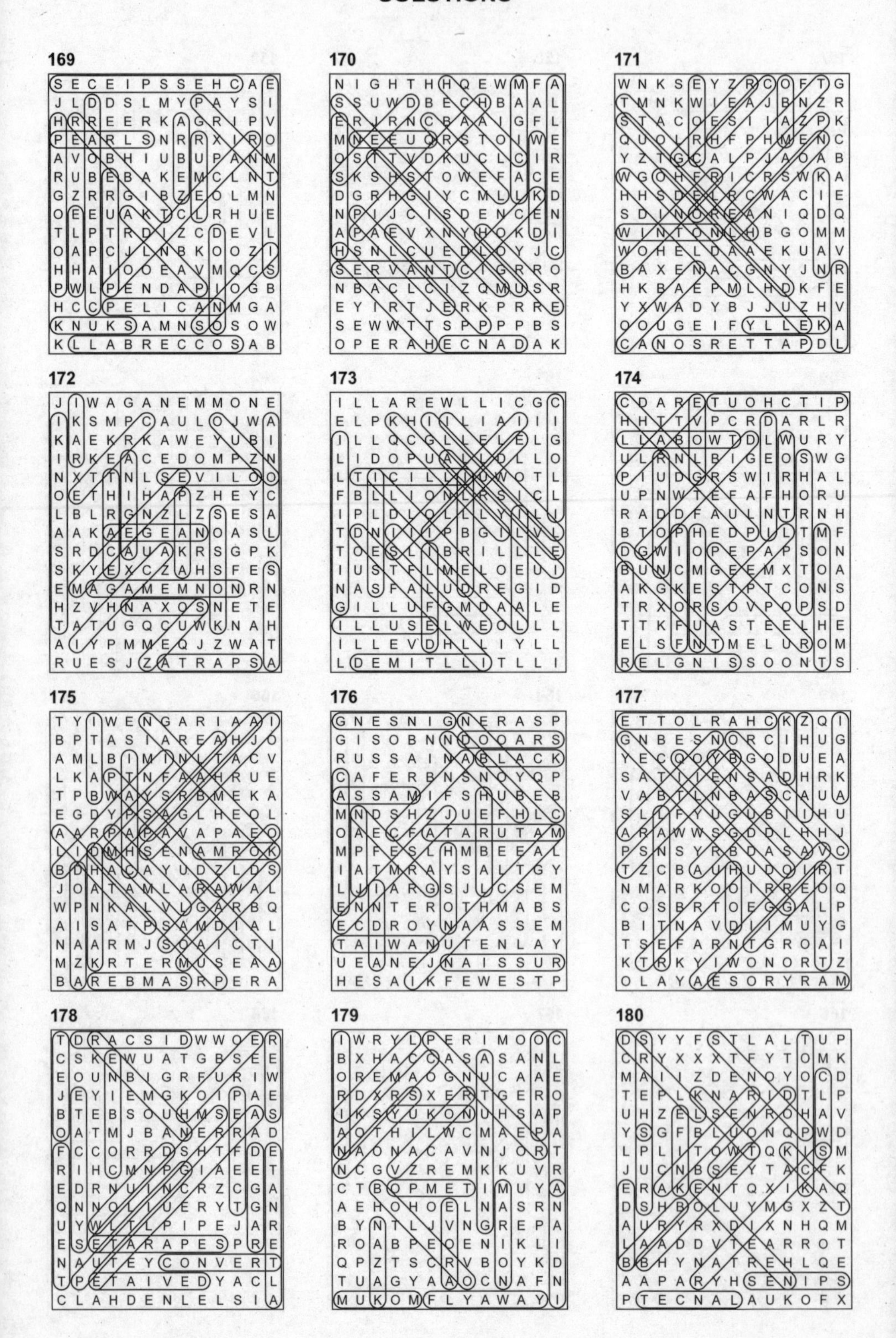

SOLUTIONS

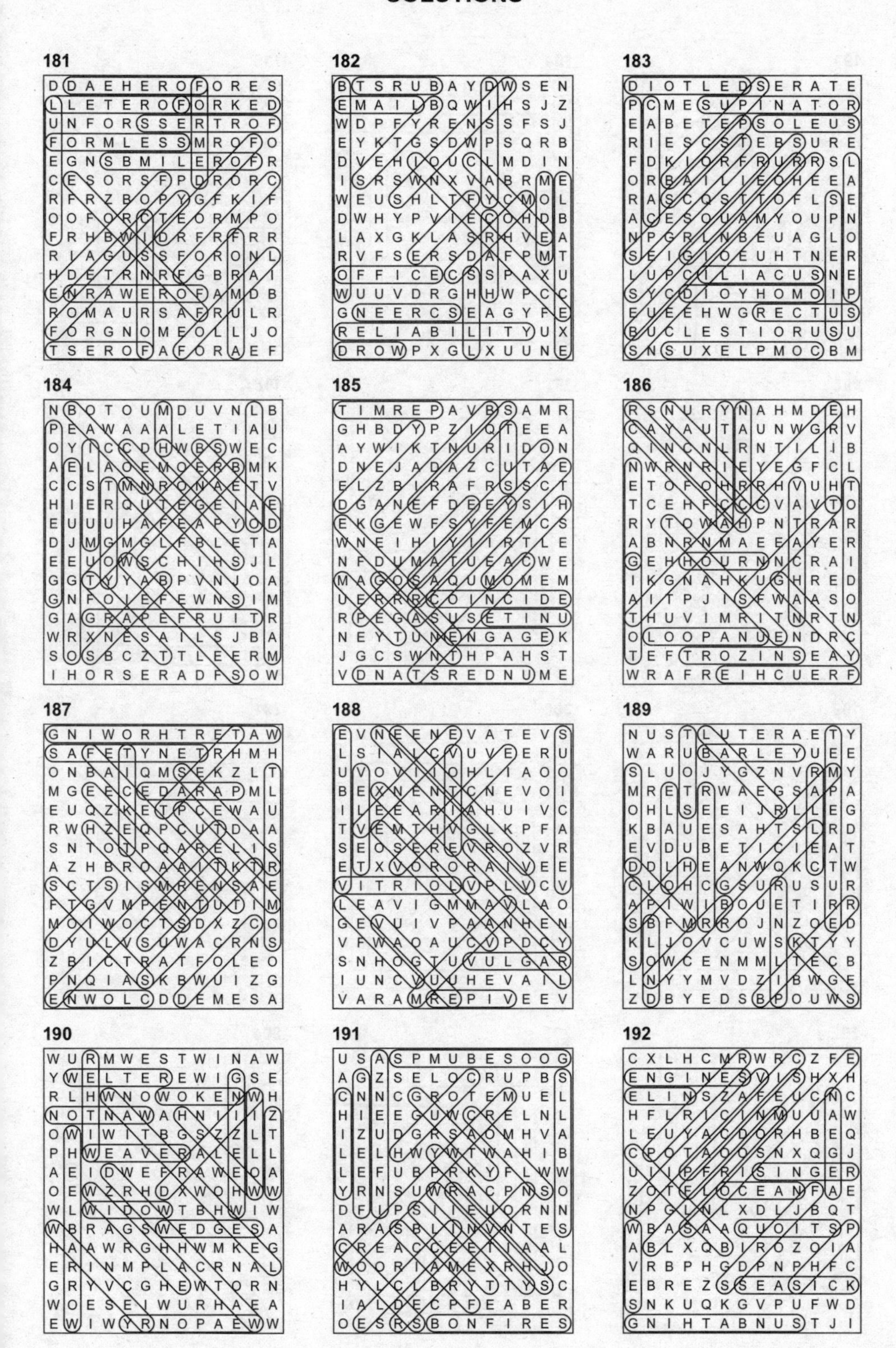

SOLUTIONS

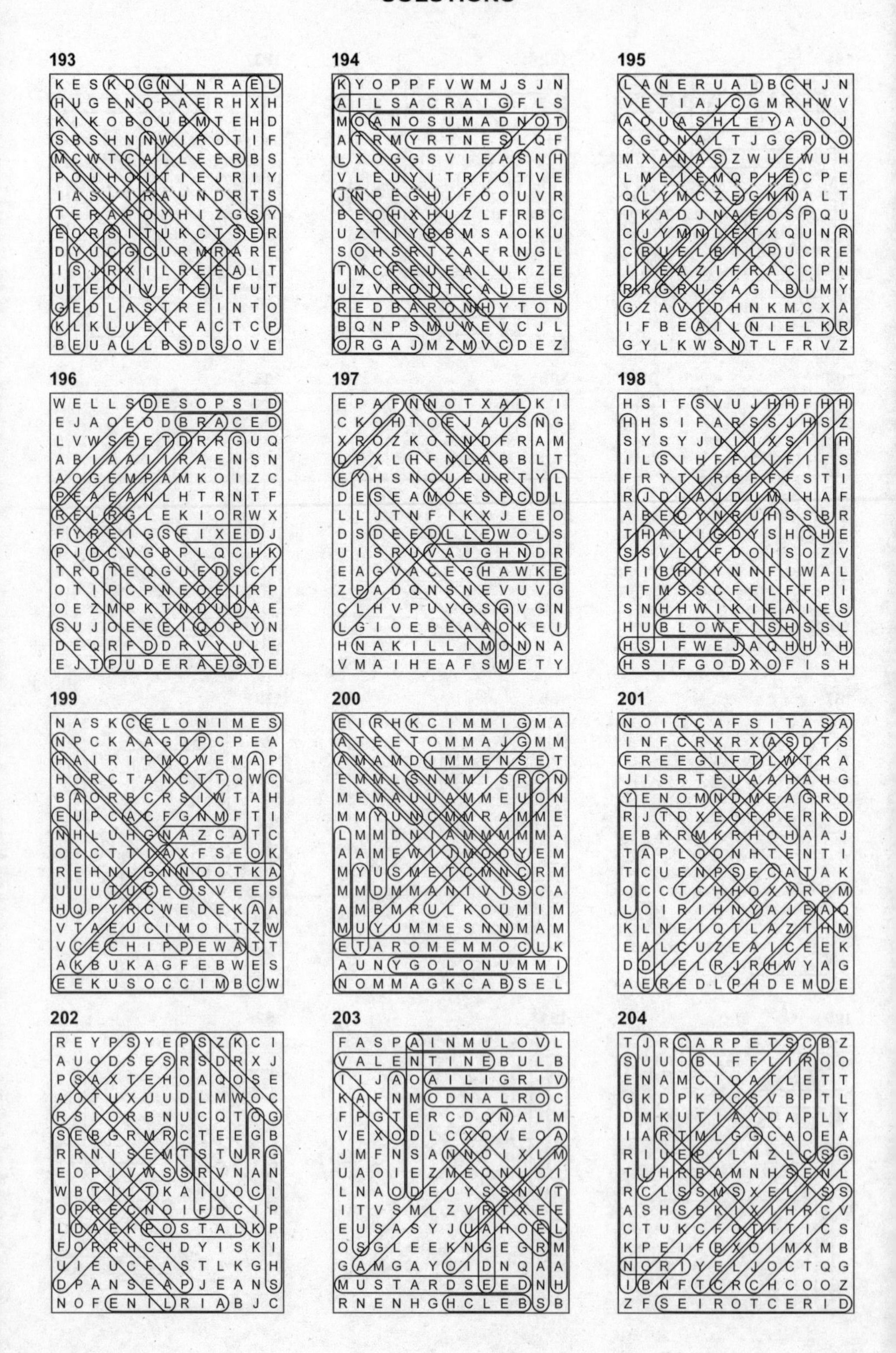

SOLUTIONS

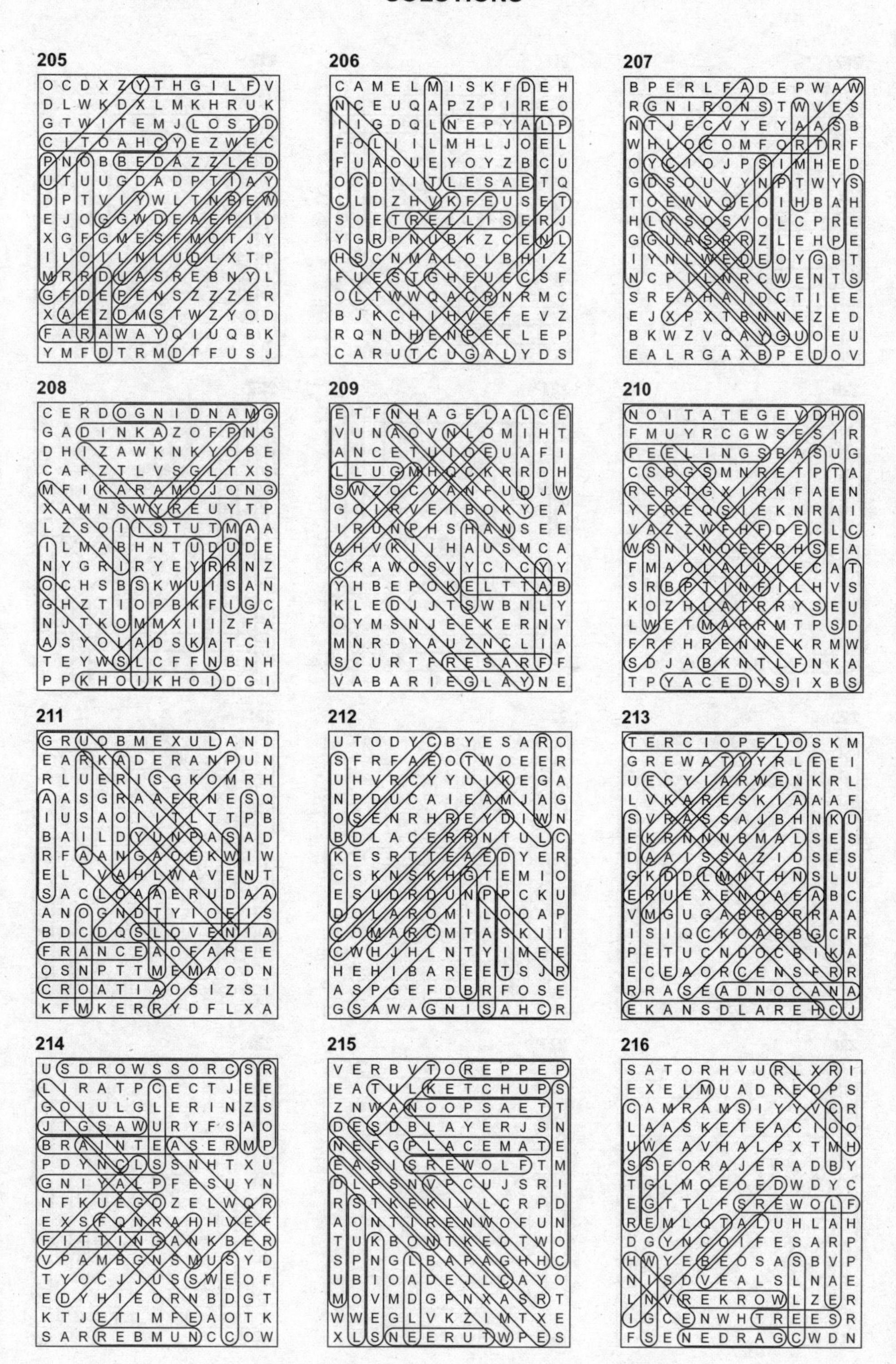

SOLUTIONS

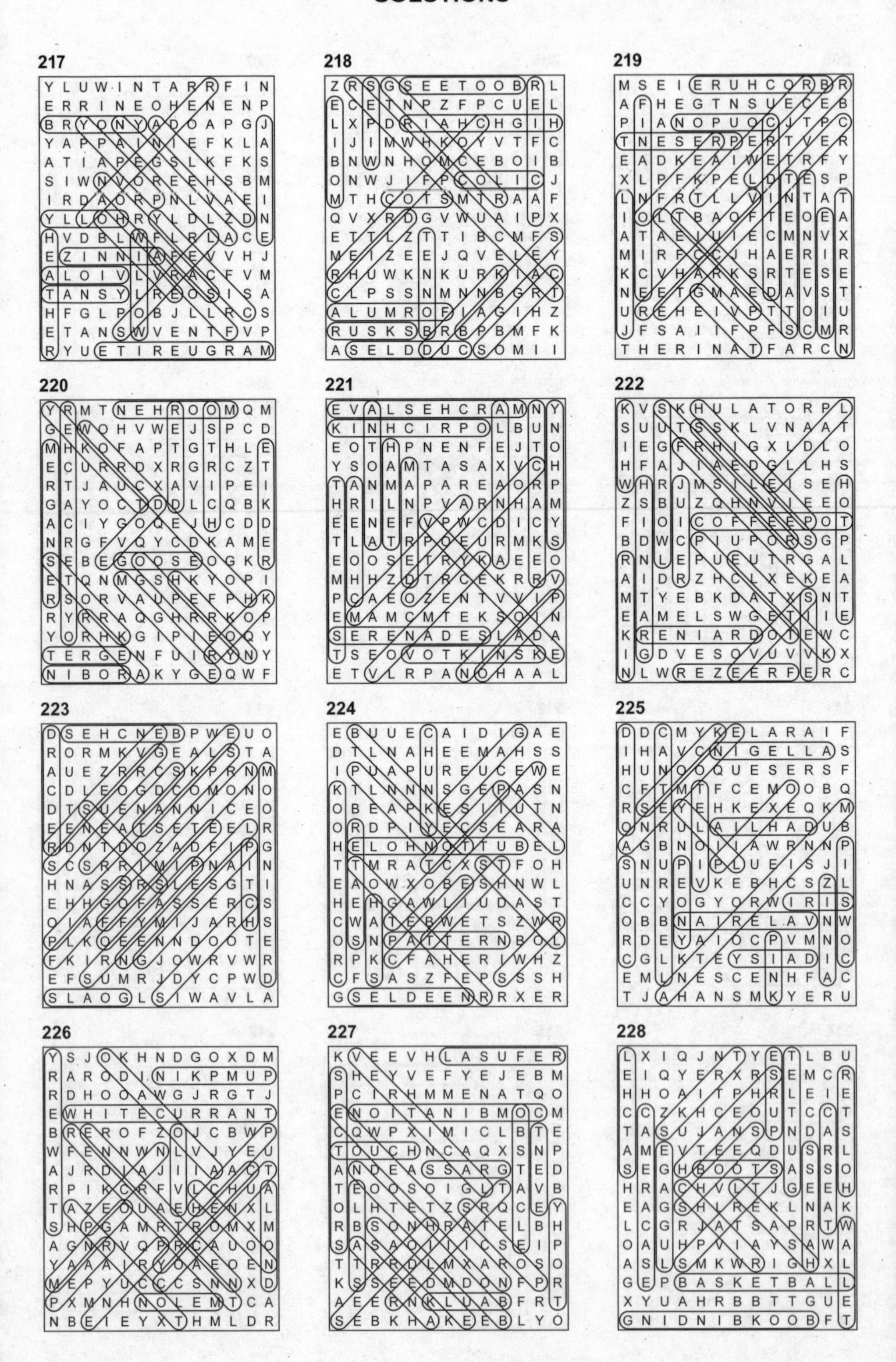

SOLUTIONS

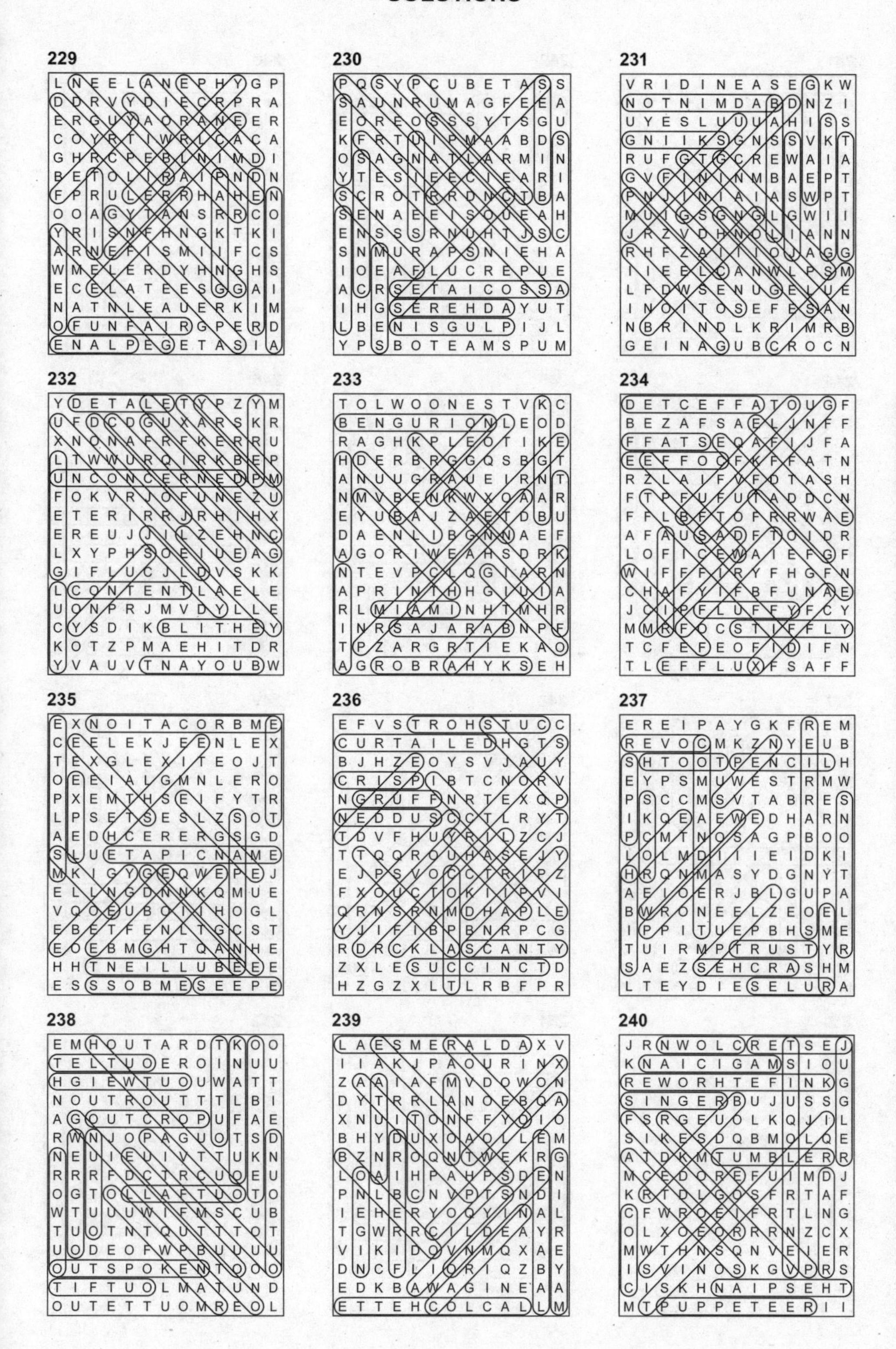

SOLUTIONS

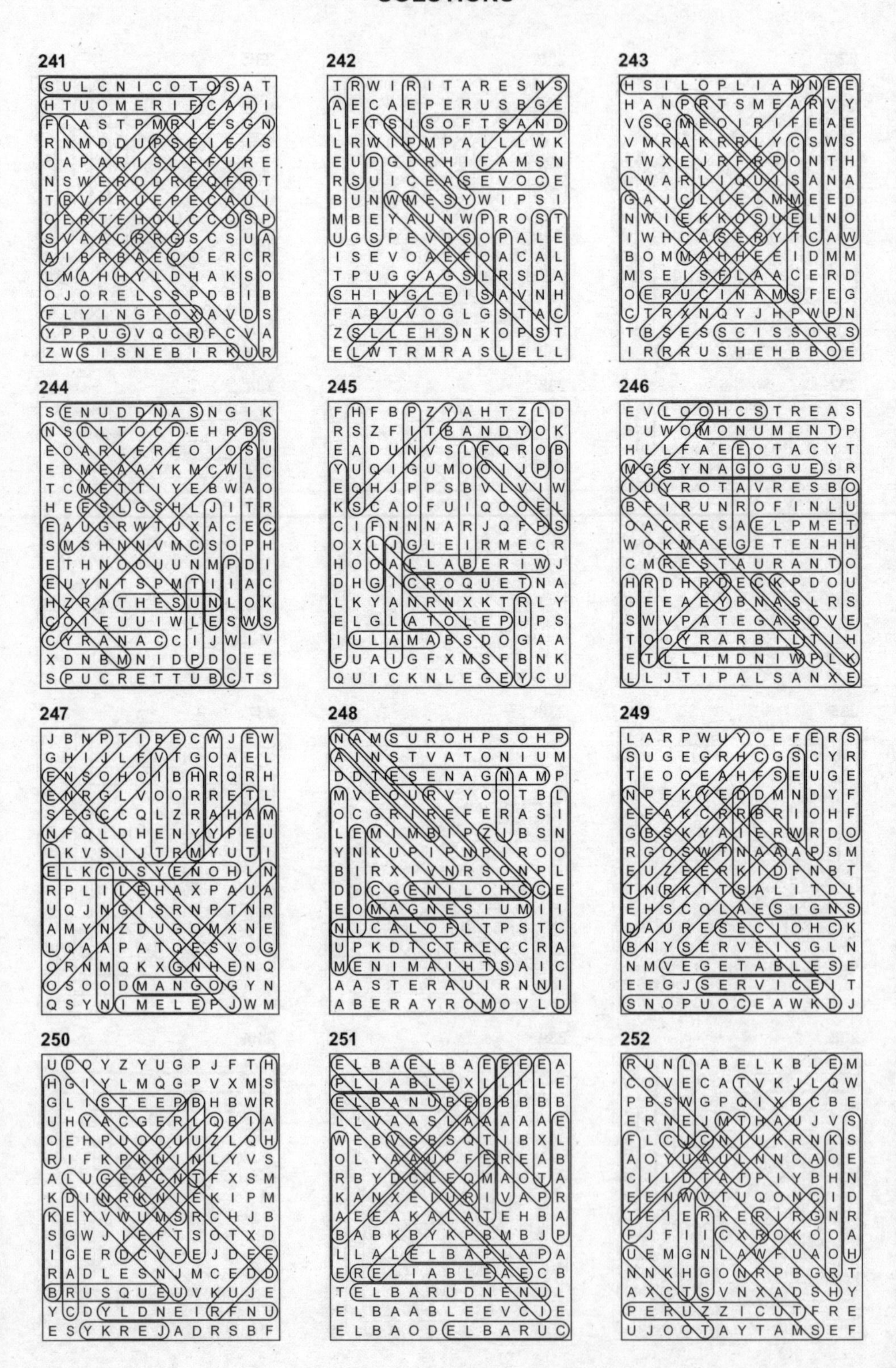

SOLUTIONS

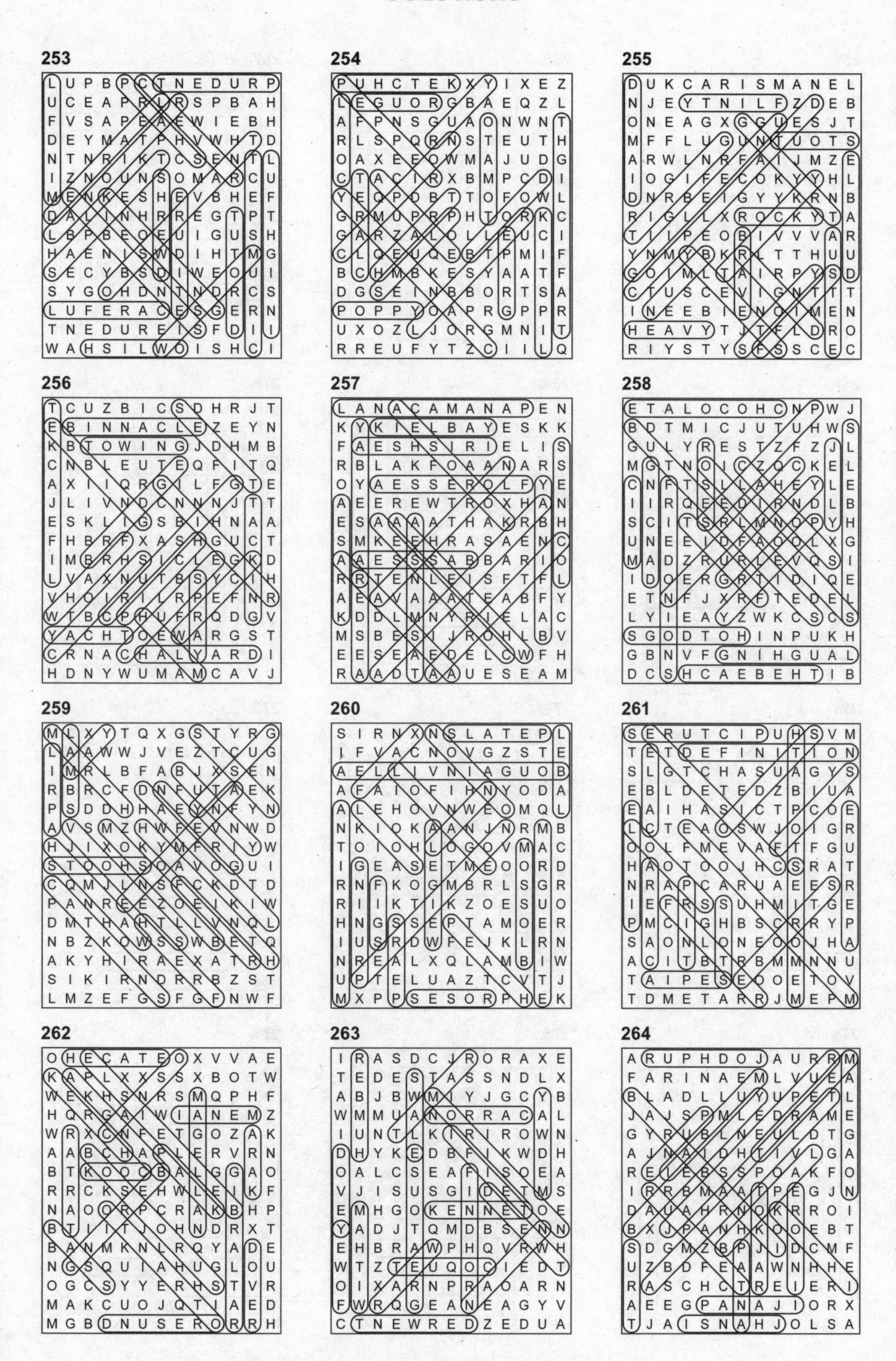

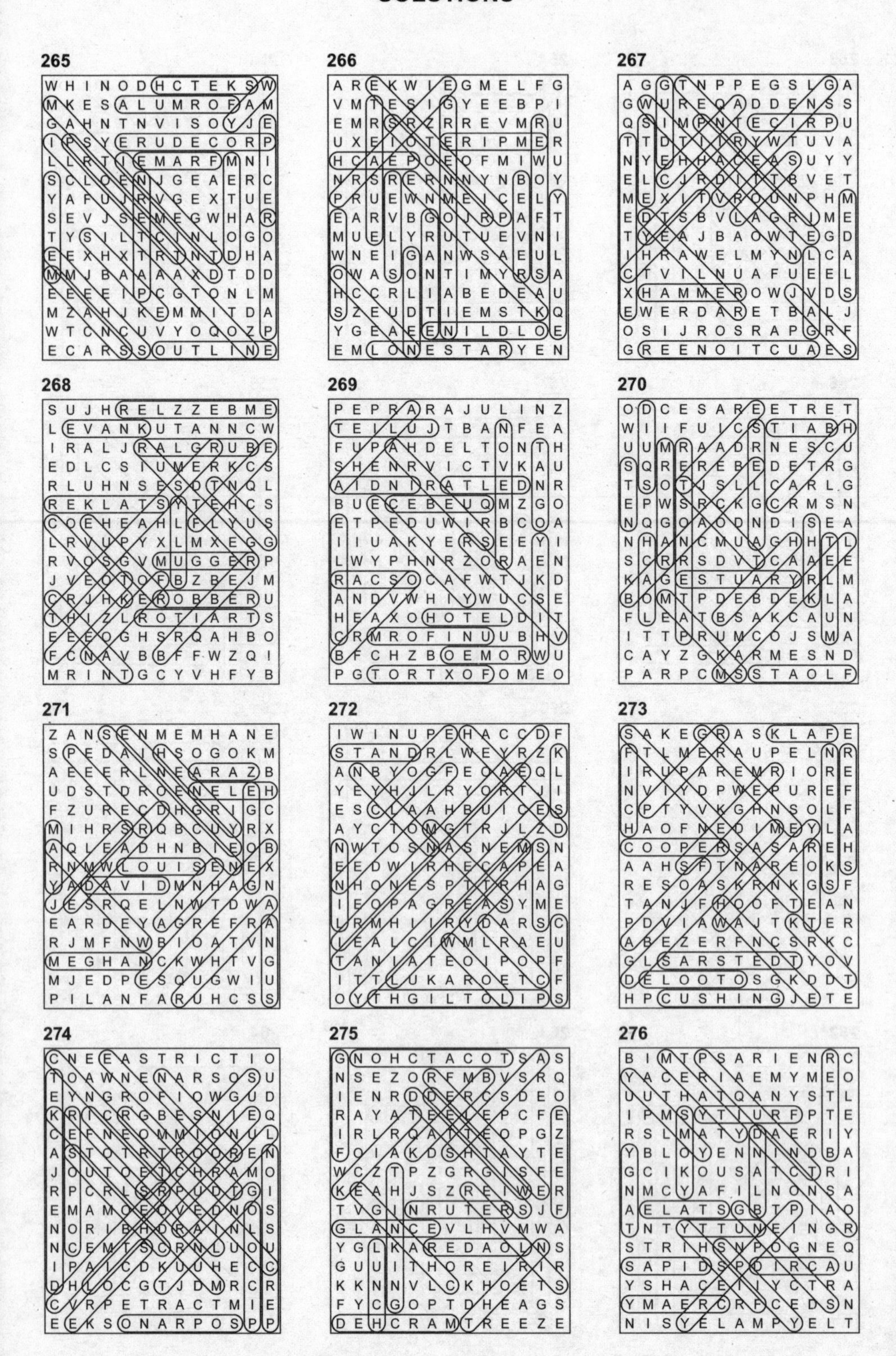

SOLUTIONS

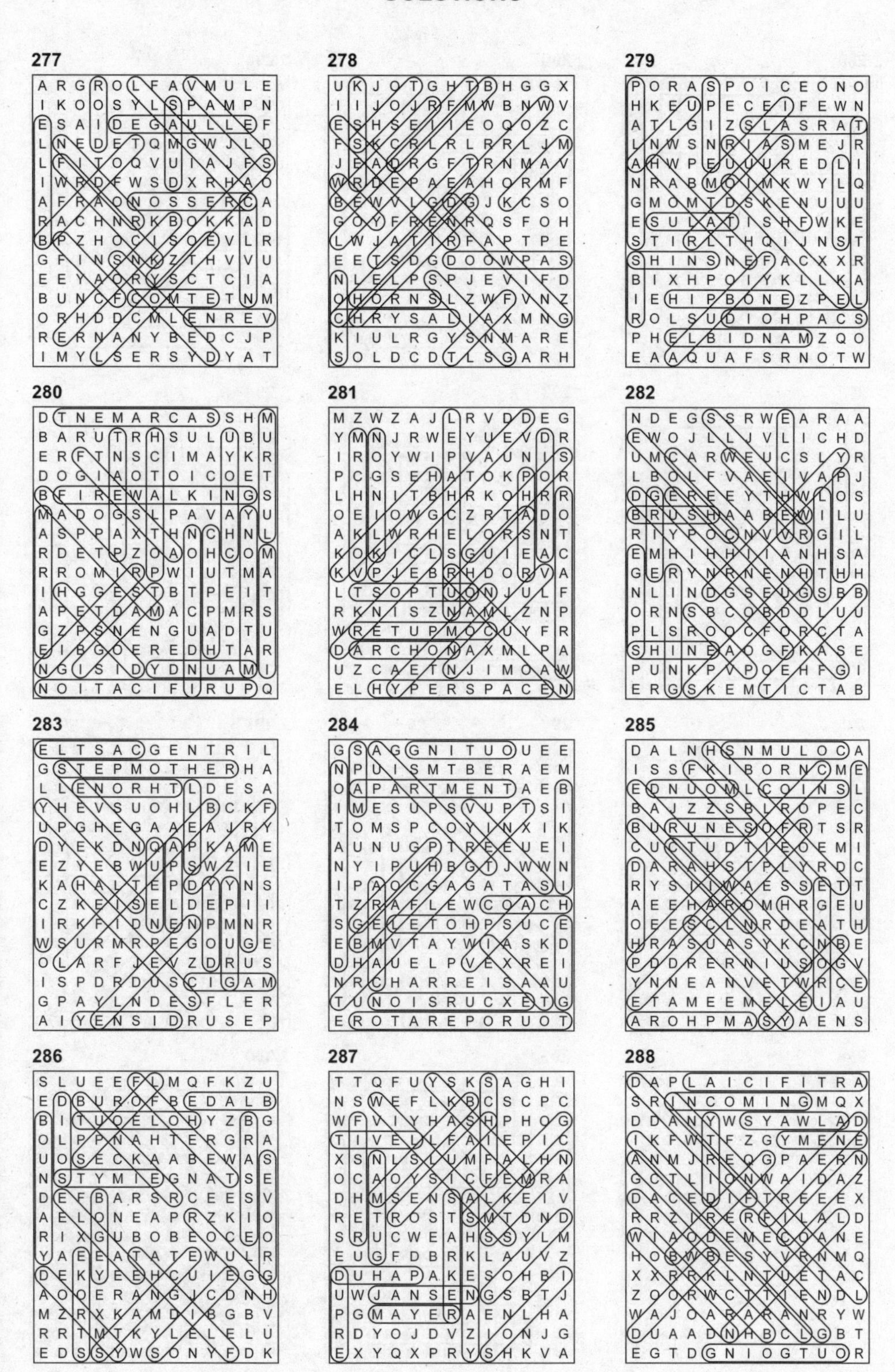

SOLUTIONS

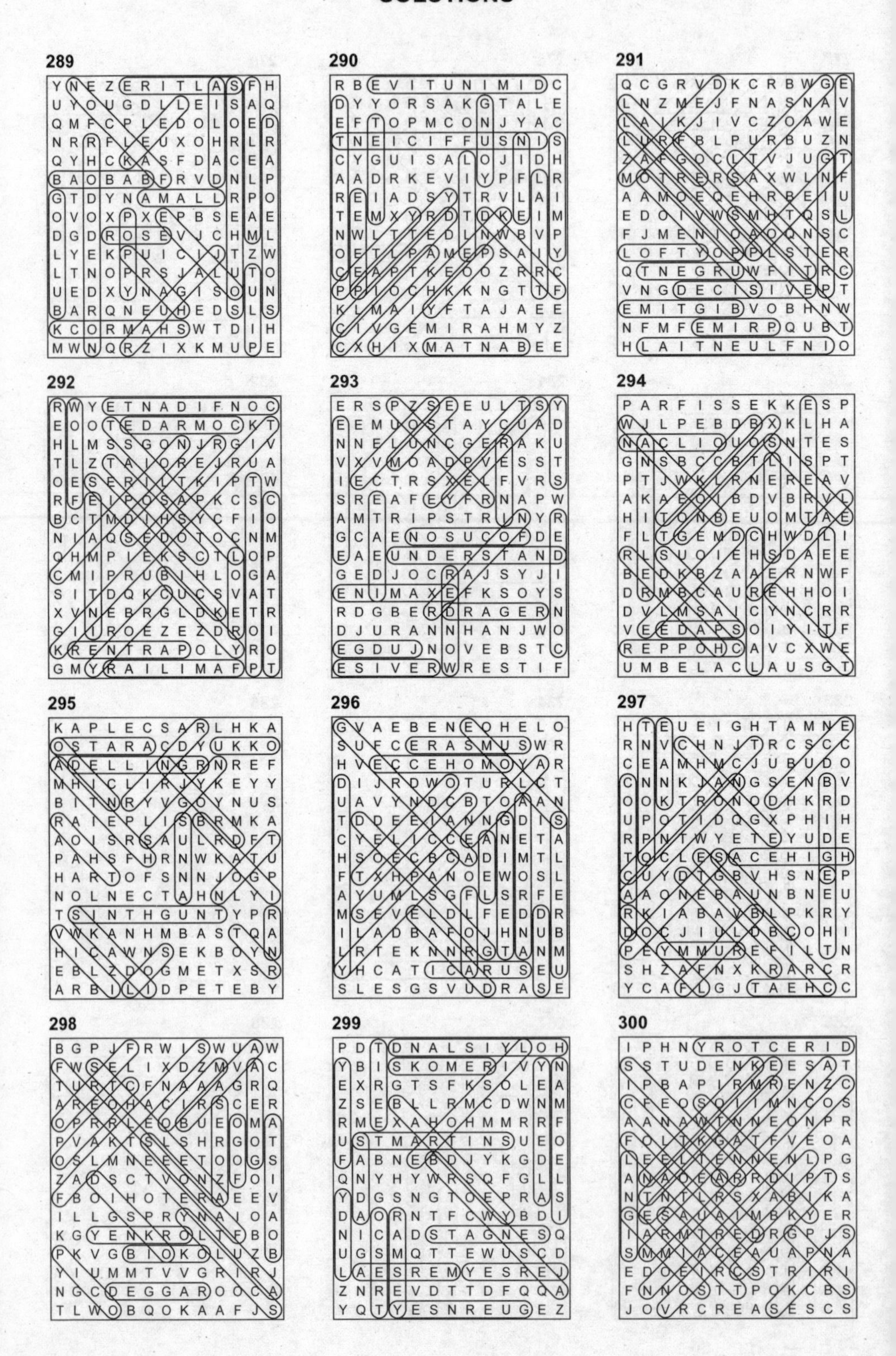

SOLUTIONS

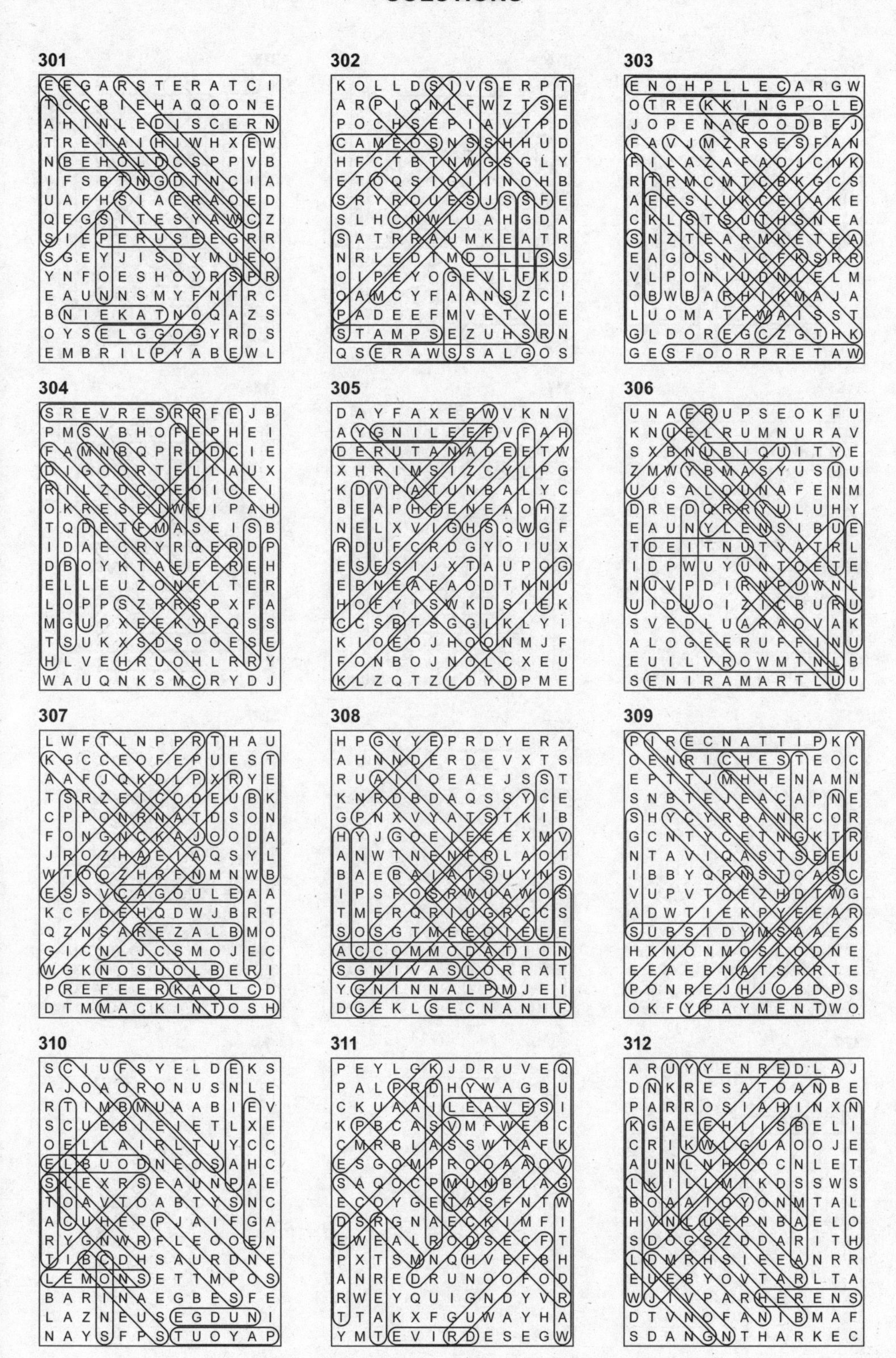

SOLUTIONS

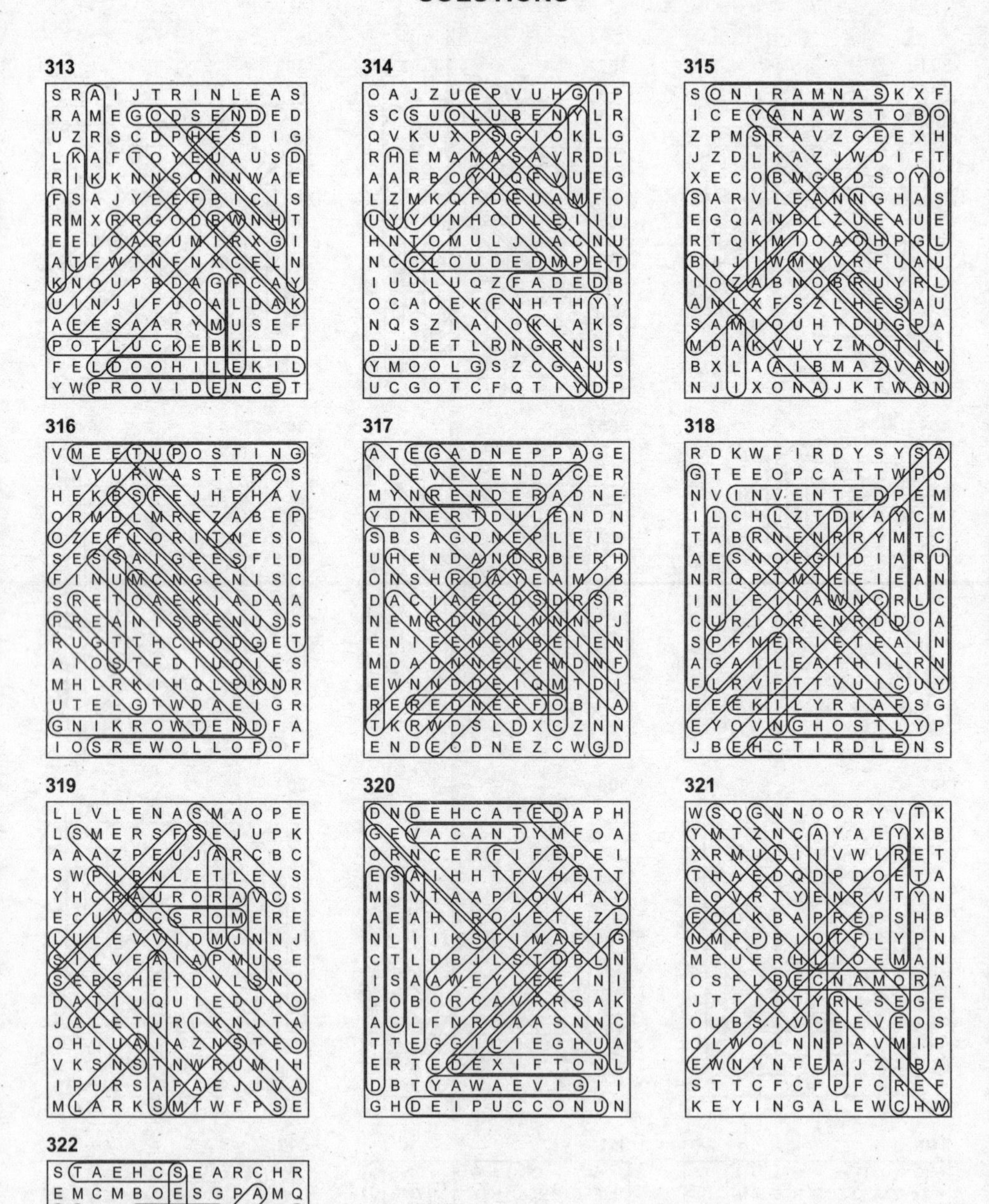